Claro, envolvente, bem construído. E o melhor de tu
Esse livro transformará a vida de muitos homens. Mi
seja um deles!
    **Bob Lepine**, coapresentador do programa *FamilyLife Today*

Os gregos disseram que grandes comunicadores reuniam *logos* (conteúdo), *ethos* (ética ou integridade) e *pathos* (paixão). Bem, se esse é o caso, então Robert Wolgemuth preenche esses três requisitos nesse livro extremamente necessário, *Mentiras em que os homens acreditam e a verdade que os liberta*. Meu coração foi profundamente impactado por essas palavras de um homem que construiu uma vida inteira andando com Jesus e vivendo uma masculinidade autêntica. Você será um homem melhor após beber dessas palavras.
    **Bryan Loritts**, pastor líder da igreja Abundant Life Church e autor de *Insider, outsider*

Quando a oportunidade me foi apresentada, não li o manuscrito de Robert imediatamente. Não me considerando alguém que acredita em mentiras, não senti urgência. Agora reconheço meu erro — e sou grato! Os que conhecem Robert o consideram talentoso, privilegiado e sábio. Ele está pronto para qualquer coisa e é gracioso em tudo. Como você descobrirá nesse volume, ele também é franco em explorar os desafios que os homens enfrentam. Houve momentos em que fui tomado de grande emoção e outros em que fiquei estimulado com forte determinação. *Mentiras em que os homens acreditam e a verdade que os liberta* é relevante para todo homem e levará você a se envolver com Deus — como aconteceu comigo. Recomendo a leitura com entusiasmo.
    **Paul Santhouse**, editor de Moody Publishers

As mentiras mais perigosas são sempre as mais atraentes. Elas nos chegam com a aparência do que é agradável, atraente e desejável (Gn 3.6). Felizmente, nesse livro perspicaz e prático, Robert Wolgemuth não somente desmascara essas mentiras, mas também nos ensina a reconhecê-las pelo que são. Quem me dera ter lido esse livro quarenta anos atrás!
    **George Grant**, pastor da igreja Parish Presbyterian Church

Ainda que a palavra "mentiras" apareça em certo destaque na capa, por iniciar o título da obra, sei, por experiência própria, que a palavra mais importante pode ser encontrada no subtítulo. E é "verdade". Esse é um livro sobre a verdade — o poder da verdade. A verdade que liberta um homem. E essa verdade pode ser encontrada na confiabilidade absoluta da Palavra de Deus, a Bíblia.

**Patrick Morley**, autor best-seller e fundador de *Man in the mirror*

Durante muitos anos, tenho tido o privilégio de pregar o evangelho — as boas-novas de Jesus Cristo, que é, ele mesmo, a verdade. Esse livro, *Mentiras em que os homens acreditam e a verdade que os liberta*, identifica algumas das coisas terríveis que Satanás sussurra a nossos ouvidos — mentiras que são destruídas por causa da liberdade que a graça de Deus e sua verdade nos proporcionam. Sou grato a Robert Wolgemuth por ter escrito esse livro, e recomendo-o entusiasticamente a você.

**Jack Graham**, apresentador do programa *PowerPoint* e autor e pastor da igreja Prestonwood Baptist Church

# MENTIRAS
## EM QUE OS
# *HOMENS*
## ACREDITAM

**E A VERDADE QUE OS LIBERTA**

Dados Internacionais de Catalogação na Publicação (CIP)
Angélica Ilacqua CRB-8/7057

Wolgemuth, Robert
 Mentiras em que os homens acreditam e a verdade que os liberta / Robert Wolgemuth; tradução de Daniel Hubert Kroker. - São Paulo: Vida Nova, 2020.
 320 p.

ISBN 978-65-86136-12-8
Título original: Lies men believe and the truth that sets them free

 1. Cristãos : Vida cristã 2. Veracidade e falsidade - Aspectos religiosos - Cristianismo I. Título II. Kroker, Daniel Hubert.

20-1640                                                          CDD-248.842

Índice para catálogo sistemático

1. Cristãos: Vida cristã

PREFÁCIO DE PATRICK MORLEY

# MENTIRAS EM QUE OS HOMENS ACREDITAM

## E A VERDADE QUE OS LIBERTA

TRADUÇÃO
DANIEL HUBERT KROKER

ROBERT WOLGEMUTH

VIDA NOVA

©2018, de Robert Wolgemuth
Título do original: *Lies men believe: and the truth that sets them free*,
edição publicada por MOODY PUBLISHERS (Chicago, Illinois, EUA).

Todos os direitos em língua portuguesa reservados por
SOCIEDADE RELIGIOSA EDIÇÕES VIDA NOVA
Rua Antônio Carlos Tacconi, 63, São Paulo, SP, 04810-020
vidanova.com.br | vidanova@vidanova.com.br

1.ª edição: 2020
Reimpressão: 2023

Proibida a reprodução por quaisquer meios,
salvo em citações breves, com indicação da fonte.

Impresso no Brasil / *Printed in Brazil*

Todas as citações bíblicas sem indicação da versão foram extraídas da Almeida Século 21. As citações bíblicas com indicação da versão *in loco* foram traduzidas diretamente da Christian Standard Bible (CSB), da English Standard Version (ESV), da King James Version (KJV), da New International Version (NIV), da New King James Version (NKJV) e da New Living Translation (NLT).

DIREÇÃO EXECUTIVA
Kenneth Lee Davis

GERÊNCIA EDITORIAL
Fabiano Silveira Medeiros

EDIÇÃO DE TEXTO
Valdemar Kroker
Aldo Menezes

PREPARAÇÃO DE TEXTO
Priscilla Fernandes
Marcia B. Medeiros

REVISÃO DE PROVAS
Abner Arrais

GERÊNCIA DE PRODUÇÃO
Sérgio Siqueira Moura

DIAGRAMAÇÃO
Luciana Di Iorio

CAPA
Erick M. Peterson
Paulo Jardim (adaptação)
Foto: ©2014, de eli_asenova/iStock

# DEDICADO A DAVID SWANSON

O dr. David Swanson foi meu pastor por mais de doze anos. Em 2003, tive a alegria de presidir o comitê de nomeação pastoral que convidou David, juntamente com a esposa, Leigh, e os três filhos, J. D., Alex e Kaylee, para virem à nossa igreja em Orlando. Eles aceitaram.

Em 2015, casei-me com Nancy Leigh DeMoss e me mudei da Flórida para Michigan. Sem dúvida, foram necessárias muitas adaptações, mas o mais difícil foi me despedir de David. Sim, ele era o meu pastor, apaixonado pela Palavra de Deus e brilhante expositor dela. Sim, ele conduziu de maneira fiel e corajosa o rebanho que era o povo daquela igreja.

Mas o que eu mais apreciava em David era sua disposição para ser meu amigo, estar do meu lado — ele se chamava de meu parceiro — durante a corajosa luta de minha falecida esposa com câncer de ovário em estágio IV. David estava disponível 24 horas por dia e sete dias por semana — literalmente — enquanto eu lidava com os desafios de ter de enfrentar a morte iminente da minha esposa, o esgotamento de ser o principal cuidador dela (uma tarefa que tive o privilégio de assumir) e, então, deixar Bobbie partir — ela foi para o céu após quase 45 anos de casamento e 30 meses de uma batalha heroica.

Este livro é sobre a verdade. David é alguém que diz a verdade. Repetidas vezes, ele demonstrou isso tanto atrás do púlpito quanto ao tomarmos xícaras e xícaras de café. Ele demonstrou isso quando a verdade precisava ser dita, quer fosse fácil dizê-la, quer não. Gosto muito disso nele.

Assim, minha gratidão mais profunda vai a David Swanson — pastor, irmão precioso, confidente e, sim, parceiro.

Este livro é dedicado a ele.

# SUMÁRIO

*Agradecimentos* ................................................................13
*Prefácio* ..........................................................................17

Introdução ....................................................................21

## PRIMEIRA SEÇÃO: FUNDAMENTOS

Capítulo 1: Vamos atravessar a ponte quando chegarmos lá .....29

## SEGUNDA SEÇÃO: MENTIRAS EM QUE OS HOMENS ACREDITAM

Capítulo 2: Mentiras em que os homens acreditam sobre Deus....43
1. Deus não é tão diferente assim de mim..........................49
2. Deus não está realmente envolvido ou interessado nos detalhes da minha vida..................................................53
3. Posso fazer por merecer o favor de Deus .......................57
4. Há muitos caminhos para Deus....................................60
5. Igreja? Não preciso dela..............................................63

CAPÍTULO 3: MENTIRAS EM QUE OS HOMENS ACREDITAM SOBRE SI MESMOS .................................................................................69
6. Não sou responsável pelas minhas ações............................74
7. Prazer e entretenimento podem me satisfazer....................77
8. Sou o senhor do meu destino .............................................81
9. Homens de verdade não choram.........................................83
10. Não preciso de amigos homens próximos .........................86

CAPÍTULO 4: MENTIRAS EM QUE OS HOMENS ACREDITAM SOBRE O PECADO ........................................................................93
11. O que os outros acham que sou importa mais do que quem realmente sou ...................................................................99
12. Se minha intenção é boa, isso basta................................104
13. Meu pecado não é tão ruim assim ..................................107
14. Deus nunca poderia me perdoar pelo que fiz..................110
15. Posso manter escondido o meu pecado secreto já que ele só prejudica a mim mesmo ..................................................113
16. A santidade é chata........................................................119

CAPÍTULO 5: MENTIRAS EM QUE OS HOMENS ACREDITAM SOBRE A SEXUALIDADE..................................................................123
17. Um pouco de pornografia não faz mal............................129
18. O que minha esposa não sabe não a machuca ................134
19. Se sinto atração por pessoas do mesmo sexo, devo buscar um relacionamento com alguém do mesmo sexo...................137
20. Tenho necessidades sexuais que a minha esposa não pode satisfazer.........................................................................143

CAPÍTULO 6: MENTIRAS EM QUE OS HOMENS ACREDITAM SOBRE O CASAMENTO E A FAMÍLIA ...............................................149
21. O amor não precisa de palavras faladas..........................154
22. A minha esposa deve me fazer feliz................................158
23. Não tenho as qualidades necessárias para ser o diretor (CEO) da minha casa. Posso deixar esse papel para a minha esposa ..........................................................................162

24. Não preciso crescer e me tornar adulto..................................170
25. Se eu disciplinar meus filhos, eles vão se rebelar .....................174

CAPÍTULO 7: MENTIRAS EM QUE OS HOMENS ACREDITAM SOBRE
   O TRABALHO E A RIQUEZA ..................................................181
26. Ganhar mais dinheiro me tornará mais feliz............................187
27. Como gasto meu tempo é problema meu................................191
28. Não sou responsável por ser o provedor da minha esposa e família...194
29. Minha fé e meu trabalho são coisas separadas .........................201
30. Não tenho condições de doar mais dinheiro ...........................207

CAPÍTULO 8: MENTIRAS EM QUE OS HOMENS ACREDITAM SOBRE
   AS CIRCUNSTÂNCIAS ...........................................................211
31. Tenho o direito de ficar irado quando as coisas não acontecem
   como eu quero ....................................................................217
32. Dor e sofrimento são sempre ruins.........................................220
33. O mundo conspira contra mim.............................................225
34. Não consigo evitar certas reações com algumas pessoas ou
   circunstâncias......................................................................230
35. Posso fugir de Deus..............................................................235

CAPÍTULO 9: MENTIRAS EM QUE OS HOMENS ACREDITAM SOBRE O MUNDO...241
36. O mundo está bagunçado demais para colocar filhos nele............248
37. Sou medido pela comparação com outros homens ....................253
38. Com tudo o que está acontecendo na minha vida, realmente
   não é possível viver com integridade ......................................259
39. Ser cristão deve ser algo legal, assim dizem .............................263
40. Minha morte será o fim da minha história..............................268

## TERCEIRA SEÇÃO: CAMINHANDO NA VERDADE

CAPÍTULO 10: COMBATENDO AS MENTIRAS COM A VERDADE................275
CAPÍTULO 11: A VERDADE QUE NOS LIBERTA .....................................291

*Epílogo* ........................................................................................311

# AGRADECIMENTOS

Listar as pessoas a quem devo agradecer seu investimento neste livro sem primeiro expressar a minha gratidão ao Senhor seria tolice. Então, vou começar fazendo isso. Quando Jesus disse: "Eu sou [...] a verdade" (Jo 14.6), ele estava equipando a você e a mim com um novo modo de confrontar as mentiras em que acreditamos. A resposta era... ele mesmo. Ele é a verdade. O que eu seria sem seu amor e provisão? Sua graça foi amável e mais do que suficiente.

Em segundo lugar, agradeço à minha esposa, Nancy DeMoss Wolgemuth. Ela foi incansável em seu amor, afeição e encorajamento durante o exaustivo e cansativo processo que é redigir um manuscrito. Por experiência própria, Nancy sabe o custo que um autor tem para forjar as palavras de tal modo que faça sentido e comunique claramente. Nessa frente e em todas as outras que eu poderia citar, Nancy é o presente precioso de Deus para mim. Ela foi uma fonte amável de bondade e graça para os períodos matutinos reservados para isso. Ela também é uma fonte extraordinária de ótimos verbos.

Em 2001, Nancy escreveu *Lies women believe: and the truth that sets them free*.[1] O livro vendeu mais de um milhão de exemplares e se tornou um clássico no mundo inteiro. Quase todo dia, Nancy ouve de mulheres cuja vida foi impactada profundamente por esse livro. Então em 2008, junto com sua amiga Dannah Gresh, Nancy pulicou *Lies young women believe*.[2] Novamente, esse livro acabou impactando a vida de centenas de milhares de mulheres — garotas — e continua impactando-as profundamente.

A oportunidade de escrever um volume "irmão" para a série *Mentiras...* — este para homens — foi um privilégio singular. Agradeço a Nancy por me deixar pegar uma carona nesse trem. E agradeço sua companhia, suas sugestões de conteúdo brilhantes e revisões impecáveis ao longo do processo.

E, ah, sim... Agradeço por escrever o endosso gracioso que incluímos neste livro.

Algum tempo após a publicação de *Lies men believe and the truth that sets them free*, serão lançados *Lies girls believe and the truth that sets them free*, de Dannah Gresh, acompanhado do guia *A mom's guide to lies girls believe and the truth that sets them free*,[3] escrito por Nancy e Dannah, serão lançados (é verdade, tem muitas mentiras aí, mas, felizmente, há um enorme "caminhão" de verdade para confrontá-las).

Moody Publishers foi a casa para todos os livros da série *Mentiras...* A parceria desses amigos foi um presente. Meus agradecimentos vão a Greg Thornton, Paul Santhouse, Randall Payleitner, Connor Sterchi, Ashley Torres, Carolyn McDaniel, Erik Peterson e Richard Knox e todos os outros da equipe Moody.

Em terceiro lugar, minhas filhas e netos são uma fonte constante de confirmação e encorajamento. Na verdade, Missy e Julie foram da liga de torcedores na escola, e assim elas são boas nisso. Sou grato a Jon e

---

[1] Edição em português: *Mentiras em que as mulheres acreditam e a verdade que as liberta* (São Paulo: Vida Nova, 2013).

[2] *Mentira em que as garotas acreditam e a verdade que as liberta* (São Paulo: Vida Nova, 2014).

[3] Edições em português, respectivamente: *Mentiras em que os homens acreditam e a verdade que os liberta*, *Mentiras em que as meninas acreditam e a verdade que as liberta* e *Guia das mães para mentiras em que as meninas acreditam e a verdade que as liberta* (São Paulo: Vida Nova, 2020).

Missy Schrader, Christopher e Julie Tassy (sr. e sra.) Ben e Abby Schrader Quirin, Luke Schrader, Isaac Schrader, Harper Tassy e Ella Tassy.

E falando em família, a família ampliada de Nancy foi uma fonte extraordinária de bondade e carinho no modo que acolheram este seu filho, irmão e tio tardio.

Um ano e meio antes de concluir os detalhes do manuscrito deste livro, Del Fehsenfeld, Dan Jarvis, Israel Wayne e o dr. R. C. Sproul Jr. concordaram em ajudar na formação da lista de possíveis "mentiras" para serem incluídas. Após algumas semanas de trocas de e-mails, tivemos um encontro pessoal "ao vivo" durante algumas horas e formulamos as possibilidades. A sabedoria e a contribuição deles foram incrivelmente valiosas, assim como sua inspiração audível no decorrer do processo.

Na verdade, R. C. continuou comigo nisso e me emprestou sua mente teológica e suas vívidas palavras para me acompanharem no caminho. Obrigado, R.C.

Aos meus irmãos e, de modo especial, ao meu irmão Dan, que foi uma grande ajuda para a Mentira 11. Agradeço a esses irmãos, irmãs, amigos.

Mike e Janet Sonnenberg foram um modelo de fidelidade e tenacidade e paciência diante do sofrimento indescritível durante muitos anos. Sou extremamente grato pela sua disposição em permitir que eu contasse um pouco de sua história na Mentira 32.

Rosaria Butterfield e Christopher Yuan me fornecem conselho sábio em relação à Mentira 19. Sou extremamente grato por esses amigos fiéis.

Após três décadas de amizade e colaboração profissional como seu editor e agente, reuni a coragem para pedir que o dr. Patrick Morley escrevesse o prefácio deste livro. Seu ministério de grande impacto para homens no mundo inteiro, Man in the mirror [Homem no espelho], transformou a vida de milhões de homens e foi um modelo para dezenas de milhares de igrejas que usaram os livros e material de Patrick para levar homens à fé em Cristo e fazê-los crescer em sua caminhada cristã. A disposição de Patrick para emprestar seu nome e reputação a este livro é um presente generoso.

Quando chegou a hora de criar a capa da edição americana, nossos queridos amigos Bob e Dannah Gresh entraram em cena junto com o sempre extraordinário Erik Peterson na Editora Moody. O *layout* da capa deste livro deve muito à criatividade dele. Obrigado.

Os homens que acrescentaram os seus nomes com tanta credibilidade para endossar este livro são muito especiais — e muito gentis: Jack Graham, Tim Challies, Bryan Loritts, George Grant, Paul Santhouse e Bob Lepine.

Agradeço ao ministério de Nancy, Aviva Nossos Corações, e ao ministério do qual se originou, Life Action Ministries.

Uma vez que meus filhos e netos preciosos vivem a muitos quilômetros de distância, três famílias nos adotaram em sua família, fornecendo-nos muitos abraços de crianças grandes e pequenas que amamos: Nate e Jessica Paulos e os seus três filhos — Addie, Ellie e Beckett; Aaron e Victoria Paulos e os seus cinco filhos — Jonathan, Annalise, Eliya, Ian e Karah; Del e Debra Fehsenfeld e os seus quatro filhos — Shepard, Kária, Chálissa e S 1. Meu amor e agradecimentos vão a eles.

E meu obrigado aos meus agentes: Andrew Wolgemuth, Erik Wolgemuth e Austin Wilson. Fico feliz que vocês saibam o que estão fazendo.

Por fim, e tão importante quanto tudo o que veio antes, agradeço a vocês que dedicaram tempo para realmente lerem este livro. Seu tempo é seu mais valioso recurso e você o está investindo aqui. Pode me chamar de gratíssimo!

# PREFÁCIO

Quando Robert Wolgemuth me pediu para escrever o prefácio de *Mentiras em que os homens acreditam e a verdade que os liberta*, não precisei nem pensar. Eu disse *sim*.

Décadas atrás, a editora (na época) de Robert me deu um pontapé inicial, quando eu nunca havia escrito um livro. Eles assumiram o risco de publicar *The man in the mirror* [O homem no espelho],[4] que vendeu quatro milhões de exemplares até agora. Serei eternamente grato pela confiança que Robert depositou em mim. Se não fosse por ele, eu ainda estaria vendendo imóveis e trabalhando em construções pelas quais, sejamos honestos, ninguém realmente quer pagar um valor de mercado justo!

Assim, desde o final da década de 1980, Robert e eu somos amigos. Tivemos a alegria de observar um ao outro crescer e amadurecer no nosso amor por Cristo. Ele é um homem 100% íntegro, de humildade plena e tem inteligência emocional e social como nunca vi em um homem até hoje. Ele de fato é "o cara". Se eu fosse você, o leitor deste livro, é isso que eu gostaria de saber sobre o autor.

Mas, após vasculhar o manuscrito, há outra razão que é, para você, muito mais importante e relevante. É uma leitura realmente muito, muito boa.

---

[4] Ed. rev. e atual. (Grand Rapids: Zondervan, 2014).

Se alguma vez já existiu um "atalho" para a sabedoria dos séculos, é este livro. Aqui está o tipo de sabedoria que só pode ser obtida ao longo de uma vida inteira de tentativa e erro, tentativa e erro e, por fim, tentativa e êxito. Duvido que haja dez homens no planeta que poderiam ter escrito um livro desse tipo.

Assim, não somente tenho a honra de endossar com entusiasmo este livro, mas também a de atestar a genuinidade do caráter de Robert. Eu precisaria de mais espaço do que tenho aqui, mas basta dizer que tenho enorme respeito por esse homem. Ele tem sido meu conselheiro, encorajador, parceiro de oração, colega e mentor durante mais de trinta anos.

Em segundo lugar, este livro trata de um tema ao qual dediquei a minha vida e ministério. Ainda que a palavra mais proeminente na capa desse livro seja "mentiras", sei, por experiência própria, que a palavra mais importante pode ser encontrada no subtítulo. E é "verdade". Esse é um livro sobre a verdade — o poder da verdade. A verdade que liberta um homem. E essa verdade pode ser encontrada na confiabilidade absoluta da Palavra de Deus, a Bíblia.

Como mencionei, transitei pelo ramo imobiliário durante muitos anos. Muitas vezes, negociei detalhes relacionados a uma propriedade que eu estava comprando ou vendendo. Muitas vezes essas negociações terminavam com um aperto de mãos e então eram consumadas para sempre por um contrato. Um acordo por escrito que literalmente colocava os pingos em todos os "is" e um traço em todo "t". Esse pedaço de papel, incluindo colocar as assinaturas, fechava o acordo.

A Bíblia é o acordo por escrito e fechado entre mim e um Deus soberano. E entre você e um Deus soberano. Ela é eminentemente confiável e fidedigna. *Mentiras em que os homens acreditam e a verdade que os liberta* é um livro que exalta a veracidade da Palavra de Deus.

Há anos, escrevi nas primeiras páginas do livro *The man in the mirror*:

> **A dicotomia entre a ordem de Deus e a ordem deste mundo produz uma tensão no homem cristão que está tentando organizar as suas ideias. Há absolutos? Princípios bíblicos realmente tratam dos problemas do século 21 e cotidianos que nós homens temos? É possível para nós compreendermos os nossos problemas e construirmos um modelo que funciona na nossa vida?**

Se eu puder responder à pergunta que apresentei ao escrever essas palavras, eu digo: "Sim, princípios bíblicos encontrados na Palavra de Deus *realmente tratam* dos nossos problemas." E eu sei disso, não somente como um autor cristão ou alguém formado no seminário de quem se esperaria ouvir algo desse tipo, mas também por experiência própria como um homem de negócios, marido e pai que enfrentou a vida no teste severo da dificuldade e sofrimento e saiu totalmente convencido de que a Palavra de Deus é verdade.

Também escrevi no meu primeiro livro:

*Os cristãos bíblicos não vivem segundo as suas próprias ideias, mas segundo a imersão, compreensão e aplicação da Palavra de Deus.*

O livro que você agora tem em mãos esmiúça essa compreensão clara do que significa absorver e aplicar a verdade da Bíblia em meio ao ruído implacável dos sussurros de Satanás. Suas mentiras.

Um ano e meio antes de sua publicação, quando Robert primeiro identificou as quarenta mentiras que ele trataria em *Mentiras em que os homens acreditam e a verdade que os liberta*, ele as enviou a mim para que as revisasse. Esta foi minha resposta: "Você tem minha permissão para decolar em qualquer pista que escolher. Falando sério, como suspeitei, você sem dúvida alguma não precisa de nenhuma ajuda. Isso parece fantástico. Amo você, meu amigão. Pat."

Assim, a lista de "mentiras" foi concluída, as "verdades" associadas da Palavra de Deus foram elaboradas e completadas e agora o livro está pronto: este livro. As mentiras e as explicações que as acompanham foram identificadas e formuladas.

E com este prefácio, recebi a oportunidade de girar a hélice e enviar essas notícias extraordinárias a seu destino. Estou tão contente porque você escolheu embarcar. Você não vai se arrepender.

Deus o abençoe nessa jornada.

Patrick Morley, PhD<br>
Orlando, Flórida,<br>
setembro de 2018

# INTRODUÇÃO

*"Mentiroso, mentiroso, suas calças estão pegando fogo!"*

Quando eu era menino, às vezes ouvia essa rima incendiária na vizinhança ou na escola. As crianças zombavam umas das outras no parquinho, tentando fazer seu inimigo chorar.

Obviamente, a imagem de alguém com as suas calças engolidas por chamas é um tanto cômica (a não ser, obviamente, que esse alguém seja você).

Parece que um menino do interior estava fascinado pelo estojo de charutos de seu pai. Ainda que ele tivesse recebido a ordem de nunca chegar perto dele, certo dia, enquanto seu pai estava em outra parte da casa, o moço abriu o trinco e pegou um charuto — um só — da coleção de seu pai.

Havia um depósito de ferramentas no canto da propriedade e o menino foi até a pequena construção para fazer o que ele havia visto seu pai fazer tantas vezes. Depois de riscar o fósforo começou a baforar, felizmente não ousando de fato tragar a fumaça azul até o fundo dos pulmões. Se não, estaria tossindo até hoje.

Imaginando, como é o costume dos pais, o que seu filho poderia estar fazendo, o pai chamou seu menino. Não recebendo resposta, o pai andou com passos largos até o alpendre e continuou chamando pelo menino. Ouvindo os passos do pai, o menino tentou apagar o charuto rapidamente, empurrando-o para dentro do bolso de trás de sua calça jeans.

Obviamente, a fumaça escapou das calças e chamou a atenção do pai. Ou talvez foi o terror no rosto do menino que o pai notou quando o charuto começou a queimar as suas nádegas.

Seja como for, o menino foi pego. Sua tentativa de esconder o que estava fazendo se tornou cinzas. Literalmente.

## NÃO HÁ MENTIRAS INOFENSIVAS

Em seu best-seller *Mentiras em que as mulheres acreditam e a verdade que as liberta*, minha esposa, Nancy, escreveu:

> *"Não há mentiras inofensivas."*[5]

Embora o livro dela seja destinado a mulheres, essa afirmação não é específica para o gênero masculino ou feminino. Ela é verdadeira para todas as pessoas, como também a razão de eu ter aceitado escrever este livro como uma continuação ao de Nancy. Este é para homens. Para mim. Para vocês.

*Sério? Verdade?* Não é interessante que ouvimos ou proferimos essas palavras com tanta frequência? Talvez após alguém dizer algo exagerado, insultuoso ou questionável.

Mas essas palavras seriam completamente desnecessárias se todas as pessoas falassem somente a verdade. Toda vez. O tempo todo.

> *Mentir em qualquer molde, forma e tamanho tem consequências. E esse não é um conceito novo. Ele existe há muito tempo.*

---

[5] Nancy DeMoss Wolgemuth, *Lies women believe: and the truth that sets them free* (Chicago: Moody, 2018), p. 38 [edição em português: *Mentiras em que as mulheres acreditam e a verdade que as liberta*, tradução de Flávia Lopes (São Paulo: Vida Nova, 2013)].

Mentiras vêm em muitas formas e tamanhos. Mentiras "pequenas" podem incluir a maneira de respondermos a um guarda de trânsito que acabou de nos parar por suposto excesso de velocidade. "Não, senhor, eu não sabia que estava acima do limite de velocidade."

Ou elas podem ser grandes mentiras, como mentir sobre um caso amoroso.

Mas mentir em qualquer molde, forma e tamanho tem consequências. E esse não é um conceito novo. Ele existe há muito tempo.

Provavelmente não será nenhuma surpresa para você que o suporte principal e o fundamento deste livro é a Bíblia. Você encontrará relatos e percepções bíblicas incluídos aqui de capa a capa. A Bíblia nos conta sobre mentiras em que os homens acreditaram há muito tempo — mentiras em que eles acreditam ainda hoje. Faremos o melhor para identificar algumas dessas mentiras, tratar delas e eliminá-las.

## QUAIS SÃO ALGUMAS DAS PRIMEIRAS MENTIRAS ENCONTRADAS NA BÍBLIA?

Quais mentiras mencionadas nas Escrituras Sagradas são as mais odiosas? As mais prejudiciais para aqueles que acreditam nelas?

Aqui está uma para principiantes:

> Disse a serpente à mulher: "com certeza, não morrereis. Na verdade, Deus sabe que no dia em que comerdes desse fruto, vossos olhos se abrirão, e sereis como Deus" (Gn 3.4,5).

Essa foi a mentira que começou a espiral descendente do pecado e da morte. Essas palavras foram faladas por Satanás, aparecendo a Adão e Eva, disfarçado de serpente.

O primeiro casal da história vivia em um cenário livre do pecado: o jardim do Éden. E esse lugar de perfeição incluía um "não" dirigido ao homem.

> Então o SENHOR Deus ordenou ao homem: "podes comer livremente de qualquer árvore do jardim, mas não comerás da árvore do

conhecimento do bem e do mal; porque no dia em que dela comeres, com certeza morrerás" (Gn 2.16,17).

Era como se o Senhor estivesse dizendo a Adão: "Este lugar é seu. Desfrute de tudo nele [...] exceto daquela árvore ali. É adorável olhar para ela e seu fruto é saboroso, mas fique longe dela. Se você me desobedecer, isso será seu fim."

A primeira mentira abominável é que temos a capacidade de ser como Deus.

E aqui está mais uma:

**Disseram mais: "vamos edificar uma cidade para nós, com uma torre cujo topo toque no céu, e façamos para nós um nome" (Gn 11.4).**

Desde a primeira vez que eu despejei concreto em um alicerce, peguei a doença da construção. A pequena empresa para a qual comecei a trabalhar com dezessete anos de idade havia acabado de começar o processo de construir uma casa em Glen Ellyn, em Illinois. Lembro-me do prazer que experimentei naquele verão observando a casa tomar forma. Uma vez que eu era o único trabalhador de tempo integral ali, não contando seu fundador, aprendi todos os ofícios, e me apaixonei pela maioria deles.[6]

Aliás, ao longo do verão, levei meus pais ao terreno nos fins de semana somente para lhes mostrar o progresso [...] e o que seu filho havia realizado pessoalmente. Eu estava orgulhoso.

A história de um grupo de homens que se reúne para construir algo não é incomum. Mas o propósito daqueles que se reuniram para edificar a Torre de Babel era verdadeiramente singular. E terrível.

A primeira mentira é que você e eu podemos presunçosamente tomar o lugar de Deus e conduzir a vida por conta própria — sem ele. A segunda mentira é que o nosso bem supremo — a fonte suprema da nossa maior satisfação — é glorificar a nós mesmos. Engrandecer a nós mesmos pelas nossas próprias realizações extraordinárias. Parece a segunda estrofe do mesmo hino, não é?

---

[6]Você pode ficar com o trabalho de *dry-wall*.

## O QUE É A VERDADE?

Então, o que é a verdade que contraria essas mentiras? Que bom que você perguntou.

O profeta Isaías teve algo a dizer sobre a primeira mentira de Satanás, aquela sobre tornar-se como Deus se Adão e Eva experimentassem o fruto proibido: "Eu sou o Senhor, e não há outro; além de mim não há Deus" (Is 45.5).

E Jesus resumiu sua resposta à segunda mentira sobre conquistarmos por meios próprios o nosso caminho à glória e perfeição em duas frases curtas: "O ladrão vem somente para roubar, matar e destruir; eu vim para que tenham vida, e a tenham com plenitude" (Jo 10.10).

Assim, ainda que a palavra "Mentiras" seja a palavra mais proeminente na capa deste livro, ela não é a palavra mais importante. A palavra mais importante está no subtítulo: "Verdade".

Você está tão contente quanto eu de que há a verdade que é completamente confiável? Um antídoto poderoso contra as imitações à nossa volta? Aposto que está.

Mais uma coisa: Se você ainda não o fez, o encorajo a achar um amigo ou dois — ou mais — para acompanhá-lo na leitura deste livro. Isso o encorajará, garantirá que você preste contas durante a jornada e o capacitará a ser bênção para outros.

E, para ajudar a começar essa experiência, só por diversão, acrescentei algumas perguntas e comentários simples após as "afirmações de verdade" que servem de resumo. Como o meu pai costumava dizer, essas coisas podem ajudá-lo a "conferir mais uma vez" o que você pensa sobre a mentira e a aplicação pessoal dessa verdade.

Tudo bem? Que bom.

Minha oração é que este livro seja desafiador e reparador, convincente e repleto de graça. É bom tê-lo como companheiro. Bem-vindo!

Robert Wolgemuth
Setembro de 2018

PRIMEIRA SEÇÃO

# FUNDAMENTOS

CAPÍTULO 1

# VAMOS ATRAVESSAR A PONTE QUANDO CHEGARMOS LÁ

Quando Satanás cochicha no ouvido de um homem, encorajando-o a fazer algo tolo (na melhor das hipóteses) ou pecaminoso (na pior das hipóteses), o homem às vezes avança, mesmo contrariando seu melhor discernimento, achando que ele será capaz de dar um jeito.

Quando Nancy e eu nos apaixonamos e iniciamos a nossa jornada para o casamento, havia muitas perguntas que precisavam ser respondidas. A maioria delas veio dela.

Aqui estava uma mulher de cinquenta e sete anos que nunca havia sido casada. Não era o caso de ela não ter "cacife para casar". Nancy era bonita, extremamente relacional, inteligente e capaz. Porém, desde cedo em sua vida ela havia sentido o chamado de Deus para dedicar sua vida ao ministério vocacional, o que ela havia feito com satisfação durante todos aqueles anos como mulher solteira.

"E então" — permita-me usar uma antiga letra de rock popularizada na década de 1960 por uma banda chamada *The Association* — "apareceu Robert".

Então, vamos voltar àquelas perguntas que Nancy fez. Muitas delas eram considerações práticas, como: Onde moraríamos? E como reconfiguraríamos uma das nossas casas para abrigar a ambos? Havia mais perguntas: Nancy é uma pessoa noturna, e eu acordo bem antes do dia clarear; como que isso funcionaria se fossemos casados? Qual igreja frequentaríamos? E o que aconteceria com o ministério que ela fundou e lidera?

Com grande frequência a minha resposta era um simples: "Daremos um jeito", porque eu realmente achava que daríamos. E, geralmente, fizemos exatamente isso. Demos um jeito. Mas muitas vezes parecia que "daremos um jeito" não era uma resposta extremamente satisfatória para Nancy. Agora sei por quê.

Você talvez nunca tenha pensado desse jeito sobre isso, mas muitas vezes, quando um homem está diante de um problema que não tem solução imediata ou óbvia, seu coração e as suas palavras podem estar em desacordo. Sua situação poderia ser um beco sem saída; em seu coração, ele realmente não sabe o que fazer, mas os seus lábios expressam confiança no exterior. Sua *bravata* desavergonhada o encoraja. Assim, ele se põe a caminhar e age usando a informação que tem.

## MENTIRAS EM QUE OS HOMENS ACREDITAM

Em 2001, Nancy escreveu seu best-seller *Mentiras em que as mulheres acreditam e a verdade que as liberta*.[1] Agora, a pedido dela e com o meu entusiástico "sim", assumi a responsabilidade de criar um livro correspondente, explorando algumas das mentiras em que nós, homens, tendemos a acreditar. Uma vez que tanto homens como mulheres são humanos, há alguma similaridade nas mentiras. Mas, visto que homens e mulheres *não* são iguais, há algumas diferenças nas mentiras que nos seduzem. Ainda mais importante: há uma diferença em *como* e *por que* acreditamos nessas mentiras. Como homens, parece ser

> *Adão não foi enganado. Adão não tinha essa desculpa. Ele sabia o que estava fazendo. Quando ele deu a mordida, seus olhos estavam bem abertos.*

---

[1] Uma versão atualizada e ampliada de *Lies women believe* foi publicada em 2018.

menos provável sermos enganados cegamente e mais provável abraçarmos mentiras com nossos olhos bem abertos.

Como fiz quando precisei responder às perguntas de Nancy sobre como seria a vida de casados para pessoas como nós, às vezes você e eu, diante da incerteza, simplesmente avançamos confiantemente, como se soubéssemos o que estamos fazendo. E o que dizer das consequências de uma decisão assim? "Atravessarei aquela ponte quando chegar lá".

Adão não foi enganado. Adão não tinha essa desculpa. Ele sabia o que estava fazendo. Quando ele deu a mordida, seus olhos estavam bem abertos.

Tomando por exemplo uma página do livro de Gênesis no Antigo Testamento, toda a ideia de "dar um jeito" aparece pela primeira vez no jardim do Éden. Eva foi enganada. Mas Adão não foi. Ele sabia exatamente o que estava fazendo. Como sabemos disso? O apóstolo Paulo nos fornece um vislumbre da experiência do homem:

> Porque Adão foi criado primeiro, e Eva depois. E Adão não foi enganado; mas a mulher é que foi enganada e caiu em transgressão (1Tm 2.13,14).

Há duas noções enigmáticas nesse texto da carta de Paulo a Timóteo. Em primeiro lugar, o que significa Eva ter sido enganada? Em segundo lugar, o que significa Adão não ter sido enganado? E por que isso é importante?

A serpente não atacou Eva frontalmente. Sua abordagem foi sutil e enviesada. Ela usou um truque. O engano. Pura trapaça. "Foi assim que Deus disse [...]?". Eva certamente teve culpa, mas sua culpa foi mitigada pelo fato de que foi enganada.

Adão não foi enganado. Adão não tinha essa desculpa. Ele sabia o que estava fazendo. Quando ele deu a mordida, seus olhos estavam bem abertos.

## A VERDADE COM QUE PODEMOS CONTAR

A Bíblia contém relatos históricos precisos de tempos antigos. Mas a Bíblia também é enigmática às vezes, visto que relata várias cenas que estão fora da nossa experiência — um machado que flutua, carruagens de fogo, uma serpente que fala. Assim, é fácil algumas pessoas lerem a história bíblica como se estivessem lendo *Mamãe Gansa* ou as fábulas dos Irmãos Grimm. Mas a Bíblia nos conta o que realmente aconteceu no tempo e no espaço.

No princípio, realmente havia um homem, formado do pó pela própria mão de Deus. E de fato havia uma mulher, formada pela própria mão de Deus, mas da costela do homem. Esses dois viviam em meio à perfeição.

> *Fico pensando se Adão decidiu que ele viveria com a aprovação de sua mulher sob a maldição de Deus em vez de ficar sem a aprovação dela e sob a bênção de Deus.*

No Éden, não havia conflito algum entre o leão e o cordeiro; não havia mosquitos que picam; não havia discórdia entre Adão e Eva. Eva nunca precisava pedir que Adão recolhesse as suas meias (ah, espere aí [...] eles ainda estavam nus). Não havia vergonha ou enfermidade, morte ou doença, tudo isso porque não havia pecado. Sim, houve um período na história humana em que a miséria não existia, a culpa era desconhecida, nada e ninguém morria e a paz reinava.

Sim, tudo estava em ordem com o mundo.

E então apareceu Satanás.

Muitos estudiosos da Bíblia pensam que Adão estava presente durante toda a conversa entre sua mulher e a serpente. Se esse for o caso, como parece ser, Adão não enfrentou Satanás e não assumiu seu chamado para proteger sua mulher. Ele ficou ali sem fazer nada até ela lhe oferecer o fruto. E como sua mulher havia feito, ele o comeu. Ao longo dos séculos, os teólogos têm especulado a respeito dos motivos de Adão. Ao examinar esse encontro através da minha própria lente um tanto romântica, fico pensando se Adão decidiu viver com a aprovação de sua mulher sob a maldição de Deus em vez de ficar sem a aprovação dela e sob a bênção de Deus.

Obviamente, você e eu não podemos ter certeza do que motivou Adão. Mas sabemos que ele foi em direção a esse acontecimento fatídico de olhos bem abertos. Ninguém tirou um coelho da cartola. Não houve trapaça. Ele não foi logrado. Ele tomou do fruto sabendo que era a coisa errada a ser feita.

A diferença entre Adão e Eva *nesse* momento divisor de águas na história humana talvez nos forneça uma percepção de algumas das diferenças entre homens e mulheres — como pensamos e como fazemos escolhas. E a que tipos de mentiras atrativas somos levados a dar crédito.

Neste livro, ao identificar algumas das mentiras em que somos tentados a acreditar, vou falar de modo geral. Ao fazer isso, não estou sugerindo que todos os homens são iguais ou que todas as mulheres são iguais. Estou meramente falando sobre tendências, tentações peculiares que os homens tendem a enfrentar *versus* aquelas que as mulheres talvez mais tipicamente encontrem.

## PENSAR E SENTIR

Todos os seres humanos, como o Criador cuja imagem levamos, pensam e também sentem.

> Então, *vendo* a mulher que a árvore era boa para dela comer, *agradável* aos olhos e *desejável* para dar entendimento, tomou de seu fruto, comeu e deu dele a seu marido, que também comeu (Gn 3.6, destaques do autor).

*Vendo. Agradável. Desejável.* Essas palavras explicam muito sobre a disposição de Eva para tomar uma decisão desobediente tão grande.

Homens, via de regra, estão mais inclinados a separar suas convicções e seus sentimentos. Você e eu buscamos manter o governo da nossa mente sobre o nosso coração. Essa é uma razão de nós, às vezes, tendermos a ser menos compassivos.

Enquanto eu estava escrevendo este livro, tive uma conversa com um casal que estava casado somente havia um ano. Uma vez que eu era um homem casado veterano e ela achou que eu podia ajudar, a jovem esposa me disse: "Quando estou tendo alguma dificuldade, meu marido logo quer descobrir como podemos resolver o problema. Eu lhe expliquei que, na hora,

> *E até mesmo quando sabemos a coisa certa a ser feita, muitas vezes, ainda assim, escolhemos fazer a coisa errada. O que vem depois disso é a tolice da racionalização.*

somente quero que ele se importe, me abrace e seja compreensivo em relação ao meu problema".

Você e eu entendemos isso, não é mesmo?

Para nós, pode haver mais um perigo que mostrou seu rosto horrível pela primeira vez no Éden. Quando um homem opera com sua cabeça e seu coração — seu pensamento e seu sentimento — em domínios separados, ele avança, muitas vezes, com uma confiança totalmente exagerada, porque sua mente está tomando as decisões. Ele pressupõe que sempre colocar em ação o que ele *pensa* resultará em agir de um modo certo.

E até mesmo quando *sabemos* a coisa certa a ser feita, muitas vezes, ainda assim, escolhemos fazer a coisa errada, quer pelas circunstâncias, quer por conveniência ou somente por pura preguiça. O que vem depois disso é a tolice da racionalização. Empenhamos a nossa mente em inventar desculpas das razões de termos feito a coisa errada.

Ao tratar exatamente dessa questão, o apóstolo Paulo mencionou sua frustração com saber o certo e fazer o errado.

> **Quero fazer o que é bom, mas não faço. Não quero fazer o que é errado, mas o faço mesmo assim (Rm 7.19).**

Até mesmo quando ele *sabia* a coisa certa a ser feita e até mesmo quando ele *queria* fazer a coisa certa, Paulo se via impotente para *fazer* o que era certo. Sem o poder do evangelho e o Espírito capacitador de Cristo nele, ele era impotente. O mesmo se aplica a mim e a você.

## PAGANDO O PREÇO (LITERALMENTE)

No meu segundo ano de faculdade, foi-me apresentada "uma oportunidade imperdível [...] uma chance de ganhar dinheiro boa demais para ser verdade".

Com certeza.

Eu cruzei, por acaso, com "Jenny", uma colega de classe no Ensino Médio, na minha igreja da minha cidade natal durante o curto recesso do feriado de Ação de Graças. O pai dela era líder na igreja e um contabilista muito respeitado na cidade. Perto da entrada da igreja após o culto, Jenny me contou tudo sobre a oportunidade.

A "oportunidade" envolvia comprar e vender títulos de capitalização do governo dos EUA e fazer circular uma "carta-corrente", no esquema de pirâmide.

— Isso é legal? — eu perguntei.

— Sim — ela me garantiu — visto que a carta não usa de fato o correio dos EUA. Meu pai disse que é totalmente legal.

"Parece meio suspeito", lembro-me de ter pensado. "Mas se o pai da Jenny diz que não tem problema, então não deve ter problema."

Não dei atenção ao meu melhor discernimento — minha mente impulsiva ignorou o meu coração hesitante — e "empilhei" ali 37,50 dólares para comprar a carta e fui ao banco e comprei dois títulos de capitalização, cada um custando 18,75 dólares — emitidos para o sujeito no topo da lista da carta — mais 37,50 dólares. A essa altura, já havia gasto 75 dólares com isso. Não é muito dinheiro hoje, mas para um estudante universitário no final da década de 1960... era muito dinheiro.

> *Quando entrei no meu quarto do dormitório, contei ao meu colega de quarto o que havia feito. Ele ficou com uma cara de ceticismo e espanto ao mesmo tempo.*

Na tarde seguinte, peguei a estrada de novo para voltar para a minha faculdade. Quando entrei no meu quarto do dormitório, contei ao meu colega de quarto o que havia feito. Ele ficou com uma cara de ceticismo e espanto ao mesmo tempo.

— Isso é legal? — Steve perguntou.

— Claro — eu disse, emprestando um pouco da confiança de Jenny.

Alguns dias depois, vendi a minha carta-corrente e os títulos de capitalização a dois colegas de classe igualmente ingênuos.

O esquema varreu o nosso campus como um tsunami. Em menos de uma semana, mais de cem estudantes universitários de olhos bem abertos e ansiosos — e igualmente "falidos" — haviam pulado de cabeça no esquema. Em mais alguns dias, rapazes de outras universidades não muito longe da minha escola ficaram sabendo sobre a oportunidade (o esquema) e também embarcaram.

Uma semana depois, tendo recebido duas advertências severas do nosso reitor, incluindo uma ameaça de me expulsar, eu fui de porta em porta em cada um dos dormitórios masculinos e implorei que os sujeitos interrompessem o esquema das cartas. Alguns, incluindo o meu tão cauteloso colega de quarto, tiveram grande perda financeira.

— Quanto você perdeu? — eu perguntei a cada rapaz que havia engolido o esquema ingenuamente.

— O reitor pediu, na verdade ordenou, que eu dissesse para você não tentar vender sua carta.

Esses rapazes não estavam contentes. E assim, anotando cada uma dessas perdas em um caderninho, prometi reembolsá-los. Com o trabalho em construção no verão seguinte, enviei milhares de dólares suados a esses homens para ajudá-los a se recuperar da minha tolice.

Como Adão, eu sabia — ao menos suspeitava fortemente — no meu coração que eu estava fazendo algo errado. Ninguém havia me enganado. Meus olhos estavam bem abertos. "Darei um jeito nisso depois", eu achei ingenuamente.

Com certeza.

## PENSAMENTO CONSCIENTE, PLANEJAMENTO NEGLIGENTE, AÇÃO TOLA

O marido de Eva sabia que ele não deveria comer da árvore. Se pudéssemos tê-lo chamado naquele momento dramático e lhe dado um teste sobre a ética de comer o fruto, ele teria passado. Mas quando Eva lhe ofereceu a primeira mordida, ele falhou.

Você e eu muitas vezes nos orgulhamos da clareza de nosso pensamento. Parecemos fazer análises imparciais, construir cenários cuidadosamente elaborados como peças de um quebra-cabeça. Essa afirmação leva àquela afirmação, que nos leva à afirmação seguinte e à seguinte.

Na superfície, isso parece uma coisa boa. O problema surge quando decisões precisam ser tomadas no momento, e a nossa negligência faz com que ignoremos o que, no nosso coração, sabemos que é certo. E verdadeiro.

## AGIR AGORA, OUVIR MAIS TARDE

Quando Davi viu Bate-Seba tomando banho, ele não se esqueceu da proibição de Deus contra o adultério (veremos mais sobre Davi e Bate-Seba depois). Pensando que sua posição de rei possibilitaria tudo o que ele fosse precisar fazer para "dar um jeito nisso depois", ele ignorou a lei de Deus e o cutucão de sua consciência e se deitou com ela.

Você está curioso para saber como Davi conseguiu ignorar esse horrível engano nas semanas subsequentes? Na verdade, eu acho que, considerando a disposição de Davi a abusar da mulher de seu próximo e então esconder isso assassinando o marido dela, ele se saiu muito bem. O rei facilmente distraído e orgulhoso se ocupou com os seus deveres reais. Ficou muito ocupado, ocupadíssimo. Então, certo dia, o profeta Natã estragou a festa dele, dando-lhe uma paulada com a verdade.

Uma vez que Davi sabia que havia sido pego, emoções (que deveriam ter gritado, para começo de conversa) o dominaram totalmente. Uma leitura do salmo 51 oferece um mural em tamanho real do remorso profundo de Davi por tomar uma má decisão (na verdade, duas más decisões).

Quando você e eu nos tornamos vítimas de mentiras, a razão é mais provavelmente o orgulho e menos provavelmente a ingenuidade. No momento, achamos que sabemos mais que Deus. Sabemos no nosso coração e na nossa consciência o que é certo, mas escolhemos fazer o que é errado.

> *Quando você e eu nos tornamos vítimas de mentiras, a razão é mais provavelmente o orgulho e menos provavelmente a ingenuidade. No momento, achamos que sabemos mais que Deus. Sabemos no nosso coração e na nossa consciência o que é certo, mas escolhemos fazer o que é errado.*

Às vezes, acreditamos na mentira de que Deus não notará. Às vezes, acreditamos na mentira de que Deus não ligará. Invariavelmente acreditamos na mentira de que de algum modo tudo dará certo e, assim, prosseguimos e fazemos o que queremos fazer.

Voltando ao jardim, Adão sabia que Deus não ficaria contente com as suas ações. Adão sabia que ele e Deus discordavam; talvez naquele momento ele tenha sido tolo o suficiente para achar que seu caminho estava certo e o caminho de Deus, errado [...] ou ao menos, que ele poderia prosseguir com sua escolha desobediente, poderia dar um jeito de justificar-se, e Deus entenderia e perdoaria.

> Jesus, que é ele mesmo a verdade, prometeu não somente revelar a verdade a você e a mim, mas também nos dar a força para obedecer.

Nos capítulos seguintes, você e eu consideraremos os tipos de mentira em que os homens acreditam. Enquanto lê, por favor, não perca de vista a razão de estarmos sujeitos a acreditar nelas. A razão da questão é o orgulho. Achamos que somos cuidadosos e estamos no controle. Consideramos a nós mesmos mais sábios do que o Deus que planejou todas as coisas do início ao fim. Achamos que podemos ver o futuro, não acreditando em Deus e acreditando em nós mesmos.

Mas somos chamados a ser soldados obedientes no reino de Deus. Somos chamados a andar com ele como maridos-pastores que buscam refletir o Bom Pastor, como pais que buscam refletir o caráter do nosso grande Pai ou mesmo como homens que simplesmente querem viver uma vida santa. Precisamos levar todo pensamento e toda emoção cativos para que obedeçam a Cristo (2Co 10.5).

### A ORTOPRAXIA É DEMAIS!

Devemos ser instigados a abandonar as mentiras do nosso pai natural, o Diabo, e abraçar a verdade que dá vida e o coração do nosso Pai adotivo, o próprio Deus. Para fazer isso, precisamos aprender tanto a *pensar* como a *sentir* de acordo com a Palavra e os caminhos de Deus.

> SENHOR, ensina-me teu caminho, e andarei na tua verdade; une meu coração para temer o teu nome (Sl 86.11, ESV).

Aí está "andarei na tua verdade; une meu coração" corretamente unindo e encaixando o nosso coração e a nossa mente.

Os teólogos às vezes sabem muito bem como transformar conceitos em uma só palavra. Eles diriam que não é bom o suficiente somente abraçar a *ortodoxia* — convicções certas —, mas que também precisamos cultivar *ortopathos* — sentimentos corretos. Isso nos leva exatamente ao que estamos encorajando: a *ortopraxia* — conduta correta. Assim, Adão *sabia* o que Deus havia lhe dito (ortodoxia). No momento em que Eva lhe deu o fruto no qual ela já tinha dado uma mordida, ele provavelmente sentiu um conflito. Nesse momento, uma grande dose de *ortopathos* — sentimentos corretos integrados com pensamento correto — teria permitido que ele interrompesse o que estava acontecendo, impedindo que sua esposa questionasse o que Deus havia lhe dito e dito à serpente para onde ela deveria ir. Literalmente. *Ortopraxia*. Fim da aula.

Jesus, que é ele mesmo a verdade, prometeu não somente revelar a verdade a você e a mim, mas também nos dar a força para obedecer e, ao fazer isso, libertar-nos (Jo 8.32). Ser esse tipo de homem é ser um homem livre, estar ancorado na verdade, construir a nossa vida sobre a Rocha sólida. Essa é uma luta que dura a vida inteira; o Diabo é implacável. Persistente. Mas nós, pela condução de Deus, andamos de graça em graça, de fé em fé, de verdade em verdade [...] de glória em glória (2Co 3.18).

À medida que você continua lendo, a minha oração é que o Espírito de Deus encha você com sabedoria, pensamento sólido, emoções claras e a força para demolir as fortalezas do Diabo. Para ser um homem da verdade. Da força. Da ortopraxia.

Então aqui estão quarenta mentiras. Minha esperança é que, uma vez identificadas, essas mentiras possam ser lançadas ao abismo ao qual elas pertencem e substituídas pela verdade sólida como a rocha e pela pura liberdade que isso garante a você.

SEGUNDA SEÇÃO

# MENTIRAS EM QUE OS HOMENS ACREDITAM

CAPÍTULO 2

# MENTIRAS EM QUE OS HOMENS ACREDITAM
# SOBRE DEUS

*Aquilo que surge na mente quando pensamos sobre Deus é a coisa mais importante a nosso respeito.* — A. W. Tozer

Roy havia acabado de chegar ao fim de dois dias de trabalho no nosso sistema de irrigação. Isso incluía coisas simples como substituir aspersores defeituosos e coisas mais complicadas como cavar dois buracos grandes no nosso quintal para substituir algumas válvulas solenoides. Ele trabalhou sozinho.

Eu o cumprimentei quando ele começou a trabalhar e perguntei seu nome. Algumas vezes durante os dois dias de trabalho fui a Roy para lhe dar uma garrafa de água ou perguntar como ele estava. Seu Smartphone tocava música *country* a todo volume e ele tinha um cigarro na boca o tempo todo. Não chegamos a ter uma conversa mais demorada até Roy estar prestes a ir embora.

Eu e ele estávamos na entrada da garagem e ele estava verificando todo o trabalho que havia feito. Eu estava agradecendo-lhe.

Como faço em situações como essa, perguntei a Roy sobre sua família. Inicialmente, ele pareceu hesitante em falar sobre isso, mas logo começou a me contar sobre seu divórcio, os desafios de seu segundo casamento e a família mista. Ele reconheceu algumas dificuldades que estava tendo com seu enteado. Pela sua expressão facial, consegui perceber que Roy estava incomodado com sua situação.

Então houve silêncio. Percebi que ele estava pronto para ir embora.

Estendi meu braço para dar a mão e o aperto dele deixou que eu soubesse que ele estava grato pelo meu interesse pela vida dele.

— Como posso orar por você? — perguntei.

Ele hesitou. Ficou me olhando e esboçou um leve sorriso.

— Faz muito tempo que não vou à igreja — Roy começou.

— Minha primeira esposa era muito cristã, mas desde que eu a deixei e o nosso divórcio foi oficializado...

Ele ficou pensativo e compenetrado. Então seus olhos começaram a se encher de lágrimas.

— Sempre acreditei em Deus... mas preciso levá-lo a sério novamente — ele confessou.

— Essa é uma boa ideia — respondi. — Posso orar por você?

Estendendo o meu braço, coloquei a minha mão em seu ombro. Roy tirou seu boné de beisebol.

— Senhor amado — comecei. — Obrigado pela vida do Roy. Obrigado pelo seu bom trabalho na nossa casa. Obrigado por esses poucos minutos em que estamos nos conhecendo. Oro pelo coração do Roy. Oro pela família dele. E pelo seu filho. Oro para que traga Roy de volta a ti [...] nada é mais importante do que isso.

> "Sempre acreditei em Deus [...] mas preciso levá-lo a sério novamente", ele confessou.

Quando terminei de fazer essa oração curta, Roy recolocou seu boné de beisebol e estendeu seus dois braços para me dar um abraço. Seus olhos estavam encharcados de lágrimas.

Que cena impressionante [...] dois homens adultos em um dia quente de verão se abraçando espontaneamente após um breve culto na entrada da garagem.

## LEVANDO DEUS A SÉRIO

Este livro começa com um capítulo sobre mentiras em que os homens acreditam sobre Deus porque penso que as lutas que enfrentamos com todo o resto das mentiras nas páginas seguintes resultam dessas mentiras. A maioria dos homens dirá que "acredita em Deus". Isto é, esses homens estão dispostos a reconhecer a existência dele. Eles talvez achem que isso é o que basta.

Não é. Há mais.

Aquilo em que você e eu acreditamos *sobre* Deus é o que em última instância determinará o que acreditamos — ou não acreditamos — sobre todo o resto.

Se acharmos que as mentiras em que acreditamos sobre Deus são menos importantes do que as mentiras em que acreditamos sobre sexo, dinheiro, casamento ou nossa carreira, estaremos acreditando na mentira mais terrível de todas. Em resumo, estaremos dizendo que aquilo em que acreditamos sobre o Deus que nos criou pode ficar em uma posição inferior a coisas mais urgentes e imediatas. Estamos dizendo que podemos separar as nossas convicções sobre coisas temporais das nossas convicções sobre ele. Mas não podemos.

> *Aquilo em que você e eu acreditamos sobre Deus é o que em última instância determinará o que acreditamos — ou não acreditamos — sobre todo o resto.*

## SEGUIR A DEUS? CLARO, POR QUE NÃO?

Isso me lembra de uma história que ouvi pela primeira vez quando era jovem. É sobre um sujeito que queria incluir Deus em sua vida. Mas colocá-lo em primeiro lugar? Nem tanto.

Um homem se aproximou de Jesus com uma pergunta. Não ficamos sabendo de seu nome; sabemos simplesmente que ele é "o jovem rico".

O homem fez uma pergunta perspicaz à pessoa certa. Até aqui, tudo bem. Mas essa história não acaba bem.

> Aproximou-se dele [de Jesus] um jovem e lhe disse: "mestre, que farei de bom para ter a vida eterna?" (Mt 19.16).

Ao menos esse jovem estava pensando sobre a eternidade. Isso é admirável. Ele havia acumulado muita riqueza, mas ele também entendeu o que muitos esquecem: carros funerários não têm reboques.

Mas Jesus também discerniu rapidamente que apesar de toda a sabedoria na pergunta, havia algo errado nela. O questionador nem mesmo entendia de fato o que significava "bom". Jesus começou a responder desta forma: "Por que me perguntas sobre o que é bom? Somente um é bom" (19.17, NIV). Já no início, Jesus lembrou o homem de algo extremamente importante: não somos bons o suficiente e nunca seremos.

A única coisa que você e eu temos para oferecer é o nosso pecado. Nós falhamos; erramos o alvo. Toda vez.

> *Ao menos, esse jovem estava pensando sobre a eternidade. Isso é admirável.*

Jesus então dirigiu o jovem aos próprios padrões de Deus: "... mas se queres entrar na vida, obedece aos mandamentos" (v. 17). Obviamente, os Dez Mandamentos são uma meta elevada à qual muitos aspiram, mas ninguém nunca estará à altura dela (Rm 5.20). Isso, poderíamos pensar, teria feito com que o homem orgulhoso corasse, que ele compreendesse rapidamente que era totalmente impossível ele ser obediente o suficiente para obter a vida eterna.

Mas em vez de se arrepender ou implorar por misericórdia, ele reforçou sua atitude. Em primeiro lugar, ele tentou achar uma tecnicidade. "Quais?", ele perguntou, como se violar somente algumas das ordens de Deus não fosse desqualificar sua entrada no céu. Quando Jesus começou a listar de cabeça os mandamentos, o jovem afirmou que ele havia guardado a lei de Deus desde cedo. Uau, que presunção dizer que ele não havia violado uma só lei! Ele estava pronto para decolar.

Você e eu talvez até mesmo demos um sorriso ao ouvir isso. Nem uma só lei? Isso é tolice. Obviamente, se um homem violou uma única lei, é correto considerá-lo um "infrator".

Por exemplo, imaginemos que eu entrasse escondido em sua casa, roubasse os seus aparelhos eletrônicos, destruísse todo o resto com um taco de beisebol e então fosse preso. E que meu caro advogado apelasse ao juiz dizendo: "Certamente, meritíssimo. Wolgemuth fez aquilo de que foi acusado; mas ele não incendiou o local nem roubou o carro nem machucou as crianças".

É verdade. Eu poderia não ter feito essas outras coisas terríveis, mas eu mesmo assim iria para o xadrez pelo que de fato havia feito? Sem dúvida alguma.

Se você perguntasse à pessoa comum por que ela deve ser aceita no céu, frequentemente você obteria alguma variação desta resposta: "O bem que fiz é maior do que o mal". Mas não é assim que Deus vê as coisas.

> *Se você perguntasse à pessoa comum por que ela deve ser aceita no céu, frequentemente você obteria alguma variação desta resposta: "O bem que fiz é maior do que o mal". Mas não é assim que Deus vê as coisas.*

O que Jesus fez em seguida com aquele homem em sua busca tão sincera muitas vezes não é entendido corretamente. Ele lhe disse para vender tudo o que tinha, dar o dinheiro aos pobres e segui-lo.

É como se Jesus estivesse lhe dizendo: "Você está dizendo que cumpriu os mandamentos de Deus. Vamos ver. Comecemos pelo primeiro. Você tem quaisquer outros deuses? Há alguma coisa que você talvez valorize e estime mais do que o próprio Deus? Sua riqueza, talvez?".

O jovem rico não passou no teste. Mateus nos diz: "Ouvindo essas palavras, o jovem retirou-se triste, porque possuía muitos bens" (19.22). Uma consciência pesada? Provavelmente.

## PRECISAMOS AMAR A DEUS SOBRE TODAS AS COISAS

Essa história deve nos ajudar a enxergar a nós mesmos. Sem a graça de Deus, também teríamos um fim triste, incapazes de nos desfazer das coisas que amamos e separados do Deus que nos ama.

Uma vez que você e eu adoramos o que mais amamos, há uma boa razão para o primeiro mandamento vir primeiro: "Não tenha outros deuses antes de mim". Mas antes de fazermos isso, vamos analisar a palavra "antes". Será que você já a leu da forma que costumava lê-la, achando que na verdade Deus nos permite ter outros deuses junto com ele desde que não sejam tão importantes quanto o próprio Deus? Talvez você tenha entendido a palavra "antes" no sentido de "primeiro da fila".

> *Essa história deve nos ajudar a enxergar a nós mesmos. Sem a graça de Deus, também teríamos um fim triste, incapazes de nos desfazer das coisas que amamos e separados do Deus que nos ama.*

Tome muito cuidado. Deus não se contenta com termos deuses rivais, mesmo que o amemos mais do que aos outros. "Antes" significa em sua presença, como em "nenhum outros deuses — coisas ou pessoas às quais 'adoramos' — de modo algum".

A verdade suprema, o antídoto para mentiras em que poderíamos acreditar, é que Deus merece o único lugar no nosso coração. Qualquer coisa aquém disso o coloca em um lugar nas sombras. Um lugar ao qual ele nunca pertenceu.

A primeira lição que todo homem precisa aprender é simples: Deus é Deus, e nós não somos. Ele é o fim, e não um meio. Nosso propósito não é usá-lo para satisfazer os nossos próprios desejos. Nosso objetivo não é adquirir posses, poder ou prestígio. Nosso objetivo não é acrescentá-lo à nossa lista de amores, mas amá-lo acima de tudo.

Vários meses após eu e Nancy começarmos a namorar, percebi que eu estava me apaixonando profundamente por ela. Na realidade, verdade seja dita, eu havia me permitido colocá-la no topo da minha lista de afeições. Eu sabia que isso não estava certo, e em uma longa chamada de vídeo com ela e com muitas lágrimas, confessei o que eu havia feito. Ela recebeu a minha contrição com compreensão e muita graça.

Na verdade, sendo a pessoa esperta e perspicaz que ela é, Nancy ficou aliviada. Ninguém senão Deus pode sequer imaginar estar à altura desse tipo de adoração.

Aparentemente, Simão Pedro compartilhava dessa tendência de deixar que os seus amores ficassem fora de ordem. Um dos momentos mais importantes no ministério terreno de Jesus aconteceu pouco depois de sua ressurreição. Ele e Pedro, que o havia negado explicitamente três vezes, a ponto de dizer que nem mesmo conhecia Jesus, estavam tomando seu "café da manhã" na praia. Parece que, para equilibrar a balança, Jesus fez a Pedro essencialmente a mesma pergunta [...] três vezes seguidas.

> *A primeira lição que todo homem precisa aprender é simples: Deus é Deus, e nós não somos. Ele é o fim, e não um meio.*

"Simão, filho de João, tu me amas mais do que estes?" (Jo 21.15).

Então, aí está. Uma grande pergunta de importância suprema. Não é possível amarmos a Deus se não o amarmos exclusivamente, mais do que qualquer outra coisa — ou pessoa.

Deus é um Deus zeloso e, para o nosso próprio bem, ele não compartilhará o trono do nosso coração com um rival. Esse lugar precisa estar reservado a ele.

## 1. *"Deus não é tão diferente assim de mim."*

De acordo com a mitologia grega, um belo rapaz chamado Narciso estava passeando pela floresta certo dia, sentindo uma estranha combinação de sede e insegurança. Ele havia acabado de rejeitar o amor de uma ninfa chamada Eco, uma criatura libertina, ávida para seduzir o homem. Ele não estava interessado em uma serpente insinuante. Bem, aí está um refrão familiar.

Nesse momento, Narciso se deparou com um pequeno tanque de água. "Ah, aqui está a resposta ao meu grande desejo de matar a minha sede", o homem sussurrou para si mesmo.

Agachando-se ao lado do tanque, ele se inclinou sobre ele, fez uma concha com suas mãos e se preparou para levar um pouco do frescor cristalino aos seus lábios secos. Mas antes de ele tocar a água, lá estava a tranquilidade da água imóvel, refletindo perfeitamente sua imagem aos seus olhos inseguros.

Narciso ficou paralisado, analisando cada detalhe de seu rosto encantador. Não estando disposto a receber as investidas da ninfa, Narciso descobriu um pretendente mais atraente. Um amor alegre e jovial. Alguém mais encantador do que qualquer pessoa que ele já havia visto. Naquele momento, o rapaz entrou em um leve transe. Um ar de adoração o envolveu. Seu coração começou a bater depressa, irremediavelmente apaixonado. Por si mesmo.

Que repugnante!

Mas antes de enviarmos esse mariquinha aos confins da maricolândia, inclinemo-nos e olhemos para dentro do mesmo tanque.

Talvez estejamos procurando satisfação para nossos desejos mais profundos, nossas sedes que anseiam por alívio. Respostas a perguntas difíceis que nos incomodam. Alguém ou algo que nos traga completude e alegria. E quando vemos o nosso próprio reflexo — tentando satisfazer os nossos anseios com o que somos capazes de reunir por conta própria — percebemos que é totalmente impossível que a nossa própria imagem fraca nos satisfaça. Na verdade, a contemplação incessante do próprio umbigo nos nauseia.

> *O profeta, embora fosse capacitado com dons naturais e tivesse sido encarregado com uma responsabilidade incomum, estava fascinado e sem palavras na presença da santidade perfeita.*

Muitos séculos atrás, um profeta de Israel entrou no templo de Jerusalém. Antes desse momento, ele havia sido designado para declarar juízo para os filhos de Deus, escolhidos e pecaminosos. Sem dúvida alguma, uma grande missão. Uma missão que poderia despertar mesmo no mais sóbrio dos homens um sentimento de importância própria exagerada. Mas não nesse homem. Não dessa vez.

Em vez disso, enquanto o homem se aproximava do altar, um som surgiu da nave, um som que até então ele nunca havia ouvido. Seu cortejo arrebatador chegou ao fim. Naquele momento, o profeta Isaías viu o Senhor Deus, exaltado e elevado. Todos os ossos do corpo de Isaías, agora paralisado e imóvel, tremeram. Vozes estrondosas de criaturas celestiais invadiram a atmosfera até então silenciosa.

> **Santo, santo, santo é o S**enhor **dos exércitos;**
> **toda a terra está cheia de sua glória (Is 6.3).**

O profeta, embora fosse capacitado com dons naturais e tivesse sido encarregado com uma responsabilidade incomum, estava fascinado e sem palavras na presença da santidade perfeita. Naquele momento, as primeiras palavras da boca de Isaías resumiram o que ele realmente era diante da perfeição.

"Ai de mim!", Isaías disse.

Não brinca!

O que aconteceu a Isaías naquele dia o marcaria para sempre. Ele não estaria mais apaixonado pela sua própria importância, sua aclamação, sua influência, suas habilidades, seu rosto ou seu guarda-roupa. Não mais.

Isaías havia olhado para dentro daquele tanque sossegado, mas havia estado face a face com a santidade de Deus. E durante o restante de sua vida essa experiência seria suficiente.

## NA PRESENÇA DELE

Quando meus filhos eram pequenos, minha falecida esposa Bobbie e eu discutimos qual seria o melhor modo de moldar a conduta deles. O que poderíamos fazer para encorajar sua obediência, sua capacidade de reconhecer a própria pecaminosidade e ficar quebrantados por causa dela? Como poderíamos lhes ensinar os caminhos de Deus de modo que pudessem adotá-los como os seus próprios? E como poderíamos gerar um sentimento de respeito por nós, seus pais?

As respostas a essas perguntas urgentes vieram com o poder da história de Isaías no templo.

Pensamos em voz alta e indagamos: "Como seria estar na presença de um Deus santo e totalmente justo? E como seria levar os nossos filhos junto conosco? Como essa experiência moldaria seu pensamento e sua conduta? E como isso nos moldaria como adultos, chamados para amar e seguir a Deus e conduzir essas crianças?".

Aqui está um exemplo: algo que era importante para Bobbie e para mim era que as nossas meninas aprendessem boas maneiras à mesa. Mas não queríamos que elas vissem isso como algum tipo de disciplina desagradável de internato. Assim, transformamos isso em um jogo. De vez em quando, anunciávamos: "Hoje à noite usaremos a Etiqueta da Casa Branca".

> *Pensamos em voz alta e indagamos: "Como seria estar na presença de um Deus santo e totalmente justo? E como seria levar os nossos filhos junto conosco?".*

Mesmo que fôssemos comer à mesa da cozinha, todos ajudariam a prepará-la com uma toalha de mesa, junto com as nossas melhores porcelanas, cristais e talheres de prata. Usávamos até mesmo guardanapos de linho belamente dobrados ao lado dos pratos.

Então nós fingíamos que isso era um jantar oficial de governo. Obviamente, dignitários mundiais estavam presentes. Nossos modos eram impecáveis. Até mesmo a nossa conversa era formal... de um modo divertido. Às vezes, até mesmo usávamos o nosso melhor sotaque britânico. Por meio do portal da nossa imaginação, estávamos na presença da beleza e da grandiosidade, e isso impactava a nossa maneira de agir.

O encontro pessoal de Isaías com Deus mudou sua vida. E isso não foi uma experiência de um jantar oficial na Casa Branca. Foi algo muito maior. Ainda que o profeta tivesse conhecimento de Deus — ele era, afinal de contas, um perito de carreira que falava sobre Deus —, de agora em diante Isaías estaria consciente daquele em cuja presença ele vivia... dia e noite. Você consegue imaginar isso?

A primeira mentira sobre Deus — que ele é mais ou menos como você e eu — talvez seja a mais perigosa de todas. Ele não pode ser comparado a nós. Ele é... Deus. O Criador elevado e exaltado. Entenda isso em toda sua profundidade e você estará no caminho certo.

| **A VERDADE** | Deus é santo. Sua brilhante "alteridade" não pode ser suficientemente explicada. Uma vez que aceitamos isso plenamente, nada jamais será o mesmo. |
|---|---|

**PENSE SOBRE ISTO...** *Quem é seu maior herói vivo? Como você agiria em sua presença? Quais são algumas das coisas que separam Deus de todo o resto e todos os outros?*

### 2. *"Deus não está realmente envolvido ou interessado nos detalhes da minha vida."*

Há alguns verões, visitei o Parque Nacional Grant Teton pela primeira vez. Nada poderia ter me preparado para o tamanho, o esplendor e a beleza imensos que eu vi ali.

Na semana seguinte, de volta a Michigan, vi um pequeno esquilo correndo no deque do nosso quintal, com seu rabo levantado. Ele parou. Correu novamente. Então parou de novo, sentou sobre suas ancas e mordiscou nas suas patinhas dianteiras. Você talvez não goste de esquilos. Você talvez os considere ratos com listras. Eu os acho fofinhos.

Pergunta: Qual dessas coisas — a majestade das montanhas ou os movimentos animados de um esquilo — descrevem melhor o nosso Deus Criador? Isso mesmo. Ambos.

> Se há uma coisa que sabemos sobre Deus é que ele é grande.

Se há uma coisa que sabemos sobre Deus é que *ele é grande*. Tendemos a enxergar seu papel como semelhante a um general de quatro estrelas. Ele avalia os campos de batalha, conta seus batalhões, calcula as provisões e planeja como conquistar a vitória. É a guerra como um todo o que o interessa, e não cada combate secundário ou os detalhes da batalha.

Com um universo inteiro para criar, sustentar e governar, talvez imaginemos que Deus certamente não tem o tempo ou a disposição para dar atenção aos detalhes insignificantes que compõem a nossa vida. Esse tipo de coisa está em piloto automático, como um relógio de corda que segue aquilo para o qual foi projetado.

## E ELE É PEQUENO

A Bíblia passa rapidamente pelos relatos de grande impacto dos patriarcas: Adão e a Criação, Noé e o Dilúvio, Abraão e a história emocionante do Êxodo e da conquista da Terra Prometida. Mas então a Bíblia conta, de forma dócil, a pequena história de uma mulher piedosa e solteira, Rute, e do homem que a redimiria e faria dela sua noiva.

Rute havia sido viúva, assolada pela pobreza, e conseguiu sobreviver pela misericórdia de um homem rico chamado Boaz. O relato bíblico de sua história começa com estas palavras:

**E então aconteceu que... Rute 1.1**

> *Não há detalhes pequenos e soltos na vida, somente acontecimentos e circunstâncias cuidadosamente entrelaçados que criam uma só tapeçaria grandiosa chamada história.*

Aplicando essas palavras a cada cena do drama, *aconteceu que* o primeiro marido de Rute morreu. *Aconteceu que* Boaz viu Rute. *Aconteceu que* Boaz acordou para encontrar Rute deitada a seus pés. E em decorrência disso, acabou *acontecendo que* o rei Davi nasceu e, por fim, que o próprio Jesus nasceu.

Há muito para aprender da história de Rute e Boaz, mas uma coisa que não devemos ignorar é o princípio encontrado no ditado que é assim:

*Por falta de um prego, perdeu-se a ferradura.*
*Por falta de uma ferradura, perdeu-se o cavalo.*
*Por falta do cavalo, perdeu-se o cavaleiro.*
*Por falta do cavaleiro, perdeu-se a batalha.*
*Por perda da batalha, perdeu-se a guerra.*[1]

A perda de um só prego, no fim, fez a diferença no resultado da guerra. Em outras palavras, não há detalhes pequenos e soltos na vida, somente acontecimentos e circunstâncias cuidadosamente entrelaçados que criam uma só tapeçaria grandiosa chamada história.

Deus é grande; Deus é pequeno.

Às vezes, dividimos a nossa vida em grandes momentos muito significativos e pequenos momentos ordinários. No entanto, quando Deus nos deu o Grande Mandamento — que precisamos amá-lo de todo o nosso coração, mente, alma e forças — ele estava nos dizendo que ele quer tudo de nós, e isso significa todos os nossos momentos, grandes e pequenos igualmente.

A "grandeza" de Deus não é o tipo de grandeza que ignora a pequenez. Antes, é uma grandeza que inclui a pequenez. Ele não deixa o cuidado dos detalhes a subalternos enquanto ele cuida das coisas importantes. Ele é onisciente, seu poder é inesgotável e seu controle é absoluto.

> *A "grandeza" de Deus não é o tipo de grandeza que ignora a pequenez. Antes, é uma grandeza que inclui a pequenez.*

Às vezes, essa verdade parece assustadora; às vezes, ela é confortadora. Saber que Deus vê tudo pode ser amedrontador quando queremos a liberdade para pecar fora de seu olhar atento. Mas é confortador saber que não há nenhum lugar escuro que ele não veja. Quando nos sentimos pequenos e insignificantes, quando vemos a nós mesmos consumidos com as nossas preocupações, certamente ajuda nos lembrarmos de que ele contou os fios de cabelo da nossa cabeça (Lc 12.7).[2]

---

[1] Esse ditado apareceu em muitas variações ao longo dos séculos.
[2] Incluindo aqueles que ficam na nossa escova de cabelo ou no chão do nosso box todo dia.

Ele nos lembra de que visto que ele não deixa faltar nada aos lírios do campo, podemos ter certeza de que ele satisfará as nossas necessidades (Mt 6.28). Ele nos promete que uma vez que ele até mesmo sabe quando um pardal cai no chão, podemos saber que ele se importa conosco (Mt 10.29).

Faz muito sentido ficarmos com medo quando ficamos tentados a achar que podemos desobedecer com segurança, contanto que a nossa infração seja pequena. E devemos ficar confortados em saber que todo momento da nossa vida importa. Tudo o que fazemos tem sentido e significado; o nosso Pai fiel dirige cada um dos nossos passos.

*Coram Deo* é uma expressão latina que significa "na presença de Deus" ou "diante da face de Deus". É assim que somos chamados a viver a nossa vida. Todo momento, toda palavra, toda decisão, todo ato, todo pensamento, tudo importa. Por mais insignificantes que eles talvez pareçam, eles são realizados diante da face e na presença do Deus vivo.

E não somente devemos viver em comunhão com ele, devemos realmente estar conectados a ele. Ao contar a história da última ceia que o Salvador teve com os seus discípulos antes de seu interrogatório em que foi zombado e de sua crucificação, o apóstolo João, um dos amigos mais próximos de Jesus, cita o mestre:

> Permanecei em mim, e eu permanecerei em vós. O ramo não pode dar fruto por si mesmo, se não permanecer na videira; assim também vós, se não permanecerdes em mim (Jo 15.4).

Quando um galho está conectado ao tronco, ele extrai vida da seiva que flui para ele. Não há um momento sequer em que o ramo não precise da substância que dá vida. Se ele está desconectado, o galho morre. Se esse galho que dá fruto em algum momento decidir que não precisa mais estar conectado, ele se torna lenha. Um toco de madeira ordinário.

> *Quando um galho está conectado ao tronco, ele extrai vida da seiva que flui para ele.*

Outro modo de dizer isso é que nunca *deixo de ser* o marido de Nancy. Nenhuma atividade, nenhuma palavra que eu fale ou nenhum pensamento aleatório que eu talvez tenha podem chegar a existir isoladamente. Ela e eu somos inseparáveis. O dia inteiro. Todo dia.

Minha vida deve refletir essa vida. As pessoas devem conseguir perceber rapidamente que é um prazer para mim ser um homem casado.

Quando eu e você permanecemos em Deus, isso deve ser óbvio. Repetindo, tudo o que fazemos, dizemos ou achamos deve tornar isso óbvio para todas as pessoas.

---

**A VERDADE** | Nada é grande demais ou insignificante demais para Deus se importar. Ele nos criou e está envolvido em todos os detalhes da nossa vida, grandes e pequenos.

---

**PENSE SOBRE ISTO...** *A palavra "amor" às vezes é usada como algo banal. Como é o tipo de amor de Deus?*

### 3. *"Posso fazer por merecer o favor de Deus."*

Você já notou como a Bíblia é "real"? Você não encontrará muitos heróis parecidos com os personagens comuns provenientes de agências de contratação de atores. Em vez disso, você constata que até mesmo os "melhores" homens, exceto Jesus, tinham muitos defeitos.

Se alguma vez já houve um grupo assim, foi o dos fariseus. Para os judeus de sua época, eles eram cidadãos-modelo. Uma vez que eles sabiam de sua reputação imaculada, eles também eram convencidos e presunçosos. Irradiavam orgulho. Arrogância descarada. E, no fim, eles acabaram sendo inimigos declarados do Messias.

> *Se alguma vez já houve um grupo assim, foi o dos fariseus. Para os judeus de sua época, eles eram cidadãos-modelo.*

Mas espere aí. Esses eram homens que estavam profundamente imersos na lei de Deus. Seu compromisso inigualável foi usado pelo próprio Jesus ao dar uma advertência em seu Sermão do Monte: "Pois eu vos digo que, se a vossa justiça não superar a dos escribas e fariseus, de modo nenhum entrareis no reino do céu" (Mt 5.20). Então o Evangelho de João nos conta sobre um fariseu chamado Nicodemos, que foi a Jesus e teve uma conversa a sós com ele. A conversa teve um bom começo: "Rabi, sabemos que és Mestre vindo de Deus, pois ninguém pode fazer os sinais que tu fazes, se Deus não estiver com ele" (Jo 3.2). Jesus, no entanto, não somente aceitou o elogio e respondeu a Nicodemos na mesma moeda; em vez disso, como aconteceu tantas vezes e era seu costume, ele foi direto ao ponto.

> Jesus lhe respondeu: "em verdade, em verdade te digo que ninguém pode ver o reino de Deus se não nascer de novo" (Jo 3.3).

Tendo acabado de confessar que Jesus era um mestre enviado por Deus, Nicodemos começou a argumentar. Isso não foi muito esperto. "Como", Nicodemos indagou, "um homem velho pode nascer? Poderá entrar no ventre de sua mãe e nascer pela segunda vez?" (veja v. 4).

Jesus, às vezes representado como tão gentil e manso, repreendeu Nicodemos por ainda não conhecer essa verdade misteriosa. Como Nicodemos podia ser mestre, um dos estudiosos mais inteligentes em Israel, e não compreender essa verdade extremamente básica?

Mas você e eu podemos nos identificar com isso. *Deveríamos* saber a verdade sobre a nossa natureza pecaminosa inata e a nossa necessidade de renascimento, e com frequência não sabemos. Nosso orgulho nos leva a acreditar, ao menos inconscientemente, que podemos de algum modo obter o favor de Deus, que, se simplesmente formos bons o suficiente, Deus ficará contente conosco e nos aceitará. Esse é o centro de toda a religião falsa e o exato oposto da verdade.

> *Isso não é algo que fazemos, mas algo que é feito a nós. Algo feito por nós.*

Deus é santo; ele não pode permanecer no pecado. Essa é a razão precisa de não podermos obter seu favor.

Toda a escrupulosidade e todo o cuidado de Nicodemos, os seus estudos, todo o esforço que ele fazia para fazer por merecer o favor de Deus levavam consigo a mancha do pecado. Por mais que ele tentasse ser "bom", ele nunca seria "bom o suficiente".

O único modo de ver o reino de Deus é nascendo de novo. Assim como o nosso primeiro nascimento, isso não é algo que nós fazemos, mas algo que *é feito a nós*. Algo *feito por nós*. Precisamos da justiça dele — a nossa nem mesmo é justiça. E somente a dele supera a piedade dos fariseus.

O problema é que ainda que confessemos o nosso desmerecimento, tenhamos nascido novamente e nos agarremos à cruz, repetidamente voltamos a essa insensatez. "Sim", pensamos, "sou salvo pelo sangue de Cristo. Mas o que Deus realmente pensa sobre mim em qualquer dia da semana depende de quanto o estou obedecendo."

Não, a nossa condição diante do Pai não é determinada pelo nosso desempenho, mas pelo que o Filho fez. O orgulho e desânimo em relação aos nossos pecados são coisas que combateremos até entrarmos na eternidade.

Mas neste exato momento, hoje, amanhã e sempre, se permanecemos nele, descansamos no que ele fez. Quando o Pai olha para nós, ele vê Jesus. E ele está muito satisfeito. Seu perdão é real e completo. Fomos adotados por ele e essa adoção é irrevogável. Seu amor por nós é infinito; não aumenta nem diminui.

Assim, devemos celebrar e agradecer, deixando de lado sempre o nosso orgulho, abandonando qualquer confiança nas nossas boas obras, pois Jesus é tudo de que vamos precisar.

---

**A VERDADE** | Não podemos fazer por merecer a aprovação de Deus. Somente podemos receber seu favor imerecido.

---

**PENSE SOBRE ISTO...** *Será que há condições ou limitações para o amor de Deus por você?*

## 4 *"Há muitos caminhos para Deus."*

O nome dele era Ed, mas eu não soube seu nome até o nosso avião pousar no destino. Na verdade, ainda que ele estivesse sentado ao meu lado durante o longo voo, não acho que chegamos a nos voltar um para o outro e fazer contato visual até o fim da viagem.

Quando eu tinha acabado de achar a minha fileira, guardado a minha bagagem de mão no compartimento de cima e ocupar a minha poltrona próxima ao corredor, Ed estava enfiado em um livro e não olhou para cima de sua poltrona perto da janela. Eu talvez tenha dito "olá", mas não me lembro.

Mas agora o nosso avião havia pousado em segurança e estávamos indo ao nosso terminal. Ed havia fechado seu livro e eu havia guardado o meu *laptop*. Virei-me e falei:

— Olá — eu disse sorrindo. — Meu nome é Robert.

— Meu nome é Ed — ele respondeu (sem sorrir).

Parece que durante o nosso voo Ed tinha dado uma olhada na minha direção, dado uma espiada nos meus e-mails. Ou talvez eu estivesse examinando uma proposta de livro submetida por um autor para publicação e ele tivesse visto algo disso. De qualquer forma e sem eu saber, Ed havia me examinado.

Tínhamos somente mais alguns minutos antes de descer do avião e, assim, Ed não perdeu tempo e foi direto ao que ele estava pensando.

— Aposto que você é um daqueles cristãos que dizem que Jesus é o único caminho para Deus — ele me atacou, não fazendo o menor esforço para disfarçar seu desprezo pelo que certamente seria um fanático religioso sentado em seu corredor.

> *Tínhamos somente mais alguns minutos antes de descer do avião e, assim, Ed não perdeu tempo e foi direto ao que ele estava pensando.*

— Na verdade, não — eu disse, intencionalmente tentando não corresponder ao tom combativo de Ed. Ed ficou pálido, achando que ele talvez tivesse errado no julgamento que havia feito a meu respeito.

Houve um momento demorado de silêncio, e então eu falei novamente, dessa vez olhando para Ed e ainda sorrindo.

— Eu não preciso dizer isso — respondi. — Quem disse isso é o Senhor Jesus, e eu creio nele.

Foi impressionante ver como se a camada de gelo cobrindo o rosto do meu colega de poltrona tivesse começado a derreter.

— Na verdade — começou, tentando ele mesmo esboçar um sorriso — sou um presbítero no que você provavelmente chamaria de uma igreja "liberal". Os outros presbíteros da igreja, até mesmo o meu ministro, zombam de pessoas como você como fanáticos de mente fechada. Sabe como é... fundamentalistas.

Nosso avião embicou no portão indicado no nosso terminal, o barulho das turbinas foi diminuindo, a luz indicadora de afivelar o cinto foi desligada e Ed e eu começamos a pegar os nossos pertences. Mas ele ainda queria dizer mais uma coisa. De algum modo, eu sabia.

— Sabe — Ed disse, — eu gostaria de conseguir acreditar nisso.

A conversa me lembra Tomé, conhecido como o discípulo que duvidou. Como Ed talvez tenha feito, Tomé certamente pensava que Jesus era um homem bom, um profeta exemplar e um mestre competente. Talvez ele até mesmo fosse *um* caminho para Deus.

Mas o Salvador rapidamente rechaçou essa abordagem tão "aberta".

> Jesus lhe respondeu [a Tomé]: "eu sou o caminho, a verdade e a vida; ninguém chega ao pai, a não ser por mim" (Jo 14.6).

## UMA MENTIRA QUE PODE TORNAR UM HOMEM MISERÁVEL

Se você tentar compartilhar sua fé com outras pessoas, você certamente vai se deparar com este modo de pensar, que há muitos caminhos para Deus. Ou você encontrará a afirmação de que Jesus era somente um homem bom.

Em seu clássico *Mere Christianity*, C. S. Lewis escreveu estas famosas linhas:

> *Se você tentar compartilhar sua fé com outras pessoas, você certamente vai se deparar com este modo de pensar, que há muitos caminhos para Deus.*

> *Um homem que fosse somente um homem e dissesse as coisas que Jesus disse não seria um grande mestre da moral. Seria um lunático — no mesmo grau de alguém que pretendesse ser um ovo cozido — ou então o diabo em pessoa. Faça sua escolha. Ou esse homem era, e é, o Filho de Deus, ou não passa de um louco ou coisa pior. Você pode querer calá-lo por ser um louco, pode cuspir nele e matá-lo como a um demônio; ou pode prostrar-se a seus pés e chamá-lo de Senhor e Deus. Mas que ninguém venha, com ares de superioridade, dizer que ele não passava de um grande mestre humano. Ele não nos deixou essa opção, e não quis deixá-la.*[3]

O evangelho que você e eu abraçamos é a verdade. O fato histórico da vida, morte e ressurreição de Jesus leva esperança a todo homem. Até mesmo as afirmações exclusivas de Jesus a respeito de si mesmo (que fazem algumas pessoas se contorcerem) são "boas notícias". Na verdade, a nossa convicção clara de que somente Cristo concede a uma pessoa pecaminosa — mas contrita — o perdão, a redenção e o acesso direto à presença de um Deus santo por meio de sua justiça imputada livremente a nós leva consigo um verdadeiro sentimento de esperança, de segurança e de completude.

Nos minutos após a minha breve conversa com Ed, eu senti tristeza. Fui atrás dele pela ponte do avião até o terminal. Sabendo que eu estava logo atrás dele, uma vez que entramos, ele parou, pôs sua mala no chão, virou-se e estendeu sua mão.

Eu a apertei, agradecendo a Ed a oportunidade de nos conectarmos. Ainda que ele estivesse tentando sorrir, ele também demonstrava tristeza. Até mesmo um ar miserável — a palavra que o apóstolo Paulo usou para designar pessoas que não aceitavam o evangelho inteiro (1Co 15.17-19, KJV).

Ao me despedir de Ed, eu lhe disse que oraria para que algum dia ele fosse capaz de ver Cristo por meio dos olhos da fé. Sem reação aparente, Ed estendeu seu braço, colocou a mão na alça de sua mala, levantou-a com um click, virou-se e despareceu na multidão, descendo o saguão.

Verdade seja dita, sou um diplomata, um vendedor. Pergunte às minhas filhas. Pergunte à minha esposa. Elas dirão que a minha preferência é sempre dar a ambos os lados uma oportunidade. No entanto, nesse caso, não faço a estranhos e amigos nenhum favor se limito minhas palavras sobre os fatos.

---

[3] Edição em português: C. S. Lewis, *Cristianismo puro e simples*, tradução de Álvaro Oppermann; Marcelo Brandão Cipolla (São Paulo: Martins Fontes, 2017).

Jesus Cristo é Deus e não tem rival.

De acordo com sua própria declaração, Jesus é o grande Reconciliador. O único. Ele toma pecadores como você e eu e, pela sua graça, recebe-nos como seus filhos. Seus irmãos. Perdoados. Novos. Completos.

| **A VERDADE** | Jesus Cristo é o nosso único caminho até Deus. |
|---|---|

**PENSE SOBRE ISTO...** *Quando a palavra "único" é uma palavra feia? Por que "único" é uma boa notícia aqui?*

## 5. *"Igreja? Não preciso dela."*

Às vezes, músicas populares adquirem um significado que o autor nunca teve em mente. Em 1984, Bruce Springsteen compôs *Born in the USA* [Nascido nos EUA] como uma acusação contra a nação americana, porém tudo o que conseguiu foi vê-la sendo usada como um hino patriótico. No ano antes de Springsteen escrever sua letra, *The police* [A polícia] cantou *Every breath you take* [A cada respiração] como uma advertência sobre os "assediadores". Mas a música curiosamente se tornou um top hit romântico.

O mesmo aconteceu com a letra clássica de Paul Simon *I am a rock* [Sou uma rocha].

Alguns entenderam essa música, com seu refrão breve e inesquecível, como uma celebração, uma repetição da declaração confiante de Frank Sinatra "I did it my way" [Fiz do meu jeito]. No entanto, o resto da letra conta uma história diferente. A música não é uma celebração, mas um lamento.

No jardim do Éden, ainda antes da Queda, ainda antes de a serpente se intrometer,[4] Deus percebeu que havia algo errado. Ele disse: "Não é

---

[4] Parte do castigo de Deus para Satanás após a Queda consistiu em que ele passaria o resto de sua existência — e a de todas as serpentes que viriam depois dele — rastejando sobre o seu ventre (Gn 3.14). Assim, o seu aparecimento inaugural talvez tenha sido um aparecimento pré-rastejamento.

bom que o homem esteja só" (Gn 2.18). O contexto dessa afirmação é a criação de Eva, mas o princípio claramente tem aplicação mais ampla. Ele também trata de comunidade.

Assim como as três pessoas da Trindade sagrada — Deus Pai, Deus Filho e Deus Espírito Santo — são um só, nós que fomos feitos à sua imagem não fomos feitos para ficarmos sozinhos. O propósito de Deus para você e para mim é vivermos a nossa vida com outros. E a comunhão na qual nascemos quando nascemos de novo é a igreja, a noiva de Cristo.

> *A comunhão na qual nascemos quando nascemos de novo é a igreja, a noiva de Cristo.*

A igreja é o povo de Deus, com todos os seus defeitos e imperfeições, sua arrogância e hipocrisia, seus escândalos e seus pecados.

A igreja é composta de pessoas — pessoas que foram declaradas justas por Cristo, mas que ainda lutam com a presença e o poder do pecado dentro delas.

Notavelmente, a igreja é na verdade um clube "exclusivo", a única instituição de que não podemos participar a não ser que confessemos que não prestamos! Essa é a nossa qualificação. Somos um ajuntamento de fracassados, uma congregação de pessoas fora da lei.

Obviamente, é uma ideia muito comum por aí que a igreja deve ser evitada porque ela está cheia de hipócritas. Mas a boa notícia para você e para mim é que há sempre lugar para mais um. É precisamente porque somos pecadores que às vezes vemos o pecado como algo "lá fora" e não algo "aqui dentro". Nosso orgulho nos leva a nos considerarmos superiores, vítimas que foram maltratadas e não perpetradores que maltratam.

> *A igreja é aquele lugar em que somos dolorosamente lembrados dos nossos fracassos. E é o lugar em que somos assegurados da graça de Deus*

O que une a igreja, porém, é a verdade impressionante de que os nossos pecados foram cobertos pelo sangue de Cristo. Ela não é somente uma congregação de pecadores, mas uma congregação de pecadores que conhecem a graça de Deus, uma congregação que recebeu a ordem de perdoar assim como fomos perdoados.

A igreja é aquele lugar em que somos dolorosamente lembrados dos nossos fracassos. E é o lugar em que somos assegurados da graça de Deus, uma dádiva imerecida que alivia a nossa aflição e faz com que nos alegremos. Tentar viver independentemente de uma igreja local é perder a exposição da Palavra de Deus e a pregação do evangelho, as boas-novas. É separar-nos da coisa de que mais precisamos — a oportunidade de andarmos juntos em seguir a Cristo e celebrar a vitória sobre o pecado.

E ir à igreja precisa ser mais do que olhar vitrines. Uma mera visita semanal casual não basta, assim como ir a um restaurante sem sentar-se e desfrutar do prazer de um ótimo jantar não satisfaria você.

Praticamente toda semana você ouvirá sobre oportunidades de serviço e envolvimento. Você receberá a oportunidade de investir na obra do reino de Deus. Não fazer essas coisas deixará você na arquibancada como espectador e não no campo como um jogador plenamente apto para jogar.

Isso me lembra da minha primeira visita à corrida de cachorros em algum lugar na Flórida quando eu tinha vinte e poucos anos. Assisti aos galgos (tipo de cachorro) correrem em uma velocidade alucinada, indo atrás de um trapo pendurado em uma barra enferrujada. Isso foi interessante. Então fui à cabine e apostei vinte dólares em um dos cachorros. Dizer que assistir à corrida seguinte "colocando em risco a própria pele" foi uma experiência inteiramente diferente não faria jus, de modo algum, à experiência.

Quando você investe seu tempo e seu "tesouro" em uma igreja local, você acaba de "vestir a camisa", investiu seu dinheiro naquilo de que sua boca fala e você está no jogo. Isso é uma coisa boa.

> *Deixar a igreja é deixá-lo. Agarrar-se à igreja é agarrar-se a ele.*

Mais uma coisa: você e eu ouvimos pessoas dizendo: "Quem precisa da igreja? Eu só preciso de Jesus". Soa bem devoto, não? Mas isso é como dizer: "Amo a Jesus, mas sua noiva não me interessa". A igreja é um lugar para aqueles por quem Jesus deu sua vida. A igreja é formada por aqueles que são os amados do Pai. A igreja constitui-se daqueles que estão cheios do Espírito Santo. Ela não é somente a noiva de Cristo, mas também o corpo de Cristo. É aquele lugar em que podemos ver Jesus sendo formado e refletido na vida de seu povo. Deixar a igreja é deixá-lo. Agarrar-se à igreja é agarrar-se a ele.

Muitos anos atrás, minha falecida esposa, Bobbie, e eu conhecemos uma nova família que havia se mudado para a nossa vizinhança na Flórida ... mãe, pai, filhinha e o bebê. Bobbie e Judie começaram a conversar. Havia uma sintonia agradável. Consegui perceber logo de cara. Aproximei-me de Rick e estendi a minha mão. Gostei dele imediatamente. Confiante, mas não veementemente. Cordial, mas firme.

Não demorou muito para que começássemos a falar sobre fé. Rick me contou uma história impressionante sobre sua campanha para o governo do estado vários anos antes, indo de porta em porta para pedir votos.

— Meu nome é Rick Davis e sou candidato ao Congresso da Flórida. Gostaria que você votasse em mim — ele disse, de pé na varanda de um estranho.

O homem sorriu.

— Claro, votarei em você se me deixar lhe falar sobre Jesus.

O Espírito Santo veio sobre aquele momento, convenceu Rick de seu pecado e de que precisava de um Salvador, e o estranho fez a "oração do pecador" com ele.

Lembro-me de ter ficado pasmo com a ousadia do homem e com a ternura de Rick ao contar a história.

Logo começamos a conversar sobre igreja.

— Qual é a igreja de vocês? — perguntei.

O comportamento de Rick mudou.

— Não vamos à igreja — ele respondeu orgulhosamente. — Sou um sujeito muito ocupado. Tenho uma empresa e trabalho seis dias por semana. Domingo é a única chance que tenho de dormir até tarde, brincar com os filhos e ler o jornal. Igreja não é para mim — ele acrescentou.

Não fiquei insistindo. Mas, ao longo dos meses seguintes, toda vez que eu via Rick na vizinhança eu o encorajava a reconsiderar sua decisão. Isso

> *"Não vamos à igreja", ele respondeu orgulhosamente. Sou um sujeito muito ocupado.*

não era como uma visita à sala do diretor. Fiz o máximo para ser direto e, no entanto, encorajador e compreensivo. Rick ouvia e não era hostil à minha exortação gentil.

Quinze anos depois. Rick é um líder em uma igreja local. Um defensor explícito do poder transformador da comunidade, adorando toda semana com o povo de Deus. Seus filhos cursam o ensino médio em uma escola cristã dali.

Dormir até tarde e jornais matutinos podem ser substituídos por algo muito mais precioso. É só perguntar ao Rick.

Nenhum homem é uma rocha. Nenhum homem é uma ilha. Você e eu precisamos do corpo, até mesmo quando é desagradável estar ali. Ame o Senhor, ame a noiva dele com todas as suas falhas. Leve as suas falhas consigo. Cristo lavará todas elas, porque ele ama sua noiva.

Enquanto você e eu tivermos comunhão com outros, encontraremos tristeza e dor. E encontraremos risada e amor. Quando abraçarmos a igreja, descobriremos que ela vale muito a pena.

---

**A VERDADE** | Para o cristão, a igreja não deve ser opcional. Ela é indispensável.

---

**PENSE SOBRE ISTO...** *Por que é importante para nós usufruir voluntariamente da comunidade cristã no contexto da igreja local?*

CAPÍTULO 3

# MENTIRAS EM QUE OS HOMENS ACREDITAM SOBRE SI MESMOS

—Você já conhece Rebecca e Stephen, nossos dois filhos mais velhos. Eles são bons filhos — a mãe sorriu ao falar comigo. Então ela hesitou apontando com a cabeça para outro filho na nossa frente:

— Este é Jonathan; ele é o nosso menino mau.

Eu olhei para o moço de catorze anos que acabara de ser o alvo das palavras de sua mãe. Ele não tirava seus olhos da ponta dos seus sapatos. Ele ficou em silêncio absoluto.

Essa conversa inesquecível ocorreu décadas atrás quando eu estava morando ao norte de Chicago e envolvido em um ministério de jovens em período integral. A julgar pela aparência, aquela era uma família boa e piedosa. Mãe e pai casados havia muitos anos, três filhos saudáveis vivendo em uma bela casa no fim de uma rua com fileiras de árvores.

Por ser novato no trabalho com jovens, eu não tinha pós-graduação relacionada à psicologia ou ao comportamento humano. Mas eu sabia, como você saberia, que Jonathan havia acabado de ser condenado. Mesmo sem juiz e sem júri, o adolescente havia sido marcado por uma das pessoas mais importantes de sua vida.

Jonathan era um menino mau.

Nos anos seguintes, eu fiz o máximo para formar uma amizade com ele. Visitas ocasionais a um café local e copos de Coca-cola gelada na mesa entre nós me deram a oportunidade de conhecer o coração daquele adolescente perturbado.

> "Quantos de vocês tiveram pais que lhes disseram que algum dia acabariam presos em um lugar assim?"

Não tive mais notícias de Jonathan desde que ele se formou no ensino médio. Mas, nos anos em que eu o conhecia, eu o descreveria ecoando as palavras de sua mãe: Jonathan era um menino mau. Você certamente está assustado com o que acabei de dizer. Também estou ao escrever estas palavras.

Este capítulo é sobre as mentiras em que acreditamos sobre nós mesmos. Ele é um lembrete de que a coisa que chamamos de "autoimagem" não é algo que geralmente produzimos sozinhos. A autoimagem é um presente que geralmente recebemos de outros... e muitas vezes, como jovens, de pessoas em posições de autoridade.

O grande Bill Glass, o camisa 80, um dos melhores jogadores de defesa da história do futebol americano, que jogou no Cleveland Browns na NFL no final das décadas de 1950 e 1960, fundou um ministério em prisões chamado Behind the Walls [Atrás dos Muros]. Desde 1972, Glass falou a dezenas de milhares de presidiários, compartilhando com eles seu amor por Cristo e convidando-os a recebê-lo como seu Salvador e Senhor.

Uma das perguntas que Bill frequentemente faz a homens que estão presos quando ele fala com eles é esta: "Quantos de vocês tiveram pais que lhes disseram que algum dia acabariam presos em um lugar assim?".

De acordo com seu próprio relato, Bill Glass afirma que a maioria dos homens levanta a mão. Como a mãe de Jonathan expressou sobre seu filho, esses homens são "meninos maus". Eles sabem disso e cresceram demonstrando que essas avaliações orais são verdadeiras.

## O QUE VOCÊ DEVE SABER SOBRE ESSA QUESTÃO DA IMAGEM?

Se é verdade que a nossa "autoimagem" é um "presente" que recebemos de gente que tem autoridade sobre nós, então tenho boas notícias para você. Essas boas notícias sobre a nossa "imagem" vêm do relato da criação do céu e da terra em Gênesis.

> E Deus criou o homem à sua imagem;
> à imagem de Deus o criou;
> homem e mulher os criou (Gn 1.27).

*Imago Dei* é um termo teológico que significa que a humanidade foi criada à imagem e semelhança de Deus. Duas coisas importantes são verdadeiras sobre essa imagem. Em primeiro lugar, somos diferentes dos animais. Aliás, como portadores da imagem, recebemos domínio sobre todas as outras criaturas que Deus criou. Nosso domínio deve incluir compaixão e boa administração e cuidado zeloso de sua criação.

Além disso, ter sido criado à imagem de Deus significa que refletimos algo da glória do Senhor. Assim como a lua reflete o brilho do sol, a nossa vida deve refletir a grandeza do nosso Criador soberano.

Então, como é refletir a glória de Deus?

Que bom que você perguntou.

## O MENINO QUE SERIA REI

Você conhece meninos de oito anos? O que meninos comuns dessa idade fazem? Como você era quando tinha oito anos?

Seis séculos e meio antes do nascimento de Jesus Cristo, havia um menino de oito anos chamado Josias. Ele vivia na terra de Judá e tinha um pai e um avô muito maus. Esses dois homens haviam sido os reis da nação e haviam abandonado completamente o Deus de seus pais. Boas desculpas para que Josias também fosse um "menino mau".

Mas, de acordo com muitos estudiosos, Josias tinha duas armas secretas: sua mãe e sua avó. Jedida era a mãe de Josias. Seu nome significa "a amada do Senhor". E a mãe de Jedida, Adaías, também havia sido abençoada com um grande nome que significava "a honrada do Senhor".

Por que essas mulheres foram casadas com esses vilões, não sabemos, mas os epitáfios de Amon e Manassés descrevem déspotas perversos.

> [Amon] fez o que era mau diante do Senhor, como seu pai Manassés havia feito. Ele seguiu o caminho em que seu pai andou e cultuou os ídolos que ele cultuou; e os adorou. Ele abandonou o Senhor, Deus de seus pais, e não seguiu o caminho do Senhor (2Rs 21.20-22).

Voltemos ao menino de oito anos. Provavelmente não é esticar a verdade acreditar que a mãe e a avó de Josias falavam a verdade ao menino. Essas mulheres amavam e honravam o Senhor. Elas provavelmente teriam estado familiarizadas com sua herança judaica piedosa e as palavras de Gênesis de que elas haviam sido criadas à imagem de Deus. Assim, em vez de ser criado como um mau caráter, Josias pôde ter sido lembrado de que ele tinha todas as qualidades essenciais de um rei.

*Em vez de ser criado como um mau caráter, Josias pôde ter sido lembrado de que ele tinha todas as qualidades essenciais de um rei.*

E assim aconteceu que...

> [O rei Josias] fez o que era correto diante do Senhor e seguiu todo o caminho de Davi, seu antepassado, não se desviando dele nem para a direita nem para a esquerda (2Rs 22.2).

## VOCÊ "ARREBENTA"

Mais um exemplo dessa noção de que "autoimagem é um presente" vem do relato no Novo Testamento do discípulo chamado Simão. Aqui estava um pescador impetuoso que Jesus convidou para se juntar ao seu grupo. Lá pela metade do ministério de três anos de Jesus, ele levou seus discípulos para uma região chamada Cesareia de Filipe no norte da Palestina. Foi nessa pequena reunião que Jesus deu a Simão um novo nome, uma nova identidade.

> E Jesus lhes perguntou [aos discípulos]: "mas vós, quem dizeis que eu sou?". Respondendo, Simão Pedro disse: "tu és o Cristo, o filho do Deus vivo". E Jesus lhe disse: "Simão Barjonas, tu és bem-aventurado, pois não foi carne e sangue que te revelaram isso, mas meu pai, que está no céu. E digo-te ainda que tu és Pedro, e sobre esta pedra edificarei a minha igreja, e as portas do inferno não prevalecerão contra ela" (Mt 16.15-18).

Naquela manhã, Simão acordou como um homem muito comum. Naquela noite, ele se deitou como um novo homem. Uma rocha. Não é de admirar que esse mesmo homem, o apóstolo Pedro, mais tarde escreveria estas palavras à igreja, a homens como você e eu?

> Chegando-vos a ele [Jesus], a pedra viva, rejeitada pelos homens, mas eleita e preciosa para Deus, vós também, como pedras vivas, sois edificados como casa espiritual para serdes sacerdócio santo, a fim de oferecer sacrifícios espirituais aceitáveis a Deus, por meio de Jesus Cristo (1Pe 2.4,5).

Você e eu talvez não tenhamos tido uma mãe ou avó piedosas como as de Josias, que transmitiram a imagem de um bom rei ao nosso coração desde cedo. Mas temos um Bom Pastor que nos conhece. Um Pai celestial que enviou seu Filho perfeito para reconciliar homens pecaminosos com um Deus santo. Ele nos escolheu como seus filhos. Ele é um Salvador que nos chama para sermos reis e sacerdotes.

Não há necessidade alguma de viver nas sombras do que foi dito a você na mais tenra idade. Assim como Davi, o "avô" de Josias (dezessete gerações antes), e José, seu

> *Você é um homem, criado à própria imagem do Deus todo-poderoso.*

"neto" (doze gerações depois), o pai terreno de Jesus Cristo, você recebeu a condição de ser membro da família real.

Você é um homem, criado à própria imagem do Deus todo-poderoso.

Isso não é verniz. Isso não é conversa motivacional vazia. Isso é verdade.

## 6 *"Não sou responsável pelas minhas ações."*

Você talvez seja novo demais para se lembrar do comediante Flip Wilson. Ele apresentou seu próprio programa de televisão no início da década de 1970. Uma das frases mais famosas de Wilson, quando era pego fazendo algo errado, era: "O Diabo me fez fazer isso".

A plateia ria toda vez que ele falava isso. Talvez algumas pessoas achem engraçado, mas isso não é verdade.

O velho Flip estava dizendo o que muitos homens acreditam sobre sua conduta. Não sou responsável. Quando peco, é a culpa de outra pessoa — ou alguma outra coisa.

### NOSSA NATUREZA

Imagine que a ciência progredisse tanto que ela pudesse detectar em certas pessoas um "gene de roubo a bancos". Imagine que você tivesse um gene desse tipo. Para piorar as coisas, você o herdou de seu pai e do pai dele antes dele, ambos tendo sido ladrões de banco profissionais. Você foi criado entre roubo de bancos; a comida em sua mesa vinha de furtos.

Agora imagine que você seguisse o exemplo de seu pai ao se tornar adulto e conseguisse executar um grande assalto a banco. E então você fosse pego. Você diria ao juiz que ele teria de soltá-lo porque você tem o gene de roubo a bancos, porque seus pais antes de você eram ladrões de banco? É claro que não.

Damos um jeito de compensar nossas faltas ao empurrar a culpa pelo que fazemos para os outros. Foi Adão, o nosso primeiro pai, que começou isso. Obrigado, papai.

Na nossa era sofisticada, muitas pessoas, tanto dentro como fora da igreja, relutam em admitir um Adão real e histórico. Assim, substituímos isso por desculpas que parecem mais científicas,

> *Desculpamos a nossa desobediência desse modo, declarando que o nosso veredito é "inocente" por causa do nosso DNA rebelde.*

culpando a nossa genética ou a nossa criação. A nossa natureza inata. Desculpamos a nossa desobediência desse modo, declarando que o nosso veredito é "inocente" por causa do nosso DNA rebelde.

## NOSSA EDUCAÇÃO

Também podemos culpar as nossas circunstâncias.

Considere Adão. Momentos antes de sua queda ele havia sido perfeito, puro de todo pecado. Ele tomou do fruto oferecido por sua noiva, deu uma mordida e subitamente tudo mudou. Deus veio ao jardim do Éden e perguntou a Adão se ele havia comido do fruto proibido. Ao menos, Adão admitiu que o havia feito.

Mas então os pecados cresceram exponencialmente. "Foi a mulher", ele disse, jogando sua amada aos leões. Mas para deixar tudo ainda pior, ele continuou: "Foi a mulher *que TU me deste*".

Adão estava tão ávido para escapar da responsabilidade pelo seu pecado que ele começou com sua mulher e então terminou culpando o Deus que a criou. É como se Adão estivesse dizendo ao Todo-poderoso: "Eu estava só dando uma cochilada, não incomodando ninguém, e você precisou se intrometer e fazer essa criatura da minha costela e agora veja só o que aconteceu".

É verdade. Somos influenciados pelo nosso ambiente, mas é um fato que também damos a nossa contribuição... o nosso próprio DNA.

## SOU EU, SENHOR

O homem moderno não foi o primeiro a descobrir o poder influente das nossas circunstâncias. Lembre-se da resposta de Isaías ao ser levado à própria sala do trono de Deus: "Ai de mim! Estou perdido; porque sou homem de lábios impuros e habito no meio de um povo de lábios impuros" (Is 6.5). No entanto, Isaías estava confessando seu pecado; não tentou transferi-lo para outrem ou para alguma outra coisa. Ele afirmou que era um homem pecaminoso. Essa era sua natureza... quem ele era. Ele também afirmou que vivia entre pessoas pecaminosas (isto é, suas circunstâncias ou seu meio).

> *"Não somos pecadores porque pecamos. Antes, pecamos porque somos pecadores."*

Nem a natureza de Isaías nem seu ambiente desculpava os seus pecados. O mesmo é verdadeiro a respeito de você e de mim. Como os teólogos muitas vezes mostram: "Não somos pecadores porque pecamos. Antes, pecamos porque somos pecadores".

O apóstolo Paulo, em sua carta à igreja em Roma, ecoou a sabedoria de Isaías quando respondeu à objeção à nossa culpa de que não somos fundamentalmente responsáveis pelo nosso pecado, de que não podemos fazer nada porque é assim que fomos feitos ou estamos cercados por más influências.

> Mas quem és tu, ó homem, para argumentares com Deus? Por acaso a coisa formada dirá ao que a formou: "por que me fizeste assim?" (Rm 9.20).

A verdade é esta: você e eu, precisamente porque somos homens de lábios impuros e habitamos em uma terra de lábios impuros, somos culpados diante do Deus vivo. Desejar que isso não fosse assim não fará com que isso desapareça. Melhorar isso não mudará absolutamente nada. Nossa situação é terrível; somos vasos de barro quebrados rumo à pilha de sucata.

> Mas Deus, que é rico em misericórdia, pelo imenso amor com que nos amou, estando nós ainda mortos em nossos pecados, deu-nos vida juntamente com Cristo (pela graça sois salvos) (Ef 2.4,5).

A resposta à mentira de que não somos responsáveis pela nossa desobediência a um Deus santo e perfeito é ele enviar seu Filho para ser responsável, para receber o castigo que merecemos. Nosso chamado não é apontar nosso dedo ao nosso Criador, mas colocar-nos humildemente diante de um Deus santo e clamar como o cobrador de impostos: "Ó Deus, tem misericórdia de mim, um pecador!" (Lc 18.13).

É assim, e somente assim, que podemos ser justificados. A resposta à mentira é aquele que é a Verdade.

*... sobre si mesmos*

## A VERDADE

Independentemente do tipo de criação que talvez tenhamos tido, do que talvez tenha sido feito a nós ou das circunstâncias difíceis ou disfuncionais em que talvez nos encontremos, somos responsáveis pelas nossas próprias ações.

**PENSE SOBRE ISTO...** *Não é necessário esforço algum para dar desculpas. Qual é o valor de assumir a responsabilidade pelos nossos próprios atos?*

### 7 *"Prazer e entretenimento podem me satisfazer."*

Você se lembra da história do gigante no conto de "Os três cabritos rudes"?

Esse foi um relato primitivo de uma estrada com pedágio... nesse caso, uma ponte com pedágio.

Na história, pequenos bodes estavam tentando ir do ponto A ao ponto B, mas precisavam atravessar a ponte para chegar lá. Mas o vil gigante afirmou que a ponte era sua e ameaçou matar os bodes se eles tentassem atravessar a estrutura.

Você já chegou a imaginar quão divertido seria ser dono de uma estrada com pedágio ou ponte com pedágio? Toda vez que alguém — motociclistas ou operadores de enormes máquinas — quisesse passar por sua estrada ou ponte, precisaria lhe pagar uma taxa. Isso é que é ganhar dinheiro dormindo!

Obviamente, você precisaria, antes de tudo, pagar pela construção de sua estrada ou ponte e também ser responsável por toda a manutenção (incluindo a remoção de neve no inverno).

Ah, deixe para lá.

Infelizmente, estradas e pontes pedagiadas são um fato da vida. Parar para pagar pode ser a causa de grandes congestionamentos. Felizmente, em muitos lugares, você pode passar por leitores eletrônicos que se comunicam com um transmissor em seu para-brisa. Você paga o pedágio sem precisar diminuir a velocidade. Muito bom, nenhum esforço necessário, mas continua sendo caro. Esse som de algo sendo sugado é o dinheiro sendo cirurgicamente extraído de sua carteira.

## SALOMÃO: O GIGANTE ORIGINAL (MUITO RICO)

Jerusalém, a cidade fortificada de Salomão, estava situada em uma das rotas comerciais mais movimentadas e mais lucrativas do mundo. Os prósperos hititas, babilônios, sumérios, assírios, persas e medos indo e vindo da Líbia, Egito, Etiópia ou Turquia estavam se deslocando e comprando e vendendo continuamente. Ser uma cidade murada em uma rota comercial estreita significava que todo comerciante, muitas vezes todo viajante, precisava pagar um pedágio simplesmente para passar. Isso fornecia uma fonte de renda superabundante ao governo local e ao rei que ocupava a posição suprema ali.

> *A história nos conta que Salomão reivindicou algumas dessas rotas populares e dobrava uma taxa toda vez que elas eram acessadas.*

A história nos conta que Salomão reivindicou algumas dessas rotas populares e cobrava uma taxa toda vez que elas eram acessadas. Ganhava dinheiro enquanto dormia.

O capítulo 10 do livro de 1Reis no Antigo Testamento nos conta sobre a riqueza e sabedoria do rei Salomão. Ele talvez tenha sido o homem mais rico que já viveu. Convertendo sua fortuna para o dinheiro de hoje, ela provavelmente valia 8 trilhões de reais![1]

E coisas? Salomão tinha muitas coisas? Sim. Na verdade, durante os quarenta anos de seu reinado, ele foi visitado pela mulher que talvez era a mais rica de sua época, a Rainha de Sabá. Um dos propósitos de sua visita

---

[1] Darlington Omeh, "Top 10 richest people of all time in human history", wealthresult.com, disponível em: www.wealthresult.com/wealth/richest-people-history, acesso em: 25 fev. 2020.

foi ver as posses de Salomão pessoalmente. Assim como um homem que vai ver a garagem de seu novo vizinho para conhecer a coleção de ferramentas elétricas do sujeito, a rainha queria constatar se os rumores da riqueza extravagante de Salomão eram exagerados.

Mas e ele era esperto? Salomão também era sábio? Novamente, a resposta é um categórico "sim". O livro de Provérbios era o diário pessoal desse homem!

Salomão não conhecia limite para se divertir. Ele escreveu: "Não me neguei nada que os meus olhos desejaram, nem privei o coração de alegria alguma, pois me alegrei em todo o meu trabalho, e foi essa a minha recompensa por todo o meu esforço" (Ec 2.10).

Portanto, você pensaria que ao chegar ao fim da vida e olhar para trás ele sentiria uma enorme satisfação em relação a tudo o que ele havia acumulado e realizado. Você pensaria que dinheiro sem fim, entretenimento e posses em abundância produziriam um sorriso permanente em seu rosto.

Não foi isso que aconteceu.

Na verdade, a vida de Salomão é um dos epitáfios mais comoventes da história. Em Eclesiastes, um livro que ele mesmo escreveu, Salomão resumiu tudo assim:

> Vaidade! Tudo é vaidade (Ec 1.2).

Ou, como duas outras versões traduzem isso:

> Futilidade. Tudo é fútil (CSB).

> Totalmente sem sentido! Nada tem sentido (NIV).

> *Esse homem exteriormente próspero me confessou: "Sou o homem mais solitário que conheço".*

Examine Eclesiastes cuidadosamente você mesmo e você verá. Salomão representa uma figura patética na história da humanidade.

Anos atrás, eu tive a oportunidade de conhecer um homem com uma reputação mundial por ter pensamentos positivos. Ele sempre tinha um sorriso largo em seu rosto bem delineado. Suas palavras — escritas e faladas — eram consumidas por milhões que pagavam caro para lê-las e ouvi-las. Sua casa e propriedade exuberantes estavam cercadas por um muro de três metros e meio de altura, com câmeras de segurança penduradas em todo ângulo imaginável. No entanto, em um momento atipicamente vulnerável, pegando carona para um evento comigo, esse homem exteriormente próspero me confessou: "Sou o homem mais solitário que conheço". Seu sorriso sutil traía a realidade interior que ninguém teria imaginado haver ali.

Como você, sou bombardeado todo dia com a ilusão de que posses e prazer podem me satisfazer de fato. "Pessoas bonitas" caminhando em tapetes vermelhos mostrando sorrisos enormes — e às vezes quase tudo — podem ser sedutoras. Talvez um pouco disso apimentaria as partes mundanas da minha vida, posso fantasiar. Ou se eu só pudesse ter uma casa naquele bairro prestigioso ou comprar aquele novo carro incrível. Mas quando me lembro da vida vazia de alguém tão fabuloso como Salomão, minha inveja cessa de modo violento e abrupto.

Em contraste com as verdadeiras riquezas — ouro, prata, pedras preciosas —, a Bíblia chama essas coisas vazias de "madeira, feno ou palha" (1Co 3.12). Entendemos essa metáfora, não entendemos?

Você e eu podemos ficar tentados a dedicar a nossa vida, como hedonistas, indo atrás do próximo grande "barato". Ou como acumuladores esperando encontrar satisfação em ter tudo. Acredite em Salomão ou nesse outro sujeito no banco do carona. É perda de tempo, como correr atrás do vento.

| **A VERDADE** | "Não é tolo aquele que dá o que não pode reter para ganhar o que não pode perder." Jim Elliot, mártir morto a sangue-frio no campo missionário aos 29 anos |
|---|---|

**PENSE SOBRE ISTO...** *Pelo que você acha que literalmente valeria a pena morrer?*

## 8 "Sou o senhor do meu destino."

Quer alguma vez tenhamos jogado na loteria, quer não, muitas pessoas ao menos já sonharam acordadas com como seria ganhar o prêmio. É difícil não imaginar o que poderíamos fazer com essa fortuna inesperada: a casa em que moraríamos, o carro que dirigiríamos e, se somos até mesmo um pouco piedosos, as causas que ajudaríamos. O dinheiro, no entanto, é somente uma das coisas que os homens desejam. Outra é o poder. O poder protege o dinheiro.

O rei Nabucodonosor tinha ambas as coisas. Ele era tanto extremamente rico como o líder incontestе do maior império no mundo.

O livro de Daniel no Antigo Testamento revela o relato desse rei andando pela sacada de seu palácio real na Babilônia. Ele levantou sua cabeça e sua voz de forma retumbante:

> Não é esta a grande Babilônia que edifiquei para a morada real, pela força do meu poder, e para a glória da minha majestade? (Dn 4.29,30)

Você e eu talvez não falemos assim porque não somos reis de um grande império. No entanto, podemos enfrentar o mesmo tipo de tentação. Olhamos para o trabalho que fazemos, a riqueza que acumulamos, as casas em que vivemos e as consideramos meramente o fruto do nosso próprio trabalho, um monumento à nossa própria grandeza.

O problema é que toda riqueza e poder podem facilmente subir à cabeça do homem, justamente o que aconteceu com Nabucodonosor.

Deus, no entanto, nos assegurou que ele não compartilhará sua glória com nenhuma outra pessoa. Nesse caso, Deus não hesita em deixar o rei ciente. Estas são palavras sérias, trágicas e poderosas ditas a um rei arrogante, vindas do Rei Criador que o fez.

> *Nabucodonosor caiu da posição humana suprema à condição de um animal comum.*

O rei ainda estava falando quando veio uma voz do céu: "a ti se diz, ó rei Nabucodonosor: 'o reino te foi tirado.

> Serás expulso do meio dos homens e a tua morada será com os animais do campo; te farão comer grama como os bois, e passarão sete tempos até que reconheças que o altíssimo tem domínio sobre o reino dos homens e o dá a quem quer'". Na mesma hora, a palavra se cumpriu sobre Nabucodonosor: ele foi expulso do meio dos homens e começou a comer grama como os bois, e seu corpo foi molhado pelo orvalho do céu, até que lhe cresceram pelos como as penas da águia, e as suas unhas, como as das aves (Dn 4.31-33).

Você consegue imaginar isso? Essa não é uma queda ordinária da graça. Nabucodonosor caiu da posição humana suprema à condição de um animal comum. E por mais esquisito que possa parecer, isso não foi somente uma queda da graça, mas, misericordiosamente, uma queda na graça. Deus não compartilhará sua glória, mas sua glória nos leva ao arrependimento, exatamente ao qual o rei foi conduzido.

> Mas ao fim daqueles dias, eu, Nabucodonosor, levantei os olhos ao céu e voltou a mim o meu entendimento, e eu bendisse o altíssimo, e louvei e glorifiquei ao que vive para sempre; porque seu domínio é um domínio eterno, e seu reino é de geração em geração. E todos os moradores da terra são considerados nada; e ele age no exército do céu e entre os moradores da terra segundo sua vontade; ninguém pode deter sua mão, nem lhe dizer: "que fazes?" (Dn 4.34,35).

Você e eu não criamos a nós mesmos. Nem conseguimos fazer de nós mesmos o que somos hoje. A verdade é esta: não temos nada que não recebemos primeiro. É por isso que damos graças a Deus quando nos sentamos à mesa para comer. Estamos reconhecendo que é o próprio Deus que prepara a mesa, que provê o nosso pão diário. É o nosso pai celestial que transforma as coisas mortas que estamos comendo em nutrição. A nossa vida está nas suas mãos. Ele é o Oleiro e nós somos o barro.

> *Abrimos as nossas mãos em uma atitude de generosidade e admiração.*

Então, o que fazemos com essa verdade? Pois não é difícil responder a isso de forma adequada. Adotamos uma atitude de gratidão e humildade. Tratamos tudo o que temos como um presente do nosso Pai celestial. Abrimos as nossas mãos em uma atitude de generosidade e admiração. Guardamos os nossos pensamentos e a nossa boca, esvaziando-os de palavras pecaminosas, cínicas e críticas, enchendo-os com louvor e admiração.

Não cometa o erro do grande rei Nabucodonosor. Você não é um homem autoproduzido. Louve a Deus por tudo o que ele lhe deu. Reconheça seu poder, sua glória e sua misericórdia, lembrando-se de que ele dá graça aos humildes e às vezes humilhação aos orgulhosos.

E isso é uma coisa boa.

---

**A VERDADE** | O Senhor é o senhor do nosso destino. Submeter-se diariamente a ele nos trará alegria, propósito e verdadeiras riquezas.

---

**PENSE SOBRE ISTO...** *Como você definiria a palavra "submissão"? Em que tipos de situações a submissão é uma boa ideia? Ou uma má ideia? Quando é difícil para você se submeter?*

## 9  *"Homens de verdade não choram."*

O Antigo Testamento relata dois momentos determinantes na juventude do rei Davi. O primeiro aconteceu quando o profeta Samuel visitou a casa do menino procurando pelo homem que algum dia seria o rei de Israel. O filho mais novo e candidato menos provável, Davi, deixou de cuidar das ovelhas para receber a unção e então voltou ao trabalho.

O segundo momento foi quando Davi enfrentou Golias em uma disputa que determinaria o resultado de uma batalha.

É o tipo de coisa que faz parte da cinematografia épica — colinas lotadas de milhares de soldados se acotovelando, armamentos tinindo e risco iminente.

Precursores dos gregos antigos, os filisteus estavam acostumados a decidir batalhas em uma arena — no estilo dos gladiadores — e não em combate corpo a corpo entre exércitos. O exército filisteu certamente se sentiu confiante naquele dia com um guerreiro gigante como Golias nas suas fileiras. Mas eles não contavam com o moço que cria que seu Deus era capaz de qualquer coisa. Passando entre as tropas de soldados de Israel, as perguntas inocentes de Davi foram recebidas com choque e escárnio. O moço, por sua vez, ficou perplexo com a falta de fé de Israel.

Até mesmo o rei estava com medo. "Você não sabe por quem está lutando?", Davi talvez tenha perguntado a Saul. "Onde está sua confiança nele?"

A coragem que Davi havia exibido como menino defendendo as ovelhas de seu pai de animais selvagens agora defenderia o povo de Deus de um assassino ímpio. E a mesma confiança no Deus dos seus pais marcou sua vida nos anos seguintes.[2] Davi era pastor, guerreiro, herói e rei conquistador, um testemunho vivo de vigor e fé.

E ele também era poeta.

## O LADO SENSÍVEL DE UM HOMEM DURÃO

Muitos dos salmos foram escritos por Davi, escritos durante várias épocas de sua vida. Há salmos que louvam a Deus por libertação, exaltam sua majestade, celebram sua fidelidade e confessam pecados contra ele. Também há múltiplos salmos davídicos que expressam lamento e sofrimento. Com paixão e ternura, Davi colocou para fora os seus medos, sua angústia e suas lágrimas.

No salmo 42, vemos sua dependência da graça preciosa de Deus.

> Assim como a corça anseia pelas águas correntes, também minha alma anseia por ti, ó Deus! Minha alma tem sede de Deus, do Deus

---

[2] Adaptado de Ann Spangler; Robert Wolgemuth, *Men of the Bible* (Grand Rapids: Zondervan, 2010), p. 160-2 [edição em português: *Eles: 54 homens da Bíblia que marcaram a história do povo de Deus*, tradução de Neyd Siqueira (São Paulo: Mundo Cristão, 2004)].

vivo; quando irei e verei a face de Deus? Minhas lágrimas têm sido meu alimento dia e noite (Sl 42.1-3).

Esse não era um homem que reprimia as suas emoções. Ele não era acanhado, reticente, reservado. Ele se abria diante de Deus, expressando a profundidade das suas aflições.

E não foi somente por um breve momento que os olhos de Davi ficaram embaçados. Não foi somente uma lágrima solitária que escorreu pelo seu rosto corado. Não, as suas lágrimas eram seu "alimento dia e noite". Ele chorou, ele lamuriou, ele desabafou diante de Deus e, ao compor o salmo, permitiu que incontáveis gerações de peregrinos participassem de sua jornada.

Como homens, às vezes você e eu achamos que devemos suprimir as nossas emoções, pedir desculpas por elas ou escondê-las daqueles na nossa casa que somos chamados a proteger. Achamos que essa sensibilidade expõe a nossa fraqueza. Isso não é assim. A realidade é que muitas vezes é a demonstração da nossa fraqueza que reprime as nossas lágrimas. Davi, um homem de verdade, não tinha esse problema.

> *A realidade é que muitas vezes é a demonstração da nossa fraqueza que reprime as nossas lágrimas.*

## O QUE JESUS FAZIA?

Se isso não é suficiente para você e para mim, considere outro Homem — o maior e mais importante filho de Davi, Jesus. O versículo mais curto da Bíblia inteira ainda assim causa um grande impacto. Jesus havia voltado às suas amigas queridas, Maria e Marta, que estavam de luto pela morte do irmão delas, Lázaro. E João, em seu Evangelho, nos diz de forma simples e elegante: "Jesus chorou" (Jo 11.35).

E essa não seria a última vez que Jesus exibiria sentimentos abertamente. Na noite em que ele foi traído, Lucas nos diz:

> E, cheio de angústia, orava mais intensamente; e seu suor tornou-se como gotas de sangue, que caíam no chão (Lc 22.44).

Portanto, se Jesus — de fato um homem de verdade — expressou as suas emoções em meio a circunstâncias excruciantes, isso significa que somos melhores do que ele quando escondemos as nossas? Não, não significa.

Não devemos deixar as nossas emoções nos dominar. Mas não devemos reprimi-las, nem as afastar. Isso não é força; é desonestidade. Precisamos nos lembrar das palavras da primeira música que talvez tenhamos aprendido na igreja: "Nós somos fracos, mas ele é forte".

| **A VERDADE** | Homens de verdade podem sentir e expressar emoções profundas. Quando fazemos isso, na verdade é prova de que somos homens com um coração como o de Deus. |
|---|---|

**PENSE SOBRE ISTO...** *Você às vezes se desculpa pelas suas lágrimas? Em quais situações as lágrimas de um homem adulto são uma má ideia? Quando elas são boas e apropriadas?*

## 10 *"Não preciso de amigos homens próximos."*

Você se lembra da antiga resposta da réplica do recreio? *Sempre que você aponta um dedo para mim, tem quatro apontando de volta para você.* Como é o caso de muitos ditados de recreio, há sabedoria nesse também.

Como já ouvi: "Você não está preso no trânsito; você *é* o trânsito. Você é o outro carro incomodando as pessoas nos outros carros!".

Às vezes, vivemos a vida usando antolhos, esquecendo-nos de como deve ser para outra pessoa a sensação de conviver conosco. É por isso que é tão importante obter a perspectiva de outras pessoas. Sem termos consciência disso, nossa formação e preconcepções colorem a maneira de enxergarmos a realidade. Como um espelho, amigos de verdade podem ajudar uns aos outros a objetivamente ver o que eles talvez não sejam capazes de ver sozinhos.

## OS PERIGOS DO ISOLAMENTO

No início da minha carreira empresarial, após ter estado um ano na liderança de uma empresa próspera, um amigo me fez uma visita. Ele havia sido alertado para um problema na minha empresa e veio falar comigo. Sua primeira frase foi: "Há algo que você precisa saber".

Embora eu estivesse sentado na cadeira do meu escritório, fiz de conta que prendi meu cinto de segurança. Ainda bem que o fiz. A notícia era dura... e verdadeira. O que ele tinha para dizer sobre a minha empresa, meus colegas — e sobre mim — foi difícil de aceitar. Mas era exatamente o que eu precisava ouvir. Aquele homem demonstrou ser um amigo de verdade, e aquela conversa foi um momento determinante para mim.

> *Como um espelho, amigos de verdade podem ajudar uns aos outros a objetivamente ver o que eles talvez não sejam capazes de ver sozinhos.*

O livro de Provérbios, o livro de sabedoria, nos fala sobre um homem sem amigos.

> **Quem vive isolado busca seu próprio desejo e insurge-se contra a verdadeira sabedoria (Pv 18.1).**

No fim do mesmo capítulo em Provérbios, distinguindo meros conhecidos de amigos próximos, Salomão escreve:

> **O homem que tem muitos amigos [companheiros] pode ser arruinado por eles, mas há amigo mais chegado que um irmão (Pv 18.24).**

Qual a vantagem disso?

O primeiro versículo nos fala sobre o perigo do isolamento. O último nos ensina algo sobre como identificar um amigo de verdade. Juntos, eles nos fornecem um retrato mais claro da razão de precisarmos de amigos, o que procurar em um amigo e como sermos bons amigos a outros homens.

Certamente por experiência própria — e que outro modo há de aprendermos lições tão importantes — Salomão está nos encorajando a não sucumbir à tentação de nos afastarmos e vivermos sozinhos. E ele também está sugerindo que a solução não é somente assistirmos a um jogo na companhia de vários outros homens — o que também pode ser uma boa ideia —, mas termos certeza de que temos um camarada próximo, um confidente... um amigo que é mais chegado do que um irmão.

## FERIDAS E BEIJOS

Então, por que algumas vezes ficamos tentados a escolher o isolamento? A viver separados da comunidade autêntica? A razão é o orgulho, por achar que podemos nos virar sozinhos? É o medo de prestar contas?

Um amigo é alguém que está disposto a nos contar a verdade, mesmo quando ela machuca. Outro provérbio explica isso de forma vívida e poderosa:

> As feridas provocadas por um amigo são boas, mas os beijos de um inimigo são traiçoeiros (Pv 27.6).

Salomão formula as suas expressões de maneira brilhante. Não é comum imaginar amigos nos ferindo e inimigos nos beijando. Detestamos feridas e amamos beijos, detestamos inimigos e amamos amigos. Mas, na verdade, os inimigos podem buscar o nosso favor por meio de bajulação. Amigos são aqueles que estão dispostos a colocar em risco a nossa amizade, machucando-nos temporariamente ao falarem a verdade para o nosso bem-estar.

> *Um amigo é alguém que está disposto a nos contar a verdade, mesmo quando ela machuca.*

Imagine um médico que esteja sempre sorrindo. Imagine que todo diagnóstico relacionado a nós seja sempre positivo. Imagine que ele encoraje os nossos hábitos prejudiciais. Quando estamos doentes, ele prescreve sorvete. Quando estamos com medo na entrada para a sala de cirurgia, ele nos diz que não há problema algum se não quisermos passar pela cirurgia. Esse é um comparsa, e não um amigo; um permissivo, e não um médico digno de confiança.

O médico que verdadeiramente se preocupa conosco nos informa sobre a nossa pressão arterial. Ele nos adverte sobre os nossos maus hábitos. E ele até mesmo nos espeta com agulhas e, caso seja necessário, nos corta para que possamos ficar bem.

Assim é com um verdadeiro amigo. As feridas que ele nos causa curam. Um verdadeiro amigo é como um irmão, alguém que nos ama o suficiente para falar com precisão e verdade cirúrgicas. O provérbio não está simplesmente dizendo: "Cerque-se de pessoas que são rudes com você. Isso lhe fará bem". Antes, ele está dizendo que alguém que nos ama fala verdades difíceis e oferece sabedoria. Em resposta, ouvimos e agradecemos ao nosso amigo que nos queira tão bem.

A maioria dos homens não precisa só de colegas casuais, mas de amigos fiéis — homens que são mais chegados do que um irmão [...] um bom irmão. Amigos homens entendem melhor as fraquezas de outros homens, os nossos padrões de racionalização. E eles podem proferir os tipos de palavras que mais nos encorajarão. Homens precisam de amigos homens que estão munidos tanto de coragem como de sabedoria e de um compromisso comum de seguir o exemplo do nosso maior amigo, Jesus.

## UM AMIGO QUE ENTENDE

Ao falar sobre o nosso amigo, o Senhor Jesus, o autor de Hebreus nos lembra: "Porque não temos um sumo sacerdote que não possa compadecer-se das nossas fraquezas, mas alguém que, à nossa semelhança, foi tentado em todas as coisas, porém sem pecado" (Hb 4.15).

Jesus é o nosso irmão mais velho, o primogênito da família de Deus. Ele sempre nos fala a verdade por meio de sua Palavra. E seu propósito para nós, se somos dele, é que sejamos felizes. Abençoados.

Ele é Deus em carne. Mas ele também é homem, exatamente como nós, mas sem pecado. E ele nos chama não somente para *termos* amigos como irmãos, mas também para *sermos* amigos como irmãos. A vida é dura. Viver com integridade e pureza são batalhas sem fim. E como sabemos tão bem, estamos no meio de uma guerra.

Você precisa de amigos. Eu preciso de amigos... amigos que não somente falam a verdade, mas amigos que também nos desafiam com a integridade e exemplo de sua própria vida. Precisamos querer bem uns aos outros, a ponto de ousarmos ouvir e falar a verdade.

> *E ele nos chama não somente para termos amigos como irmãos, mas também para sermos amigos como irmãos. A vida é dura. Viver com integridade e pureza são batalhas sem fim. E como sabemos tão bem, estamos no meio de uma guerra.*

Recentemente, Nancy e eu tivemos um "encontro triplo casais": minha esposa e eu, com as minhas duas filhas e seus maridos (amo esses homens que me chamam de pai)... que tempo agradável tivemos! Enquanto estávamos colocando em dia as informações sobre a nossa vida, meus genros compartilharam como eles tinham contato regular com amigos homens para estudo bíblico, oração e prestação de contas. Em dado momento, um deles se reclinou para frente e me disse: "Pai, quem são os homens com quem você compartilha sua vida?".

Que pancada!

Verdade seja dita, quando casei com Nancy e me mudei para Michigan, deixei meus irmãos de prestação de contas para trás. Esses poucos homens estavam ao meu lado quando Bobbie foi diagnosticada e quando ela foi para o céu. Um deles, na verdade, referia-se a si mesmo como o "braço direito" do Robert.

Mas a admoestação do meu filho, que me ama o suficiente para falar honestamente, chamou a minha atenção.

Desde aquela visitinha ao "planeta da honestidade", comecei a me encontrar com um novo amigo — um irmão cristão — regularmente. Isso está sendo tão bom. Novamente.

Muito obrigado aos meus filhos. Sou extremamente abençoado por ter amigos como eles.

E quanto a você? Se eu lhe fizesse a mesma pergunta sobre ter um amigo confiável que compartilha sua vida com você, o que você diria?

## A VERDADE

Precisamos de amigos tementes a Deus — irmãos fiéis — que nos amam o suficiente para falar a verdade. Homens a cuja vida também temos acesso a fim de que lhes possamos falar a verdade.

**PENSE SOBRE ISTO...** *Quem são os seus amigos homens mais próximos? Cite dois ou três. Quanto eles conhecem você? Eles falam a verdade? Eles são um lugar seguro para onde você pode ir?*

CAPÍTULO 4

MENTIRAS EM QUE OS HOMENS ACREDITAM
# SOBRE O PECADO

Conta-se que Samuel Langhorne Clemens — Mark Twain — se gabou de pregar uma peça em seus amigos. "Certa vez, enviei a uma dezena dos meus amigos um telegrama que dizia: 'Fujam imediatamente — descobriram tudo.' Todos eles deixaram a cidade de pronto".[1]

Além de ser um autor famoso, Twain também tinha a reputação de ser um pregador de peças. Um humorista. Mas isso não é engraçado. Quantos de nós, ao receber uma mensagem desse tipo, não estaríamos com medo de que algum segredo desagradável tivesse sido descoberto? Para muitos homens, a culpa paira sobre sua cabeça como uma nuvem escura em um dia de primavera.

Verdade seja dita, já não falamos muito sobre culpa ou vergonha ou pecado. Mas isso não muda o fato de que nos sentimos culpados e às vezes as coisas que fazemos são vergonhosas. Assim, quer falemos sobre isso, quer não, você e eu ainda pecamos. E o nosso pecado é grave.

---

[1] Disponível em: http://www.goodreads.com/quotes/407467-i-once-sent-a-dozen-of-myfriends-a-telegram, acesso em: 25 fev. 2020.

## O QUE ELE NÃO SABE

Quando meus irmãos e eu éramos crianças e visitávamos os nossos avós, eu me lembro de pensar que eles não somente eram velhos, mas que também eram antiquados. Demoravam um pouco para entender as coisas. Quando estávamos com eles, evitávamos conversas sobre música contemporânea ou sobre os últimos filmes, pressupondo que eles simplesmente não entenderiam. Tragicamente, algumas pessoas tratam o nosso Criador soberano do mesmo modo. Ele é legal e tal, mas ele simplesmente não está a par do que realmente está acontecendo.

O engano da nossa época é um "Deus" que fecha um olho, que simplesmente não entende as coisas ou que gentilmente dá um tapinha nas nossas costas e fecha um olho para o nosso pecado. Um Deus que era bem ranzinza no Antigo Testamento, mas agora se tornou mais bondoso e mais gentil.

Pensar assim é bem agradável, mas essa narrativa tem uma falha fatal. Ela não é verdadeira.

## ENTÃO QUAL É O PROBLEMA?

É verdade que não podemos *fazer por merecer* o favor de Deus com a nossa obediência. Talvez achemos que se observássemos a lei de Deus perfeitamente, ele estaria perfeitamente contente conosco. Isso talvez seja verdade, mas nunca saberemos, visto que ninguém (além de Jesus) jamais fez isso ou chegará a fazer.

Antes de você e eu conhecermos a Deus e por meio da confissão e arrependimento recebermos sua salvação, a nossa vida era como uma roda de carruagem que cai em um sulco deixado por outros veículos em uma estrada lamacenta. Não havia nada que pudéssemos fazer. Por mais que tentássemos, o nosso coração estava naturalmente afastado de pensamentos puros e da obediência à lei de Deus.

> *Por mais que tentássemos, o nosso coração estava naturalmente afastado de pensamentos puros e da obediência à lei de Deus.*

## ACHAR QUE A GRAÇA É AUTOMÁTICA

Mas conhecemos a Deus e recebemos uma nova natureza e novas afeições. Não precisamos pecar, graças ao poder do Espírito de Deus que vive em nós. Não somos mais impotentes.

É um fato que, ainda que você e eu tenhamos nascido no pecado, debaixo do juízo de Deus, nós podemos *ter* o favor de Deus, se descansarmos no que Cristo fez por nós e não no que nós mesmos fazemos. Isso se chama graça. É o favor de Deus repousando sobre nós, embora o que merecemos seja sua ira. A graça é uma coisa gloriosa, algo pelo qual seremos eternamente gratos.

No entanto, como todo bom presente, a graça pode ser abusada e pode se tornar um perigo para nós. Como meu pai costumava dizer, às vezes a graça se torna uma "autorização".

O apóstolo Paulo estava bem familiarizado com sua própria dependência da graça de Deus e dos perigos de tomar a graça como certa.

Antes de ser jogado ao chão a caminho de Damasco e encontrar Jesus, Paulo havia sido um fariseu de carteirinha. Um "policial de policiais". Um "diretor de diretores de colégio". *La crème de la crème.* Ele havia sido escrupuloso na busca da obediência a tudo o que Deus ordena. Mas ele falhou por não conhecer verdadeiramente o Deus que ele alegava conhecer.

Na verdade, Paulo não compreendia a graça de Deus, a tal ponto que ele se tornou um inimigo de Cristo e dos seus seguidores, aprisionando cristãos, até mesmo assistindo ao martírio brutal de Estêvão e concordando com o que estava vendo. Em seu próprio tempo e de seu próprio modo, Deus venceu de forma sobrenatural a resistência de Paulo, mostrou-lhe sua necessidade e derramou sua graça superabundante sobre ele. Deus mudou sua perspectiva e sua condição.

Tendo experimentado o poder transformador da graça, Paulo entendeu que ela poderia ser abusada, uma preocupação que ele confrontou diretamente nas igrejas do Novo Testamento. Após sua conversão e depois de vários anos de estudo e treinamento, Paulo se tornou um plantador de igrejas. Como é necessário às vezes, ele era uma espécie de "bombeiro doutrinário", apagando incêndios naquelas igrejas por meio das suas cartas.

Uma dessas igrejas recebeu ao menos três epístolas sua, duas das quais fazem parte da nossa Bíblia.[2] A situação nessa igreja era uma bagunça.

A cidade de Corinto era renomada como uma cidade inclinada aos vícios e à busca de prazeres sensuais. Ela também era uma cidade rica, umas das mais prósperas no mundo naquela época.

Talvez isso pareça sua cidade. Deus pode resgatar (e resgata) pessoas dessa corrupção. Sua graça é mais poderosa do que qualquer mal. Mas embora Deus remova de nós a culpa e a vergonha do nosso pecado no momento em que chegamos à fé, ele não remove imediatamente de nós seu poder e influência. Os cristãos em Corinto, como os cristãos onde você e eu vivemos, eram pecadores — antes e após receber Jesus pela fé. E eles estavam praticando muitos dos mesmos pecados repulsivos que os seus vizinhos não cristãos praticavam. Eles eram orgulhosos, inclinados aos prazeres sensuais.

> Mas embora Deus remova de nós a culpa e a vergonha do nosso pecado no momento em que chegamos à fé, ele não remove imediatamente de nós seu poder e influência.

No capítulo 5 de sua primeira carta aos cristãos coríntios, Paulo identifica a gravidade do pecado das pessoas, as quais eram membros de igreja de carteirinha. Ele começa assim: "De fato, ouve-se que há imoralidade entre vós, e imoralidade do tipo que nem mesmo entre os gentios se vê, a ponto de alguém manter relações sexuais com a mulher de seu pai. E estais cheios de arrogância! Não devíeis, pelo contrário, lamentar e expulsar do vosso meio quem cometeu isso?" (1Co 5.1,2).

Pergunta: o que deixou Paulo mais indignado: o próprio pecado ou o fato de que a igreja — a igreja santa de Deus — não somente não estava arrependida, mas que na verdade também estava orgulhosa? Seu pecado sexual flagrante já era ruim o suficiente, mas que possíveis razões eles teriam para se orgulhar de tal escândalo?

---

[2] Paul F. Pavao, "3rd Corinthians", *Christian history for everyman*, disponível em: www.christian-history.org/3rd-corinthians.html, acesso em: 25 fev. 2020.

## ENTENDENDO A GRAÇA

Isso demonstrava claramente, na cabeça deles, sua saudação à graça. Como a carta "Saída livre da prisão" no jogo Banco Imobiliário, eles imaginavam que a graça sempre desculparia todo pecado que eles cometessem.

Ou como avós "babões" que mimam os netos e ignoram os atos malcriados deles, essas pessoas aceitavam cegamente sua conduta desregrada, bem como o pecado de outros em volta delas. Elas acreditavam que a graça nunca consideraria qualquer coisa como pecado. Elas se consideravam sofisticadas, acima dessas atitudes farisaicas e julgadoras. Elas insistiam orgulhosamente em que se a recebessem intencionalmente ou não, pecadores abomináveis ainda assim recebiam graça.

O problema com esse modo de pensar é, obviamente, que a graça não se recusa a chamar o pecado o que ele é. Em vez disso, ela o identifica francamente e então o perdoa. Na verdade, se o pecado não existe, não há necessidade de graça. Uma vez que a graça é o perdão de pecados, o pecado é necessário para a graça. As pessoas na igreja em Corinto haviam ouvido as boas-novas de que Jesus havia vindo para perdoar pecadores e as transformaram em algo terrível — a noção de que, por meio da graça, os pecadores na verdade nem sequer são pecadores. Isso certamente parece bom, gentil, convidativo. Mas isso deixa os pecadores em seu pecado e aqueles contra os quais se peca sem recurso algum.

O real escândalo da graça é que ela oferece perdão real a pecados reais.

Em Atos 9, um homem chamado Ananias defrontou-se com esse escândalo. Ele encontrou um pecador notório, um homem chamado Saulo. Mas esse homem havia encontrado o Senhor Jesus na estrada para Damasco e recebeu a ajuda de Ananias, um emissário do próprio Deus.

No decorrer da história, o Senhor falou em uma voz audível a Ananias. Esse era um seguidor devoto de Cristo que sabia sobre o vilão Saulo e as suas ameaças à igreja. Mas o Senhor instruiu Ananias a visitar o recém-chegado Saulo e impor as suas mãos sobre o homem para que sua visão pudesse ser restaurada.

Provavelmente mais interessado em se livrar de Saulo, Ananias não estava muito empolgado com essa tarefa difícil.

Nunca é sábio questionar seu Criador, mas Ananias tem a minha simpatia. Ele conhecia bem a reputação de Saulo de Tarso, e sabia a ameaça que ele era para os cristãos, de modo que ele respondeu:

> Senhor, ouvi de muitos acerca desse homem, quantos males tem feito aos teus santos em Jerusalém; e aqui está autorizado pelos principais sacerdotes para prender todos os que invocam o teu nome (At 9.13,14).

Ananias estava com medo e parecia achar que talvez o Deus onisciente tivesse se esquecido de quem era esse cego e o que ele havia feito. Ananias ficou escandalizado com a graça de Deus e não acreditava que ela era suficiente para um vilão como Paulo.

> *O real escândalo da graça é que ela oferece perdão real a pecados reais.*

Obviamente, entendemos o enigma. Assim como Jonas estava relutante em pregar a uma cidade tão abominável como Nínive, dificilmente conseguimos acreditar que a graça de Deus poderia perdoar pessoas realmente más. Mas a tentação para homens que não têm no currículo um escândalo notório é se esquecerem de que dependemos totalmente da graça de Deus. Nunca seremos bons o suficiente. Somos culpados diante de um Deus santo. Pressupomos de maneira equivocada que uma vez que somos bons sujeitos, somos "merecedores" da graça de Deus. Infelizmente, isso é negar que a graça está disponível a todas as pessoas.

> *Alguns dos fariseus achavam que eles eram bons demais para a graça de Deus. Alguns dos cobradores de impostos achavam que eram maus demais para a graça de Deus. Ambos os grupos estavam errados.*

Uma das grandes queixas dos fariseus em relação a Jesus era que ele era amigo de pecadores. Sim, Jesus interagia e andava com cobradores de impostos e prostitutas. Mas o que esses "homens santos" ignoravam era que eles, os fariseus, precisavam se arrepender tanto quanto aqueles cujo pecado era mais flagrante. Esses homens "justos" consideravam os seus pecados pequenos e não dignos de consideração. Eles estavam errados.

Alguns dos fariseus achavam que eles eram bons demais para a graça de Deus. Alguns dos cobradores de impostos achavam que eram maus demais para a graça de Deus. Ambos os grupos estavam errados.

Assim, a linha divisória entre os que recebem a graça de Deus e os que não recebem não é medida pelo número ou pela gravidade dos pecados que eles cometeram. Antes, essa divisão é entre os que se arrependeram e os que não se arrependeram. A promessa de Deus é bastante simples:

**Se confessarmos os nossos pecados, ele é fiel e justo para nos perdoar os pecados e nos purificar de toda injustiça (1Jo 1.9).**

Todo pecado é grave e deve produzir tristeza em nós. Deus não nos avalia pela média. Uma atitude leviana é o exato oposto do arrependimento. Se, no entanto, confessamos e nos arrependemos, nosso dever é acreditar na promessa de Deus, ser gratos e celebrar. Sua graça é suficiente; os nossos piores pecados não podem ultrapassar sua bondade para conosco.

> *Sua graça é suficiente; os nossos piores pecados não podem ultrapassar sua bondade para conosco.*

É sua graça que nos convence dos nossos pecados, e é sua graça que dá paz ao nosso coração, paz com ele.

## 11. *"O que os outros acham que sou importa mais do que quem realmente sou."*

Meu irmão Dan foi lutador de luta romana no ensino médio e na faculdade. Para mim, como um garoto no penúltimo ano da escola, eu tinha tido suficiente contato com esse esporte para saber duas coisas: (1) era a coisa mais extenuante e exaustiva que eu já havia feito e (2) luta romana não era para mim.

Mas Dan tinha o vigor mental e a força e flexibilidade físicas para ir muito bem, tanto é que ele participou dos times do ensino médio e da faculdade em que estudou.

Uma perna quebrada no primeiro ano na Taylor University não somente lhe custou aquela temporada, mas também extinguiu qualquer interesse competitivo no esporte até seu último ano. Taylor, mesmo sendo uma universidade de porte pequeno, era um fenômeno nesse esporte, e isso tirou Dan da "aposentadoria" e o colocou de volta no tatame para uma última temporada.

No começo do calendário de luta romana do outono, Taylor recebeu um torneio com um elenco de competidores extremamente respeitados. Faculdades grandes e pequenas se deslocaram até Upland, em Indiana, para dois dias intensos. As lutas começaram na sexta-feira à noite com as rodadas preliminares. Isso determinaria as lutas para as finais no sábado.

Confrontos difíceis nas primeiras rodadas e o fato de estar em casa diante da torcida criaram uma tempestade perfeita para uma primeira noite infeliz. Um competidor feroz e experiente de um programa especial de luta romana demonstrou ser um primeiro oponente formidável para Dan. Dadas a estatura do oponente e todos os outros indicadores, sua derrota por três pontos foi respeitável.

Mas no vestiário após o apito final naquela noite, o treinador de Dan expôs a mentira refletida não somente no desempenho dele, mas também em vários dos seus companheiros de equipe.

> *Jesus tinha (e ainda tem) uma capacidade inexplicável de olhar além das aparências e ver a motivação do coração.*

"Senhores, muitos de vocês pisaram no tatame com um só objetivo. Vocês são bons o suficiente para derrotar esses rapazes, mas em vez de focarem em ganhar, vocês estavam tentando evitar passar vergonha contra oponentes difíceis. Vocês se acostumaram com a ideia de perder antes de pisar no tatame. Tudo o que vocês queriam era parecer competitivos. Vocês estavam fazendo bonito, mas estavam perdendo."

Como você pode se lembrar, Jesus tinha (e ainda tem) uma capacidade inexplicável de olhar além das aparências e ver a motivação do coração. "Fazer bonito" não estava no topo de sua lista de prioridades. E ele sabia o que estava se passando dentro do coração dos homens. Em cada situação ele sabia.

## O QUE É ESTE CHEIRO?

No final de seu ministério terreno, o Messias teve algumas coisas para dizer a homens que estavam mais interessados em como eles pareciam por fora do que como eles realmente eram por dentro.

> Ai de vós, escribas e fariseus, hipócritas! Porque sois semelhantes aos sepulcros caiados, que por fora parecem belos, mas por dentro estão cheios de ossos e de toda imundícia (Mt 23.27).

Ficou claro, será, ou é preciso desenhar?

Se achamos que Jesus estava denunciando homens que eram a escória da sociedade, precisamos pensar de novo. Ele estava se dirigindo ao que pareceria uma conferência de líderes de igreja hoje. Esses homens eram presbíteros e diáconos. Eles eram líderes de grupos pequenos e líderes de comissões e conselhos. E eles eram pastores. À primeira vista, eles pareciam fantásticos.

Mas era só tirar as roupas santas e atraentes deles que eles fediam como um túmulo aberto. Uma fossa séptica aberta em seu quintal.

"Está bonito, mas dá pra sentir o fedor de longe."

Mesmo que você e eu não tenhamos uma posição de liderança na nossa igreja, não podemos escapar desse mesmo tipo de juízo. Nossa aparência exterior pode não corresponder nem um pouco a como realmente somos.

> *Eles eram líderes de grupos pequenos e líderes de comissões e conselhos. E eles eram pastores. À primeira vista, eles pareciam fantásticos.*

Até mesmo o apóstolo Paulo, um autodeclarado "hebreu de hebreus", veio a entender essa distância trágica entre sua aparência e seu coração. Ele escreveu:

> Com a mente de fato desejo obedecer à lei de Deus, mas por causa da minha natureza pecaminosa, sou um escravo do pecado (Rm 7.25, NLT).

Mais um relato sensato de pecado que se esconde por dentro é aquele sobre outro homem chamado Ananias[3] e sua mulher, Safira, encontrado no capítulo 5 de Atos. Esse casal adorável e dedicado à igreja exibia uma fachada convincente de generosidade, mas por dentro eram pessoas gananciosas e desonestas.

> *Nossa grande tentação é nos preocuparmos mais com a aparência das coisas do que com como elas realmente são.*

Mas essa não é somente uma história sobre um casal com nomes esquisitos. É uma história sobre o dilema que você e eu enfrentamos o tempo todo. Nossa grande tentação é nos preocuparmos mais com a aparência das coisas do que com como elas realmente são.

Estamos sempre a somente uma revelação da exposição da verdade sobre nós e, potencialmente, da ruína completa. Conduzimos a nossa vida em um equilíbrio precário entre o que o apóstolo Paulo identifica como parecer bom no nosso exterior e a verdade do que realmente está no nosso interior.

## PREENCHENDO A LACUNA

Uma das minhas realidades preferidas da Palavra de Deus é que ela não identifica o problema sem apresentar o remédio. Nesse caso, a pretensão falsa de um exterior agradável e o pecado que se esconde por dentro tem uma solução. Um conserto.

Deus informou à nação judaica, por meio do profeta Samuel, que seu primeiro rei, um homem extremamente bonito, era uma fraude. Bonitão por fora, mas pura corrupção por dentro. Deus enviou sua mensagem sobre o rei Saul ao seu povo:

---

[3] Esse Ananias era um Ananias diferente do homem que impôs suas mãos sobre Paulo, restaurando a visão do apóstolo. Parece que os livros com nomes de bebês tinham menos opções do que hoje em dia.

> Mas o Senhor disse a Samuel: não dê atenção à aparência ou à altura dele, porque eu o rejeitei; porque o Senhor não vê como o homem vê, pois o homem olha para a aparência, mas o Senhor, para o coração (1Sm 16.7).

Assim, tanto a nossa justiça própria — o exterior bonito — como a nossa injustiça — o interior feio — são consideradas pecado.

Uma vez que a confissão é boa para a alma e você e eu confessamos que temos essas duas personalidades — o anjo exterior e o demônio interior —, tenho uma pergunta: Por quais desses sujeitos Jesus morreu?

O Cordeiro de Deus foi à cruz para salvar o sujeito que tem uma boa aparência ou por aquele que está apanhando?

É isso mesmo.

Jesus morreu por ambos. Por quê? Porque ambos são pecadores impotentes que precisam de um Salvador. Eles são dois lados da mesma moeda, e quando essa moeda é perdida, ambos os lados estão perdidos.

Você e eu travamos uma batalha constante com a autenticidade. Quem os outros acham que eu sou e quem eu sou de fato. Fui lembrado disso certa vez quando um bem vestido apresentador de um jornal local se viu indecentemente exposto pela sua "leal" equipe de produção.

Ele havia acabo de apresentar seu programa diário e achou que as câmeras não estavam mais filmando. Da cintura para cima, atrás da mesa, o sujeito parecia um modelo de uma revista de moda. Mas quando ele saiu de sua posição atrás da bancada dos apresentadores do jornal, ele estava usando uma bermuda de basquete rasgada e larga e chinelos.

Esse foi um momento hilário feito para a televisão. Até o próprio apresentador riu.

Mas viver uma vida dupla não é nem um pouco engraçado. Sabemos que isso é verdade.

| **A VERDADE** | A graça de Deus é necessária tanto para o impostor que todos veem quanto para o vilão dentro de nós que conhecemos tão bem. |
|---|---|

**PENSE SOBRE ISTO...** *Como você definiria a palavra graça? Por que é importante entender esse conceito nos seus relacionamentos e em sua caminhada com Jesus?*

## 12 *"Se minha intenção é boa, isso basta."*

Quando a minha filha Julie era uma menininha, ela descobriu o que achou que valia para toda vez que fosse pega em flagrante em uma infração familiar. Ela falaria estas palavras com a cabeça inclinada e um rosto que tinha o objetivo de derreter o coração do papai. Às vezes, ela conseguia o que queria. Geralmente não.

"Mas não foi a minha intenção."

Para você e para mim, dada nossa inclinação natural a "Vou dar um jeito depois", a nossa resposta automática muitas vezes é: "Desculpe, mas minha intenção foi boa".

Você já ouviu a expressão "De boas intenções o inferno está cheio". A razão de ela ser tão popular é que "Minha intenção foi boa" é a nossa racionalização mais frequentemente usada para os nossos próprios pecados. Às vezes, somos ainda mais ousados, afirmando tolamente: "Deus conhece o meu coração". É claro que ele conhece. Melhor do que nós o conhecemos. E ele conhece cada pedacinho feio dele. Infelizmente não estou em *menor* perigo porque ele conhece o meu coração, mas em *maior*.

> "Minha intenção foi boa" é a nossa racionalização mais frequentemente usada para os nossos próprios pecados.

Há um princípio legal na lei americana que nos leva na mesma direção. A fim de ser considerado legalmente culpado de um crime, é necessário que se prove que eu tive *mens rea*, uma mente culpada. Se atiro em um homem e posso provar que no momento eu acreditava inteiramente que ele mesmo era um assassino com intenções sinistras imediatas e ameaçadoras, não sou culpado.

O que significa que contanto que eu consiga me convencer de que na verdade tenho boas intenções quando peco, não preciso temer nenhuma consequência divina. Afinal de contas, ele aceita as minhas intenções. Certo?

Apresento-lhes Nadabe e Abiú. Esses irmãos não ocupam muitas páginas da Bíblia, mas sua história ilustra com grande impacto simplesmente quão equivocados estamos sobre o quanto Deus é sério com respeito às suas regras, e que "Minha intenção foi boa" não conta. Esses homens eram filhos de Arão, o irmão de Moisés. Sobrinhos do grande libertador de Israel. Eles receberam a incumbência de levar fogo ao Tabernáculo a fim de facilitar a adoração. E eles fizeram isso.

Você já se pegou lendo livros do Antigo Testamento como Levítico somente para se ver perdido em todas as regras aparentemente ultrapassadas que Deus afirmou? Talvez seja isso que aconteceu com esses dois jovens sacerdotes.

> E aconteceu que Nadabe e Abiú, filhos de Arão, pegaram cada um seu incensário e, pondo nele fogo e incenso, ofereceram fogo não permitido diante do Senhor, o que ele não lhes havia ordenado. Então saiu fogo de diante do Senhor e os devorou; e morreram diante do Senhor (Lv 10.1,2).

Eles sabiam que estavam violando a lei. Eles devem ter imaginado que as suas boas intenções contavam. Mas em uma exibição pirotécnica dramática, Deus os fulminou. Torrou-os ali mesmo. Imediatamente. Ele não os repreendeu e os encorajou a fazer a coisa certa da próxima vez. Ele não disse: "Vou contar até três e quando tiver terminado de contar quero que tenham corrigido isso". Também não disse: "Não me importo com o tipo de fogo que vocês trazem para mim. Tudo o que me importa é que a intenção de vocês foi boa". Não, ele os matou instantaneamente.

> *Mas em uma exibição pirotécnica dramática, Deus os fulminou. Torrou-os ali mesmo.*

Por quê? Estudiosos da Bíblia refletiram sobre essa pergunta durante séculos. Várias teorias foram propostas. Alguns sugeriram que os irmãos usaram o tipo errado de fogo por algum motivo abominável. Outros especularam que eles involuntariamente puseram a mão em um material explosivo que fugiu ao controle deles. Não há, no entanto, necessidade alguma de tentar chegar a alguma conclusão sobre por que Deus fez isso. O texto nos diz. O pai deles, Arão, provavelmente atordoado e talvez bravo com o pavio curto de Deus, vai a Moisés para fazer esta pergunta: Por quê?

> **E Moisés disse a Arão: "foi isto que o Senhor falou: 'manifestarei minha santidade entre aqueles que se aproximarem de mim e serei glorificado diante de todo o povo'" (Lv 10.3).**

Essa é a resposta clara. Deus trata as suas regras em coerência com o que ele é: santo. Esse versículo termina com a resposta adequada a essa mensagem do Senhor: "Mas Arão ficou em silêncio". Outra versão traz: "E Arão manteve sua paz".

Deus estabelece sua lei. Ele determina quão importante ela é. Ele julgará o que julgará. E não temos a liberdade de julgar a Deus. Você e eu não temos direito algum de sugerir que ele é exigente demais ou que ele trata como importante o que é não é importante.

Isso não significa, no entanto, que o nosso Deus é ranzinza ou caprichoso, dado a perder as estribeiras. A lei de Deus é clara. Ela é obrigatória para todos. E ele exige a obediência, não somente para agradá-lo, mas também para que sejamos beneficiados. Não é sua vontade impor obrigações onerosas a nós. Suas regras são um convite à alegria. Desobedecemos por nosso próprio risco, e não somente porque o ofendemos, mas porque sua lei reflete o melhor de como ele nos criou.

Peço licença para uma ilustração vinda de alguém que gosta de cachorros. As regras de Deus são algo como cercados pequenos que compramos para os nossos filhotinhos. Obviamente, essas estruturas impedem que eles corram livremente pela nossa casa ou atrapalhem o tráfego dela. Mas elas também fornecem um lugar seguro, livre de perigo externo. Assim é também com as leis de Deus.

A imagem do *cowboy* americano às vezes tem sido considerada o ícone supremo da liberdade. Já deixo avisado que, caso sua profissão seja a de *cowboy*, alguns dos meus amigos mais próximos são *cowboys*. Mas quando se trata da nossa alma, o campo aberto e a vida sem restrições e incontestada são, na verdade, escravidão. A verdadeira felicidade no nosso coração é encontrada na obediência. No fim, isso é pura alegria.

Jesus, o Filho perfeito de Deus, submeteu-se às regras de seu Pai. E como o nosso Advogado, o nosso exemplo perfeito, Jesus estabeleceu o padrão elevado da obediência perfeita. O céu está cheio de pessoas que abraçaram sua sujeição à lei de Deus. E o sofrimento dele foi em nosso lugar pela nossa incapacidade em obedecer. O fogo de Deus matou seu Filho em nosso lugar.

> *A verdadeira felicidade no nosso coração é encontrada na obediência. No fim, isso é pura alegria.*

## A VERDADE

Deus se importa com as suas regras. Precisamos fazer o mesmo, para o nosso próprio bem.

**PENSE SOBRE ISTO...** *Assim como as marcações no campo de futebol, de que forma as regras na vida são boas? Por que as regras de Deus são tão importantes?*

## 13 *"Meu pecado não é tão ruim assim."*

Era o meu primeiro carro. Meu presente de formatura da faculdade. Nunca me esquecerei do sentimento de sair com o carro da concessionária em Arlington Heights, Illinois. Os funcionários haviam limpado e polido o carro inteiro e limpado cada fresta. O Chevelle Malibu verde claro e metálico estava impecável. Abri a porta, sentei ao volante e respirei profundamente. O cheiro de um carro novinho em folha era inebriante. Dei uma olhada para interior e respirei fundo mais uma vez, expirando lentamente. A minha vida estava perfeita.

Aquele carro era o meu orgulho. Minha alegria. Ao longo das semanas seguintes, até mesmo foi o tema de alguns dos meus sonhos. Quando parava nos semáforos, eu olhava para a esquerda ou para a direita para ver como o meu carro era mais bonito do que o do sujeito parado do meu lado. Não me julgue. Você já fez a mesma coisa.

Então em um domingo à tarde, somente algumas semanas depois, dirigindo pela Roosevelt Road em Glen Ellyn, Illinois, não muito longe da casa de meus pais, aconteceu. O carro na minha frente deu uma freada abrupta e inesperada. Eu vi, mas era tarde demais.

Antes de eu poder fazer qualquer coisa, bati na traseira do outro carro com um estrondo terrível. Ambos os carros ainda eram dirigíveis, de modo que não chamamos a polícia. Trocamos números de telefone e fui embora no meu carro, com um sentimento horrível de estar afundando. A frente do meu carro estava amassada.

Um pensamento imprevisto atingiu a minha mente. Isso me sobreveio sem aviso. Meu coração triste por causa do meu carro agora imperfeito começou a ser estranhamente aliviado pela minha observação cuidadosa dos amassados e riscos de outros carros na estrada. Eles estavam por todo lado.

> O carro na minha frente deu uma freada abrupta e inesperada. Eu vi, mas era tarde demais.

E, verdade seja dita, minha grade amassada não estava tão feia quanto a maior parte do que vi em outros carros dirigidos por... outros perdedores.

Eu fui estranhamente confortado por isso.

Você e eu fazemos a mesma coisa com a nossa vida moral, não fazemos? Quando nos metemos em dificuldades, o "natural" é olharmos para outros que estão em condições piores. Embora muitas pessoas não acreditem que o inferno é real, muitas daquelas que acreditam acham que esse lugar terrível está reservado primordialmente para os Hitlers do mundo. Genocidas. Assassinos em série. Trapaceiros incorrigíveis. O inferno é um lugar solitário somente para os mais abomináveis dos pecadores. Esses homens não nos tranquilizam de que não somos tão maus comparativamente? Nossos "amassados" não chegam nem perto dos deles.

Mas não é assim que as coisas funcionam. A Bíblia nos diz que há somente duas categorias: um ambiente impecável e um ambiente pronto para virar sucata. Nada entre esses dois extremos.

Ela nos diz que "não há justo, nem um sequer" (Rm 3.10), que "nascemos em iniquidade" (Sl 51.5)... que somos pecadores desde o nascimento e que o nosso coração é "desesperadamente mau" (Jr 17.9).

Nosso coração nos engana quando achamos que os grandes pecados de outras pessoas de algum modo tornarão os nossos menos significativos.

Isso não significa que nunca devemos fazer comparação alguma. Devemos. Não devemos nos comparar ao Hitler a fim de nos sentirmos melhores, mas devemos nos comparar à santidade perfeita de Jesus. Ele é o espelho que mostra corretamente quão imundos de fato somos. Estamos infinitamente distantes de Jesus.

A única razão de você e eu acharmos que os nossos pecados não são tão ruins comparados com os dos outros é que temos um entendimento pequeno demais da gravidade do pecado e da intensidade da nossa maldade. Alimentamos a esperança de não sermos tão maus assim.

> *Nosso coração nos engana quando achamos que os grandes pecados de outras pessoas de algum modo tornarão os nossos menos significativos.*

Mas tragicamente, todo pecado, até mesmo aqueles que a maioria consideraria insignificantes no grande esquema das coisas — uma "mentirinha branca", um breve acesso de raiva, um pensamento lascivo —, é, na verdade, lesa-majestade incomensurável. É uma afronta ao Deus vivo, uma tentativa de tirá-lo de seu trono celestial. Com cada pecado que cometemos dizemos ao Todo-poderoso: "Quem reina não é você, mas sou eu".

Desculpe-me pela imagem vívida, mas achar que somos melhores que os outros não é simplesmente assobiar em um cemitério, mas assobiar enquanto dançamos com os olhos vendados na porta de entrada do inferno. Isso não é completamente assustador?

*Não estamos, não podemos* estar à altura. Mas Jesus está. E além disso, quando descansamos nele e recebemos sua obediência, sua vida perfeita sem pecado, ele toma sobre si mesmo o castigo merecido pela nossa rebeldia. E somos purificados. A punição que merecemos caiu sobre Jesus.

| **A VERDADE** | Não podemos olhar para outros homens piores para nos sentirmos melhores. A única comparação que importa é olhar para o único Homem justo, o Salvador sem pecado que é o único que pode nos tornar sãos. |

**PENSE SOBRE ISTO...** *Você se compara a outros e tenta competir com eles? Quando isso é bom? Quando não é?*

## 14  *"Deus nunca poderia me perdoar pelo que fiz."*

Certa vez, li algo em um livro que me fez parar a leitura.[4]

O autor observou que às vezes é mais fácil perdoar outros que pecam do que receber o perdão de Deus pelo que *nós* fizemos. Conceder graça a outros pode ser um desafio menor do que nós mesmos abraçarmos a mesma graça.

Então, por que isso é assim? Por que estou disposto a me curvar e perdoar você por algo que você fez quando hesito em receber o perdão que é meu por meio da cruz de Cristo? O autor sugeriu que isso é orgulho. E eu concordo.

De algum modo, estou disposto a não ser duro demais com outros quando eles falham, reconhecendo que eles são pecadores, mas a minha arrogância impede que eu admita o mesmo a meu respeito.

Você se lembra da história que Jesus contou em Lucas 18 sobre os dois homens que foram orar no templo? Um sujeito era meticulosamente religioso. Um cidadão exemplar.

O outro homem era um cobrador de impostos desprezado — alguém que extorquia os outros. Um trapaceiro; um ladrão desprezível. Ninguém precisava dizer a esse camarada que ele era desprezível. Outros adoradores nas proximidades provavelmente sorriam com desdém só de imaginá-lo pisando no templo.

---

[4]Bruce Larson, *Living on the growing edge* (Grand Rapids: Zondervan, 1969).

## ... sobre o pecado

A oração do primeiro homem foi mais ou menos assim: "Graças te dou, ó Deus, por não ser como esse traste cobrador de impostos". Mas o segundo homem, profundamente envergonhado de sua própria conduta, recusou-se a até mesmo olhar para o céu, implorando que Deus tivesse misericórdia dele por causa de seu pecado.

O fato é que ambos os homens eram pecadores miseráveis, mas o primeiro não estava disposto a pensar assim. Seu pecado era sua justiça própria, mas, obviamente, ele não estaria vulnerável o suficiente para admitir sua pecaminosidade. Somente considere o que isso faria à sua imagem impecável entre os seus amigos e colegas.

No fim dessa parábola, Jesus não deixou nenhuma dúvida quanto aos resultados diferentes desses dois adoradores. O primeiro sujeito, aquele que achava que era um modelo de virtude, saiu do templo cegado pelo seu autoengano e sua justiça própria. O segundo homem, que ele próprio e todos os outros sabiam que era um pecador culpado, foi para casa "justificado". Limpo, como se ele nunca tivesse pecado.

O Diabo não é somente um enganador, mas ele também é esperto e eficaz nisso. Você e eu tendemos a imaginá-lo nos tentando a cometer pecados escandalosos. Obviamente, esses tipos de tentação são ferramentas em seu arsenal e algo contra o qual devemos estar em guarda.

> *De algum modo, estou disposto a não ser duro demais com outros quando eles falham, reconhecendo que eles são pecadores, mas a minha arrogância impede que eu admita o mesmo a meu respeito.*

Mas a tentação geral e ampla não é o principal meio pelo qual ele nos ataca. A raiz da palavra "Satanás" (transliterada do hebraico, *satan*) significa literalmente "difamador" ou "acusador". Seu modo básico e elementar de agir pode estar menos concentrado em tentar levar você a cometer pecados novos e "grandes" e mais concentrado em fazer com que você se afunde no desespero por causa dos pecados que já cometeu. Ele quer que você acredite que o depósito de seu passado é de algum modo vasto demais para a graça de Deus. Tragicamente, ficamos tentados a acreditar nesta mentira: *Deus nunca poderia me perdoar pelas muitas coisas que fiz.*

O falecido dr. R. C. Sproul contou a história de uma aluna que foi a ele para ser aconselhada. Parece que a jovem aluna havia cometido um pecado terrível e não estava se sentindo perdoada apesar de muitas tentativas de se arrepender e confessar ao Senhor o que ela havia feito.

— Eu sugiro que você volte ao seu quarto do dormitório, se ajoelhe e suplique para que Deus perdoe seu pecado — o sábio teólogo disse.

Completamente desanimada, a estudante explicou:

— Acho que você não ouviu o que disse. Arrepender-me é tudo o que tenho feito ultimamente, e isso não adiantou nada.

— Eu a ouvi perfeitamente — o dr. Sproul lhe disse.

> *"Quero que você suplique para que Deus lhe perdoe por não crer nas suas promessas."*

— Quero que você suplique para que Deus lhe perdoe por não crer nas suas promessas. Ele disse: "Se confessarmos os nossos pecados, ele é fiel e justo para nos perdoar os pecados e nos purificar de toda injustiça" (1Jo 1.9).[5]

Deus está sendo absolutamente sério quando fala sobre a questão do perdão. Sua promessa de se esquecer do nosso passado é exatamente isso: uma promessa sem restrições.

Essa promessa da aliança é sua e minha. Quer experimentemos o incômodo menor do pecado secreto, quer tenhamos caído em pecado mais visível e escandaloso, a mensagem de Satanás é que estamos além da capacidade ou disposição de Deus para nos perdoar pelo que fizemos. Ele sussurra que somos maus de mais para sermos perdoados, que a graça de Deus é somente para pessoas cujos pecados não são tão evidentes quanto os nossos próprios.

As boas-novas — o evangelho — são que a graça de Deus é suficiente para cobrir todo pecado por maior ou menor que seja. Quando sucumbimos

---

[5] R. C. Sproul Jr., *Believing God: twelve biblical promises Christians struggle to accept* (Lake Mary: Reformation Trust, 2009), p. 13.

*... sobre o pecado*

à tentação de acreditar que pecamos além de sua capacidade de perdoar, depreciamos a graça de Deus e o Deus de toda a graça.

Não é humildade, mas arrogância dizer ao Senhor do céu e da terra: "Certamente, você perdoa outros, mas você não pode me perdoar".

A humildade é evidenciada quando alguém se recusa a ouvir as mentiras do Acusador e descansa nas certezas do nosso Pai celestial. Ele nos prometeu perdão completo, e garantiu essa promessa por meio da morte e ressurreição de seu próprio Filho.

> *Não é humildade, mas arrogância dizer ao Senhor do céu e da terra: "Certamente, você perdoa outros, mas você não pode me perdoar".*

Ele nos chama para crermos nas boas-novas de que Jesus veio ao mundo para perdoar pecadores. Pecadores como você e eu.

## A VERDADE

Nada do que fizemos nos coloca fora do alcance do perdão completo de Deus. Nada.

**PENSE SOBRE ISTO...** *Quem dá o exemplo para o perdão? Dentro do contexto de Deus tê-lo perdoado, por que é tão importante perdoar outras pessoas?*

### 15. *"Posso manter escondido o meu pecado secreto já que ele só prejudica a mim mesmo."*

Na verdade, nessa única mentira estão contidas duas inverdades.

A primeira mentira é que você pode esconder com êxito seu pecado secreto. A segunda é que seu pecado secreto não machuca ninguém mais.

Em relação a esconder o nosso pecado, há uma história bíblica que me perseguiu desde que eu a li quando era criança. Ela produz ainda mais sensatez em mim agora como marido, pai e avô.

## UMA HISTÓRIA VERDADEIRA SOBRE UM HOMEM QUE TENTOU SE ESCONDER

Quando o sol se levantou em Jericó, Acã, da tribo de Judá, juntou-se ao resto do exército de Israel, indo atrás dos sacerdotes, que marchavam adiante da arca. Nessa manhã, os soldados marcharam em volta da cidade, não uma vez, mas sete vezes. Acã deve ter olhado para rostos que a essa altura já eram familiares — os guardas de Jericó em seus postos nas muralhas da cidade. *Todos eles*, ele pensou, *estarão mortos quando tiver anoitecido.*

Antes, Josué havia instruído os israelitas, dizendo-lhes que Deus destruiria a cidade de Jericó e, uma vez que seriam a força e o poder dele que realizariam isso, eles não deveriam levar nenhum espólio de guerra. Ele advertiu o exército de Israel de que desobedecer ao seu mandamento levaria destruição à sua própria nação (veja Josué 6).

Subitamente, Acã ouviu um som de trombeta seguido pela ordem urgente de Josué: "Gritai, porque o Senhor vos entregou a cidade" (v. 16). Todo o povo deu um alto brado, e as muralhas de Jericó se esfarelaram com um biscoito água e sal na mão de um homem.

Depois de algum tempo, quando o caos havia diminuído, posso imaginar Acã sozinho em uma casa. Passando por cima dos cadáveres, ele topou com uma cena que prendeu sua atenção — espólios da nova terra: uma bela capa dobrada sobre uma cadeira, um monte de prata, uma barra de ouro. Talvez as pessoas que moravam ali tivessem a esperança de escapar com os seus tesouros.

Acã se lembrou da advertência feita por Josué de que os espólios pertenciam ao Senhor. Qualquer homem que agisse de outro modo traria desgraça sobre si mesmo, sobre sua família e sobre todo o Israel. *Mas que desgraça poderia resultar de meramente tocar a capa e sentir o peso da prata e do ouro?*, Acã talvez tenha racionalizado.

Certamente, a peça de roupa era a mais bela que ele já tinha visto. Teria Deus dito de fato que algo tão maravilhoso quanto aquela capa deveria ser destruído? *Por que*, Acã pensou, *eu deveria privar a minha família das coisas boas que as minhas próprias mãos conquistaram?* Dando uma olhada disfarçadamente para ter certeza de que não estava sendo observado,

*... sobre o pecado*

ele embrulhou o ouro e a prata cuidadosamente nas dobras de sua capa, enfiando o pacote precioso debaixo de sua túnica e fugiu.

Obviamente, estou acrescentando alguma imaginação aqui — as Escrituras não nos dizem o que estava passando pela cabeça de Acã no momento. Mas sabemos que seu segredo não permaneceria escondido. Seus efeitos se estenderiam muito além de Acã. Sua transgressão foi exposta por meio de uma vitória assombrosa dos soldados de Ai, uma pequena cidade que era um estorvo e que o exército de Israel deveria ter derrotado facilmente. Consequentemente, vidas israelitas foram desnecessariamente perdidas.

Como mencionei, a segunda parte dessa mentira é que seu pecado secreto não prejudica ninguém mais.

Diante de um grande grupo de israelitas, Acã confessou sua desobediência. Então Josué, junto com todo o Israel, levou Acã, a prata, a capa, a barra de ouro, seus filhos e filhas, seus bois, jumentos e ovelhas, sua tenda e tudo o que ele possuía para o vale de Acor. E Josué disse: "Por que nos trouxeste desgraça? Hoje o SENHOR trará desgraça a ti" (Js 7.25).

Então com um modo público de executar os condenados por traição diante de Deus, o povo de Israel pegou grandes pedras e com elas apedrejou Acã, sua família e tudo o que pertencia a ele. Você consegue imaginar essa cena horrível? Quando todos eles estavam mortos, esmagados sob as pedras, os israelitas os queimaram. Sobre Acã eles colocaram um montão de pedras, que permaneceu ali durante muitos anos. Seu pecado não somente o levou à morte, mas também a seus familiares e aos soldados de Ai.

Acã talvez não tenha sido um homem ruim, ao menos não no início. Crescendo durante os anos da jornada dos israelitas no deserto, ele talvez até mesmo tenha imaginado como seria a vida na Terra Prometida em que ele construiria uma vida para sua família. Ele talvez tenha corrido para Jericó com plenas intenções de seguir as ordens do Senhor. Mas então surgiu uma oportunidade de fazer algo diferente. E foi nesse momento que sua determinação enfraqueceu.

A desobediência de Acã foi intensificada quando ele tentou esconder o que havia feito, enterrando os bens roubados debaixo de sua tenda. Como ele pôde achar que poderia se esconder do Deus que o havia criado, o Deus que havia partido o mar Vermelho e o rio Jordão, o Deus que havia acabado de fazer as muralhas de uma cidade fortificada desmoronar sem o uso de uma única arma contra ela? Por que Acã foi tão tolo a ponto de achar que Deus seria incapaz de perceber sua pequena trapaça?

É da natureza do pecado esconder-se. Considere sua própria experiência. Você acha difícil admitir os seus pecados aos outros? Às vezes é até mesmo difícil admiti-los a você mesmo? Você e eu podemos inventar modos engenhosos de esconder a feiura do pecado de nós mesmos e de outros, racionalizando, desculpando e até mesmo nos esquecendo das coisas erradas que fizemos. Mas a história de Acã nos conta que Deus nunca é enganado por essa tolice.[6]

> *É da natureza do pecado esconder-se.*

Há muitos anos, uma amiga da minha esposa pediu que eu visitasse a família na casa deles. Foi uma noite de que nunca me esquecerei. O marido da mulher havia sido pego em um caso de traição e havia decidido que sua amante era mais desejável do que a fiel mãe de seus filhos. Agora ele informaria os filhos de que estava saindo de casa.

Após ele tentar explicar pateticamente sua lógica para essa decisão trágica e prometer "não perder o contato", o mais novo dos meninos começou a chorar baixinho.

"Qual o problema, Kyle?", seu papai disse sem mais emoção do que teria exibido se tivesse perguntado ao seu menino por que ele estava usando uma camiseta azul e não verde.

Os lábios do menino tremeram ao responder baixinho: "Estou muito triste".

Claramente controlando as suas próprias emoções, o pai reagiu de forma impassível. Ele não disse nada.

A simples obediência à Palavra de Deus e o poder preservador de sua graça são a melhor defesa contra o pecado. Mas saber que outros que amamos serão impactados (muitas vezes profundamente) pelo que escolhemos fazer deve ser um impedimento adicional.

---

[6] Porções dessa história foram extraídas e adaptadas de Robert Wolgemuth; Ann Spangler, *Men of the Bible* (Grand Rapids: Zondervan, 2002), p. 114-5 [edição em português: *Eles: 54 homens da Bíblia que marcaram a história do povo de Deus*, tradução de Neyd Siqueira (São Paulo: Mundo Cristão, 2004)].

## TENTANDO COMPARTIMENTALIZAR O PECADO

Como homens, você e eu podemos ser peritos em compartimentalizar. As mulheres tendem a ser mais globais. Relacionais, práticas e equilibradas. Aqui está um exemplo.

Lá no fundo, sou um construtor. Quando Nancy e eu estávamos namorando, ela mencionou casualmente que, porque ela gosta muito de receber amigos para jantar (e ela faz isso muito), ela gostaria de ampliar o deque nos fundos da casa. Isso foi tudo o que precisei ouvir. Na verdade, precisei me concentrar como um cirurgião no resto da nossa conversa porque tudo o que eu conseguia imaginar e pensar era esse deque novinho em folha. "Robert, o carpinteiro focado" assumiu o controle.

Um ano depois, estávamos casados e o deque se tornou uma obsessão. Na verdade, só precisei de três semanas para ampliar essa estrutura de 45 metros quadrados para 90 metros quadrados, incluindo cavar 16 buracos para novos postes da estrutura no quintal, preparar dezenas de vigas e afixar as novas tábuas no deque. E tudo isso enquanto tinha um trabalho de tempo integral sem relação alguma com construção.

Então, como eu fiz isso? Eu não comia. E eu quase não dormia. Quando estou construindo algo com as minhas próprias mãos, fico tão obcecado por aquilo que considero comer e dormir uma completa perda de tempo. Até terminar, sou um construtor. Comer e dormir ficam para depois. Isso pode ser vantajoso para nós. Mas também pode ser uma enorme desvantagem.

Como eu transito em imagens de palavras, gostei muito do título de um livro publicado em 2007: *Men are like waffles — women are like spaghetti* [Homens são como *waffles* — mulheres são como espaguete].[7] Tenho certeza de que esse é um excelente livro, mas não o li. Não preciso. O título basta por enquanto.

Consegue perceber? Você e eu tendemos a ter pequenos compartimentos a fim de organizarmos as coisas — trabalho, ser pai, igreja, ser marido, *hobbies* e assim por diante. Nossas esposas tendem a ser conectoras

---

[7] Bill; Pam Farrel, *Men are like waffles — women are like spaghetti* (Eugene: Harvest House, 2007).

— relacionamentos, emoções, conhecimento, experiências passadas. Deu para entender?

Quando o meu amigo na história estava violando os seus votos matrimoniais, o que acabou destruindo sua família, ele tinha uma mentalidade de *waffles*. E não de espaguete. Ele estava vivendo em um compartimento criado por ele mesmo, mas isso estava errado. Suas ações estavam inseparavelmente entrelaçadas com sua família.

> Até terminar, sou um construtor. Comer e dormir ficam para depois.

Assim, ainda que ele tivesse colocado seu pequeno caso em um espaço confinado, na esperança de que ele não desembocaria em qualquer outra coisa, ele não percebeu como tudo está profundamente conectado. Espaguete, e não caixas ou *waffles*.

Quando você e eu tentamos esconder o nosso pecado ou não fazemos a coisa certa, somente aumentamos o problema se tentamos colocá-lo em um recipiente. Escondemos o nosso pecado ao nos esquecer das suas consequências inevitáveis sobre muitas outras pessoas além de nós mesmos.

O que fazemos com isso? Precisamos ir diretamente a Deus, admitir a verdade da nossa desobediência egoísta e confessar o nosso pecado, expressando a nossa tristeza e pedindo seu perdão, na certeza de que ele o dará.

> Quando você e eu tentamos esconder o nosso pecado ou não fazemos a coisa certa, somente aumentamos o problema se tentamos colocá-lo em um recipiente. Escondemos o nosso pecado ao nos esquecer das suas consequências inevitáveis sobre muitas outras pessoas além de nós mesmos.

Então, podemos ir àqueles que prejudicamos, buscando restituição e restauração. Se isso for com você, agora você sabe o que fazer.

O cenário da história está tristemente marcado com esposas e filhos de homens levianos que se recusaram a fazer essas coisas, homens que pagaram um preço elevado. Mas isso não precisa ser assim.

... *sobre o pecado*

Quem encobre suas transgressões jamais prosperará, mas quem as confessa e as abandona alcançará misericórdia (Pv 28.13).

| **A VERDADE** | Não podemos esconder os nossos pecados secretos indefinidamente. Um dia eles serão trazidos à luz. Vivemos em comunidade. Nosso casamento, nossos filhos, nossa vizinhança, nossa igreja, nosso local de trabalho... o que fazemos — bom e não tão bom assim — impacta aqueles à nossa volta. |

**PENSE SOBRE ISTO...** *Como os seus pecados impactam outras pessoas?*

## 16 *"A santidade é chata."*

Desde quando eu era menino, lembro-me de ouvir a palavra "santidade" sendo usada como um adjetivo. Por exemplo, ela modificava a palavra "acampamento", como em "Acampamento de Santidade". Esse lugar localizado em Lancaster County estava repleto de mulheres simples que exibiam vestidos folgados e nada atraentes, olhando para o céu enquanto pulavam de uma reunião para a seguinte, esboçando finos sorrisos nos lábios hermeticamente contraídos.

Quando meninos como eu tentavam fazer qualquer coisa parecida com brincadeira ou alguma "arte", nos repreendiam pigarreando a garganta ou olhando de soslaio, ou franzindo a testa.

Eu não escolhia "acampamento de santidade" entre outras opções de verão. O fato é que eu não tinha escolha. Da minha perspectiva de um menino de oito anos então, isso se aproximava de "punição cruel e atípica".

Meus anfitriões eram os meus avós paternos. Minha avó nunca teria sido pega usando qualquer coisa colorida. Preto e cinza — ou azul marinho quando ela queria "causar" — foram as únicas cores que a vimos usando. Seu marido, a quem ela chamava de "Papa", seguia-a obedientemente em tudo. Ela talvez tenha forçado um sorriso aqui e ali. Ele? Nunca.

Não havia dúvida alguma. Esse negócio de santidade era coisa séria.

> Não havia dúvida alguma. Esse negócio de santidade era coisa séria.

Obviamente, eu também estava acostumado com a palavra "santo" junto com "Bíblia", "comunhão" e a noite que é o Natal. Mas usar a palavra para designar pessoas como você e eu? A palavra não transmitia entusiasmo algum. Eu havia visto essas pessoas. Muitas delas. Não, obrigado.

## ENTÃO ISSO É SANTIDADE?

Com um senso de humor que Deus claramente tem, casei-me com uma mulher em 2015 que havia escrito um livro intitulado "Santidade: o coração que Deus purifica". Assim, santidade não é somente uma palavra que designa um acampamento enclausurado e chato; agora é o título de um dos best-sellers de Nancy! Uau!

No primeiro capítulo, Nancy fala sobre as suas primeiras experiências com o conceito.

> *Tive a bênção de crescer em uma casa em que a santidade era enfatizada e levada a sério [...] Uma das primeiras memórias da minha infância é ver a santidade e a alegria como inseparavelmente unidas.*[8]

Santidade e alegria? Bênção? É sério isso? Não sei quanto a você, mas quero um pouco disso.

Na verdade, o livro de Nancy apresenta o pai dela, Art DeMoss, um homem que nunca conheci, mas que deixou uma marca indelével em sua filha, sua esposa e seus filhos e dezenas de milhares de outras pessoas.

---

[8] Nancy Leigh DeMoss, *A Revive Our Hearts trilogy: holiness: the heart God purifies* (Chicago: Moody, 2008), p. 280 [edição em português: *Santificar-se completamente para Deus*, tradução de Bruno Guimarães Destéfani (Belo Horizonte: Betânia, 2006)].

> Antes de sua conversão com cerca de 25 anos, ele havia sido um viciado em jogos de azar em uma busca alucinada de felicidade e sensações. Quando Deus estendeu sua mão e o redimiu, seu estilo de vida mudou dramaticamente — ele não mais desejava os "tesouros" terrenos com que estava tentando preencher os vazios de seu coração. Agora ele havia encontrado "a pérola de grande valor" ausente de sua vida durante tantos anos. Ele amava a lei de Deus e nunca a considerava um fardo — ele sabia que o pecado era o real fardo, e ele nunca parou de se espantar com o fato de que Deus o havia aliviado de forma misericordiosa desse fardo por meio de Cristo.[9]

Um homem perdido, agora encontrado e novo... e buscando a santidade. Isso não é extraordinário?

## SOBRE OUTRO PAI

Quando Missy nasceu em setembro de 1971, tive o privilégio de me tornar pai. Três anos depois, isso aconteceu de novo quando Julie nasceu. Sei o que é amar as minhas filhas mais do que a própria vida. E enquanto elas cresciam, tive o privilégio de pastorear o coração delas. Todo Natal, eu escrevia uma carta às minhas filhas, afirmando o meu amor por elas e certificando-as de que estava orando por elas. Fiz o meu melhor para escrever a verdade e eu queria que elas soubessem o que importava para mim e queria que elas fossem lembradas de que coisas em que eu confiava importariam para elas. Uma carta como essa escrita àqueles que você ama é uma coisa inestimável.

Nos seus últimos anos, o apóstolo Pedro escreveu uma carta em que ele desafiou os seus amigos com honestidade e persuasão notáveis.

> Como filhos obedientes, não vos amoldeis aos desejos que tínheis em tempos passados na vossa ignorância. Mas sede vós também santos em todo vosso procedimento, assim como é santo aquele que vos chamou, pois está escrito: "sereis santos, porque eu sou santo". E andai com temor, durante o tempo da vossa peregrinação,

---

[9] Ibidem, p. 280-1.

se chamais de pai aquele que julga segundo as obras de cada um, sem discriminação de pessoas (1Pe 1.14-17).

Será que Pedro escreveu essa carta como punição a essas pessoas, ou ela foi escrita do coração de um homem que as amava profundamente e ansiava pelo melhor de Deus para elas? Sim para a segunda opção.

E ele as admoestou francamente, para o próprio bem delas, a buscar santidade diante de um Deus santo, com a mais profunda reverência e respeito? Novamente sim.

Em seu livro *A hole in our holiness*, Kevin DeYoung resume a razão para ansiarmos por ser santos:

> *Deus é o nosso Pai celestial. Ele nos adotou pela sua graça. Ele sempre amará os seus verdadeiros filhos. Mas se nós somos os seus verdadeiros filhos, também teremos enorme prazer em agradá-lo. Será o nosso deleite nos deleitarmos nele e saber que ele está se deleitando em nós.*[10]

---

**A VERDADE** | Viver uma vida santa, em dependência do poder do Espírito Santo, é algo extraordinário... é o caminho para a felicidade e a pura alegria.

---

**PENSE SOBRE ISTO...** *O que a palavra "santidade" significa para você? Você consegue pensar em razões por que a santidade pessoal importa?*

---

[10] Kevin DeYoung, *A hole in our holiness* (Wheaton: Crossway, 2014), p. 74 [edição em português: *Brecha em nossa santidade*, tradução de Eros Paquini Junior (São José dos Campos: Fiel, 2015)].

CAPÍTULO 5

## MENTIRAS EM QUE OS HOMENS ACREDITAM
# SOBRE A SEXUALIDADE

> Na época da primavera, no tempo em que os reis saem à guerra, Davi enviou Joabe, e com ele os seus servos e todo o Israel; e eles destruíram os Amonitas e sitiaram Rabá. Mas Davi ficou em Jerusalém (2Sm 11.1).

O rei respirou profundamente o ar fresco e passou seus olhos lentamente pela cidade. O sol estava começando a cair no poente, lançando longas sombras pela cidade que ele amava e sobre a qual reinava. Exceto por um canto esporádico de um pássaro e os passos arrastados de um transeunte na calçada de pedras lá embaixo, tudo estava em silêncio. Ah, como ele apreciava essas visitas no fim da tarde ao terraço do palácio.

— Isso é tudo meu — Davi murmurou para si mesmo. — Meu! — ele repetiu.

Uma luz de uma lamparina tremeluzia em uma janela abaixo dele. Seus olhos passaram rapidamente por uma janela e então voltaram para ela.

Havia alguém ali? Sim, uma mulher.

Ela estava tomando banho? De novo, sim.

Davi chamou um servo que veio rapidamente.

— Quem é aquela mulher? — o rei perguntou.

"Ela é Bate-Seba, filha de Eliã, mulher de Urias, o heteu", o servo respondeu (2Sm 11.3).

O coração de Davi começou a bater mais depressa. "Faz tanto tempo a última vez que estive com uma mulher", ele deve ter pensado consigo mesmo. "Mas ela é filha de alguém. E esposa de alguém. Não posso."

"Mas eu sou o rei", ele deve ter racionalizado. "Ninguém tem o direito de impedir que eu tenha esse prazer. Eu preciso. Eu vou".

Por um momento, houve um intenso conflito. E então ele cessou. Prazer imediato e a necessidade de o rei demonstrar seu próprio poder e importância prevaleceram.

"Assim como esta cidade, ela também será minha."

— Vá! — Davi ordenou ao seu servo. — Traga-a para mim.

Nos momentos que se sucederam entre sua ordem e a chegada da mulher em sua câmara particular, a mente do rei estava a mil. Ele sabia que o que ele estava fazendo era uma violação das ordens de Deus. Ele certamente se arrependeria disso. Mas nesse momento, isso não importava. A paixão prevaleceu.

A mulher foi conduzida à câmara do rei; os olhos dela encontraram os olhos dele; o servo curvou a cabeça e saiu.

Ele havia tomado sua decisão. Davi conhecia a lei. Ele tinha pleno conhecimento das possíveis consequências. Mas naquele momento, a lógica não importava. O desejo intenso impedia-o de pensar de forma sensata. O rei daria um jeito nisso. Ele sempre dava.

E com Davi na posição de poder e autoridade supremos, Bate-Seba dificilmente tinha outra opção.

## AS CONSEQUÊNCIAS DO ADULTÉRIO

Na manhã seguinte, Bate-Seba voltou a sua casa. Davi voltou a suas obrigações reais. Em alguns dias, o encontro talvez tenha desaparecido de sua memória.

Para o rei, havia trabalho a ser feito, guerras precisavam de sua atenção e estratégia completas. O encontro secreto foi para o fundo de sua mente.

E então veio a notícia: a mulher estava grávida.

A mente de Davi ficou agitada. Suas opções formaram uma fila única como de servos obedientes. E como ele sempre havia feito na batalha, surgiu um plano.

> Então Davi mandou dizer a Joabe: "traze-me Urias, o heteu.
> E Joabe o enviou a Davi" (2Sm 11.6).

Mas o plano do rei terminou em tragédia. Um soldado leal caiu morto no campo de batalha. Uma criança morreu. O coração do rei ficou arrasado.

Como uma tempestade que vai se armando no céu do poente, essa sequência histórica havia sido predita.

De volta no Jardim do Éden, quando Eva pegou e comeu do fruto proibido e quando Adão, consumido pela sua capacidade de racionalizar, participou junto com ela do ato, a consequência foi a morte.

> *Como uma tempestade que vai se armando no céu do poente, essa sequência histórica havia sido predita.*

> Respondeu a mulher à serpente: "do fruto das árvores do jardim podemos comer, mas do fruto da árvore que está no meio do jardim, disse Deus: 'não comereis dele, nem nele tocareis; se o fizerdes, morrereis'. Disse a serpente à mulher: 'com certeza, não morrereis'" (Gn 3.2-4).

Tragicamente, apesar dessa promessa mentirosa, eles de fato morreram. Eles morreram espiritualmente. Naquele instante, o pecado os separou de Deus.

Seus corpos? Não imediatamente, é claro. Mas pela primeira vez desde a criação, seus corpos começaram a envelhecer, a enrugar-se, a ficar cansados e doentes. E então, a morrer.

## O ADULTÉRIO ESTÁ EM TODO LUGAR

É muito difícil que você não conheça ao menos um homem que teve um caso sexual. Um marido que violou sua aliança de casamento e deitou com uma mulher que não era sua esposa.

Ou talvez você próprio tenha violado essa aliança. Se esse é o caso, você conhece a batalha que ruge em seu coração. O pânico que toma conta durante momentos de silêncio. Momentos que você faz o máximo para evitar.

Como Adão, como Davi, você entrou nisso de olhos abertos. Você racionalizou. Você desenvolveu um caso. Você desmoronou. Você sofreu. Algo morreu.

Mesmo homens que não afirmam ter convicções bíblicas experimentam essa angústia. Um artigo na internet citava homens casados explicando como é ter um caso. Um advogado de trinta e dois anos refletiu com franqueza sobre os seus arrependimentos:

> *Nunca farei isso de novo. Mas não é como se eu tivesse sofrido algum despertar ético. Viver o tempo inteiro um caso às escondidas deixa o homem louco depois de um tempo. Mesmo que você esteja passando por uma situação difícil em seu casamento, o engano pesará sobre você e isso simplesmente não acaba valendo a pena. Minhas façanhas provavelmente me mandarão para a cova uns dez anos antes do tempo. E a troco do quê? Algumas sensações baratas...?*[1]

É fácil acessar as estatísticas. Mas não precisamos desses números para saber. O adultério está em todo lugar, virtualmente e na vida real.

Como homens, você e eu entendemos essa tentação implacável de sermos infiéis. Na verdade, como se ele precisasse piorar as coisas, Jesus acrescenta uma camada de "impossível" ao seu sermão mais famoso:

"Eu, porém, vos digo", Jesus desfere um golpe diretamente no nariz de todo homem em qualquer lugar, "que todo aquele que olhar com desejo para uma mulher já cometeu adultério com ela no coração" (Mt 5.28).

É sério isso? Somente cobiçar e não fazer efetivamente qualquer coisa? Culpado.

Mas por que Deus colocaria no nosso corpo um impulso tão insaciável que precisa ser contido? Um apetite tão comum e forte com a capacidade de

---

[1] Melanie Berliet, "15 married men who cheated reveal what it's like to have an affair" ["15 homens que traíram a mulher revelam como é ter um caso extraconjugal"], *Thought Catalog*, 8 de julho de 2015, disponível em: www.thoughtcatalog.com/melanie-berliet/2015/07/15-married-men-who-cheated-reveal-what-its-like-to-have-an-affair, acesso em: 25 fev. 2020.

*... sobre a sexualidade*

levar até mesmo os homens mais admirados — até mesmo homens cristãos — à derrota mais terrível e à humilhação pública. Por que ele faria isso?

Isso é uma piada cruel? Talvez pareça como se ele nos entregasse uma granada sem o pino e nos dissesse para prosseguir.

No início da minha carreira, tive o privilégio de servir em um ministério de jovens. Todo verão, patrocinávamos uma experiência de acampamento para centenas de adolescentes. Faziam parte disso as coisas típicas como andar a cavalo, andar de barco, tradições em volta da fogueira... e seminários com temas específicos. Durante muitos anos, ministrei o seminário sobre sexualidade. Adivinhe se comparecia muita gente. Isso mesmo. Lotava todas as vezes.

Como recém-casado, eu tinha toda a informação de que precisava para falar sobre isso com alguma credibilidade. As adolescentes que compareciam amavam a sessão. Elas diziam "uou" e "ah" quando eu falava sobre romance, sexo, bebês e a alegria de me tornar pai.

Os rapazes pareciam panelas de pressão, sentados com caras calmas, mas com vapor saindo pelas orelhas. Esses são os garotos — anos atrás, antes da chegada da internet e do acesso imediato a tudo o que um rapaz queira saber sobre esse assunto — que iam direto para o capítulo sobre reprodução em seu livro de biologia. Não os julgue. Você também fez isso. Na verdade, você talvez tenha ido direto para o capítulo sobre sexualidade neste livro, "somente para ficar mais informado".

> *É fácil acessar as estatísticas. Mas não precisamos desses números para saber. O adultério está em todo lugar, virtualmente e na vida real.*

Mas novamente pergunto: "Por quê? Por que Deus colocaria esse impulso quase irrefreável dentro de nós?".

Deve haver uma boa razão. Na verdade, acho que talvez eu tenha uma metáfora que funcione.

O mecanismo de combustão interna.

Por ser tão comum, podemos nos esquecer de quão explosiva e perigosa é a gasolina. Na verdade, apenas alguns dias antes de escrever estas palavras, o motorista de um caminhão-tanque em Karachi, no Paquistão, perdeu o controle de seu veículo e foi parar em uma vala.

Rapidamente formou-se uma multidão. Usando recipientes improvisados, as pessoas começaram a recolher parte do combustível valioso que estava vazando do caminhão tombado. Testemunhas relataram que um dos transeuntes acendeu um cigarro. E em um instante, a cena inteira se transformou em uma enorme bola de fogo. Mais de 150 pessoas morreram. Foram incineradas imediatamente. Muito mais pessoas, que estavam a uma distância significativa, ficaram severamente queimadas.

É incrível que exatamente a mesma coisa acontece quando você e eu giramos a chave de ignição — ou apertamos o botão de ignição — no nosso carro. Mas, felizmente, essa explosão acontece sob circunstâncias controladas e seguras, dentro dos limites de quase 300 quilos de aço no bloco do nosso motor.

> *Mas felizmente, essa explosão acontece sob circunstâncias controladas e seguras, dentro dos limites de quase 300 quilos de aço no bloco do nosso motor.*

Sem essa explosão, ficaríamos sentados sem sair do lugar e esperando em vão na nossa garagem.

Tendo em mente um propósito divino, Deus colocou em você e em mim esse desejo quase insaciável.[2]

Ao longo dos séculos, os homens usaram esse poder potencialmente letal e conquistaram territórios inexplorados. Eles escalaram montanhas, percorrem trilhas perigosas, derrotaram inimigos cruéis, subjugando-os. Os homens cortejaram mulheres relutantes atraindo-as para seus braços... levando-as ao altar.

Usando essa paixão e esse impulso instituídos por Deus — essa energia —, o Criador colocou no nosso coração e mente um potencial incrível para o serviço, a liderança, a grandeza, a integridade, a disciplina... e, sim, a humildade.

Este capítulo tratará dessa força sexual, desse ímpeto de energia, que, quando expressada sob seu controle, pode nos capacitar para coisas grandes

---

[2] É mais do que clichê dizer que o impulso para o sexo nos homens é em geral mais forte do que nas mulheres. Isso é verdade. Veja: www.webmd.com/sex/features/sex-drive-how-do--men-women-compare#1, acesso em: 25 fev. 2020.

em nome do Senhor. E que, quando usada de forma errada ou quando é abusada ou realizada secretamente, explodirá em um massacre letal.

Esse poder dado por Deus pode — e vai — destronar homens de todo tipo, incluindo pregadores e reis, ou estimulá-los a realizar atos de grandeza histórica.

## 17 "Um pouco de pornografia não faz mal."

Quando a minha irmã, Ruth, era pequenininha, os pais dela (os meus também) decidiram que ela não precisava experimentar docinhos. "Por que fazer com que ela comece a comer açúcar?", eles devem ter decidido. Ruth não fazia ideia do que ela estava perdendo. Até uma senhora simpática na igreja — da qual meu pai era o pastor — lhe dar uma balinha. A pequena Ruth ficou andando com a balinha em sua mãozinha como se fosse um brinquedo. Mas foi impossível a balinha não grudar em sua mão e ela a lamber.

A cara de Ruth deve ter sido de perplexidade. E felicidade. E é compreensível que tenha ficado bastante chateada com os seus pais por impedirem que ela tivesse o prazer de comer docinhos. Meus irmãos e eu rimos quando a mamãe nos contou essa história.

A primeira vez que vi pornografia aconteceu em um quarto perto do meu no dormitório da faculdade. Vários homens estavam amontoados em volta de uma revista, que exibia fotos de mulheres nuas. Uma até mesmo tinha um casal tendo relações sexuais.

Isso aconteceu em 1965, mais de meio século atrás, e ainda consigo "ver" essas imagens.

Talvez você tenha uma história sobre sua "primeira vez". Aquele gostinho inesquecível.

E como a minha irmã e as balinhas, um gostinho nunca é suficiente. Nunca. Ele sempre leva a um apetite por mais. Sempre.

E, graças à internet, a história de eu precisar andar até um quarto vizinho para ver pornografia mudou. Considere estes fatos:

- Americanos gastam mais de três horas em seu smartphone todo dia.[3]

---

[3] Lauryn Chamberlain, "US mobile usage in 2017: stats you need to know", GeoMarketing, 16 de fevereiro de 2017, disponível em: www.geomarketing.com/us-mobile-usage-in-2017--stats-you-need-to-know, acesso em: 25 fev. 2020.

- Uma variedade de aplicativos é usada para facilitar encontros sexuais entre estranhos.
- O pastor e autor Levi Lusko diz: "A pornografia se tornou um problema tão grave que meninos com apenas doze anos de idade são enviados a acampamentos para ficarem lá por um tempo para serem desintoxicados da pornografia. Um adolescente inscrito em uma dessas organizações disse que ele assistia à pornografia nove horas por dia em seu videogame.[4]

O uso de pornografia é pandêmico. E não é somente um problema "lá fora" no mundo. Na verdade, cerca de dois terços dos homens cristãos assistem à pornografia ao menos uma vez por mês, que é a mesma frequência de homens que não afirmam ser cristãos.[5]

Então, o que diríamos sobre a tentação da pornografia? Que tal essa forte admoestação do apóstolo Paulo:

> *E como a minha irmã e as balinhas, um gostinho nunca é suficiente. Nunca. Ele sempre leva a um apetite por mais. Sempre.*

Fixem os seus pensamentos em tudo o que é verdadeiro, tudo o que é honesto, tudo o que é correto, tudo o que é puro, tudo o que é amável, tudo o que é admirável. Pensem em coisas que são excelentes e dignas de louvor (Fp 4.8, NLT).

## AUTOSSATISFAÇÃO

De volta ao jardim do Éden, quando Adão deu uma mordida no fruto proibido, ele sabia exatamente o que estava fazendo. É provável que em sua lógica ele tenha imaginado que daria um jeito nisso depois. Algum dia ele aumentaria seu autocontrole e superaria isso. Algum dia.

---

[4] Levi Lusko, *Swipe right: the life-and-death power of sex and romance*.

[5] Nancy R. Pearcey, *Love thy body: answering hard questions about life and sexuality* (Grand Rapids: Baker, 2018), p. 11. Sua fonte: Leonardo Blair, "Nearly two-thirds of Christian men watch pornography monthly: they are watching at the same rate as secular men, says study", *The Christian Post*, 27 de agosto de 2014.

Tragicamente, você e eu ainda vivemos com essa fantasia vazia de algum dia. "Algum dia" nunca chegou.

Antes de me mudar para Michigan em 2015, morei em Orlando durante quase seis anos. Durante esse período, minha falecida esposa e eu visitamos Walt Disney World e Universal Studios muitas vezes. Esses parques temáticos prometem experiências de encanto e fascínio. E para a maioria dos milhões que o visita todos os anos, as promessas são cumpridas e, por isso, os clientes sempre voltam.

Naqueles anos, houve algo que eu nunca vi. Nem uma única vez. Nunca vi ninguém — novo ou velho — visitando um desses parques ou as centenas de outras "atrações" extraordinárias da Flórida central *sozinho*. Ninguém — ao menos ninguém que vi — foi a esses lugares sozinho. Eu também nunca fui lá sozinho. Por que isso é verdade? Você sabe a resposta, não sabe? O êxtase que você experimenta sozinho não tem graça alguma.

Por exemplo, a euforia intensa que os homens experimentam durante a masturbação é breve. Sim, ela pode até ser agradável no momento. E, por definição, a masturbação é algo que os homens fazem sozinhos. Mas, em comparação com o ato sexual com uma esposa que você ama, o êxtase que você experimenta sozinho é vazio. Na verdade, você pode acabar pensando coisas horríveis no momento. Uma ereção não tem consciência.

Agora mesmo, enquanto você lê este capítulo e, supostamente, está alerta, você acha que seria um bom momento para tomar uma decisão quanto ao que você assiste e o que fazer com o que você assiste? Você talvez precise de um pastor experiente ou conselheiro profissional para ajudá-lo a chegar lá. Mas mesmo a simples decisão de obter ajuda é seu primeiro passo para a cura desse vício poderoso.[6] Essa decisão corajosa ajudará você a lidar com sua atração insaciável pela pornografia.

Interromper a nossa atração pela pornografia não é simplesmente a experiência chata de escolher uma vida monástica de clausura. Não estamos enfiando as unhas na nossa gengiva em um ato de automortificação com um sentimento de orgulho porque derrotamos um inimigo traiçoeiro.

---

[6]Se você não luta contra a pornografia, é quase uma certeza que há um amigo em sua vida que luta. Essa admoestação talvez não seja para você, mas para esse outro sujeito.

Não, não estamos deixando para trás algo perigoso sem alguma coisa de valor para tomar seu lugar. "Guardar-se" para sua esposa é um investimento com enorme retorno, que vale a pena. Quando um homem deixa a pornografia, não há arrependimento por ter perdido algo extraordinário.

A pornografia — e o ato que ela nos leva a cometer — é um substituto artificial de algo muito mais poderoso. Para um homem casado, Deus dá um prazer que torna a autossatisfação tão empolgante quanto cavalgar um pônei de plástico em um *shopping center* se comparado com andar em uma montanha-russa incrível em um grande parque de diversões.[7]

> *"Guardar-se" para sua esposa é um investimento com enorme retorno, que vale a pena.*

A expressão sexual compartilhada no contexto de um casamento centrado em Cristo e monogâmico é fantástica. Eufórica. Melhor do que qualquer coisa que poderíamos chegar a fazer sozinhos. Por quê? Porque o sexo é um presente que você está dando à sua esposa. Aí não se trata primordialmente de você. Isso é real. É verdadeiro. Vale a pena trocar a autossatisfação por algo melhor.[8]

A intimidade de um relacionamento com Cristo para um homem solteiro, que concentra sua energia em agradá-lo e servir aos outros, preenche o vácuo da intimidade sexual não expressa de um modo amável e poderoso.

Tenho um amigo cristão que, por causa de um desafio de um palestrante em uma conferência sobre casamento, confessou seu vício em pornografia à sua esposa. Os anos seguintes foram difíceis para esse casal. Muitas sessões com um conselheiro de Deus e a aceitação tanto do pecado como da dádiva

---

[7] Stephen Harding, "Take an insane plunge on the world's tallest roller coaster in virtual reality," *USA Today*, 10 de novembro de 2016, disponível em: www.usatoday.com/story/news/nation-now/2016/11/10/take-insane-plungeworlds-tallest-roller-coaster-virtual-reality/93587402/, acesso em: 25 fev. 2020.

[8] Lido com isso mais detalhadamente no meu livro: *Like the Shepherd: leading your marriage with love and grace* [Como o pastor: conduzindo o seu casamento com amor e graça]. O capítulo 7 tem o título: "A shepherd satisfies his sheep" [O pastor satisfaz sua ovelha]. Aí você terá mais informações sobre como pode tornar a experiência sexual de sua esposa tão satisfatória quanto a sua.

da graça de Deus libertaram, aos poucos, aquele marido e sua esposa das ruínas e consequências desse terrível vício.

Hoje esse casal tem um ministério anônimo de grande impacto para casais que estão enfrentando o mesmo terror. Sua história é uma prova de tudo de que falamos neste capítulo. Se essa é sua história, o mesmo pode se aplicar a você e sua esposa.

Para um homem casado, quer acesse pornografia e se masturbe ou viva em um relacionamento adúltero, essas coisas são denominadas corretamente de imoralidade sexual. E a "imoralidade sexual corta as asas que nos levam ao prazer mais elevado, rico e duradouro".[9]

> *Para um homem solteiro, a intimidade de um relacionamento com Cristo que concentra sua energia em agradá-lo e servir aos outros preenche o vácuo da intimidade sexual não expressa de um modo amável e poderoso.*

Essa é a realidade nua e crua. Palavras francas de um amigo. Como um veneno, todos os tipos de pornografia são devastadores ao seu coração.

| **A VERDADE** | A pornografia é mortal. Para um homem casado, ela é adultério virtual. A intimidade com Cristo e a expressão sexual no contexto do casamento monogâmico oferecem uma satisfação muito maior. |
|---|---|

**PENSE SOBRE ISTO...** *Você conhece alguém que está preso na teia terrível da pornografia? Você está? O que isso está fazendo a ele? A você? Você consegue pensar em alguma boa razão para que esse sujeito — ou você — não interrompa isso agora mesmo?*

---

[9] John Piper, "Husband, lift up your eyes", Desiring God, 10 de julho de 2017, disponível em: www.desiringgod.org/articles/husband-lift-up-your-eyes, acesso em: 25 fev. 2020.

## 18 "*O que minha esposa não sabe não a machuca.*"

— Podemos almoçar? — Meu amigo havia acabado de me ligar sem aviso prévio. — Faz tanto tempo — ele acrescentou.

Alguns dias depois, encontramo-nos no nosso restaurante mexicano favorito. Almoçar com aquele sujeito era sempre divertido. Mas infelizmente, dessa vez não foi.

"Patrick" tinha uma empresa de software de computador extremamente próspera. E ele havia acabado de abrir uma loja de roupas masculinas na nossa cidade ("só pela diversão da coisa"). Eu estava ansioso para saber como as coisas estavam indo — especialmente esse novo empreendimento.

Mas Patrick não queria falar sobre paletós e gravatas e camisas sociais. Estava claro que algo o perturbava.

— Não quero falar sobre roupas — ele disse. E após alguns minutos de silêncio, foi direto ao ponto, com os olhos encharcados de lágrimas:
— Estou tendo um caso.

— Sandra sabe? — eu perguntei.

— Ela não faz a menor ideia — ele respondeu.

> *— Estou tendo um caso — ele disse, com os olhos encharcados de lágrimas.*

Aos poucos, Patrick explicou a história. A mulher era uma colega de trabalho. Inteligente, falava bem, era bonita e bem casada. Mas Patrick ainda amava sua esposa e seus filhos. E, em seu coração, ele realmente queria fazer a coisa certa.

Patrick sabia que ele não tinha outra opção senão contar à esposa. Eu o encorajei em sua decisão de confessar o caso a Sandra. E me ofereci para ir junto com ele. Ele concordou.

### GUARDANDO SEU CORAÇÃO

A questão central aqui com respeito à tentação sexual é a condição do nosso coração.

"Acima de tudo o que se deve guardar, guarda o teu coração", assim advertiu um pai preocupado seu jovem filho adulto, "porque ele determina o curso de sua vida" (Pv 4.23, NLT).

Há muitos anos, eu tinha um amigo que tomou a equivocada decisão de sentar-se em um bar de hotel e ficar ali até tarde da noite. Esse homem nunca tinha sido infiel à esposa. Mas após algumas bebidas a mais, começou uma conversa com uma mulher que se estendeu até de madrugada.

Antes de irem para os seus quartos individuais, eles trocaram números de celular. Quando ele voltou da viagem, meu amigo me contou tudo sobre a mulher.

— Nada ruim aconteceu — ele disse, defendendo-se cautelosamente.
— Mas trocamos números de telefone — acrescentou.

Lembro-me dessa conversa como se tivesse acontecido semana passada. Meu amigo e eu estávamos no escritório dele. Ele estava atrás de sua mesa; eu estava de pé na frente dele. E eu lhe falei do modo mais amoroso e direto possível.

— Guarde seu coração — supliquei a ele. — Guarde seu coração.

> — Guarde seu coração — supliquei a ele. — Guarde seu coração.

## NA SAÚDE E NA DOENÇA

Você e sua esposa talvez tenham escrito os seus próprios votos de casamento. Ou vocês talvez tenham usado uma fonte contemporânea. Mas você se lembrará de que os votos de casamento tradicionais incluíam "na saúde e na doença".

Quando você está escondendo um segredo de sua esposa, isso é classificado como "na doença". Você sente isso no fundo de seu ser. Isso não o deixa dormir. Ou isso impacta sua alimentação — alguns sujeitos comem demais, outros quase não comem. Alguns se inscrevem em uma academia e se tornam obcecados por músculos "bombados". Um sujeito que eu conhecia, com um corpo que lembrava um peixe-boi encalhado na praia, inscreveu-se em uma prova de triatlo enquanto estava traindo sua mulher. Insano. O que é certo, no entanto, é que a situação na qual você está se metendo terá impacto sobre você. Isso é inevitável.

Ter segredos é como estar em pé na água até o peito, tentando segurar uma bola de praia debaixo da água. Você precisará das duas mãos e muita energia. Mas a lei da física acabará ganhando. Sua energia acabará e a bola saltará pela superfície. Você será pego.

Jesus falou sobre coisas ocultas de modo totalmente claro:

> Nada há encoberto que não venha a ser revelado, nem escondido que não venha a ser conhecido. Pois tudo o que dissestes no escuro será ouvido em plena luz; e o que falastes sussurrando em casa será proclamado dos telhados (Lc 12.3).

No contexto de esconder segredos da minha esposa, essa passagem me dá calafrios. O que estou escondendo se tornará de conhecimento comum, não somente para ela, mas também para todos. Alguma hora. Um dia, essas coisas secretas se tornarão manchetes que todos lerão. Minhas boas escolhas são (1) não empurrar a bola de praia para dentro da água para começo de conversa — não ter o segredo — ou (2) se tenho algo para dizer a ela, deixar isso vir à tona suavemente sob condições controladas o mais rapidamente possível.

"Querida, podemos conversar hoje à noite", você pode dizer-lhe. "Há algo realmente importante que preciso compartilhar com você."

E então você se senta com ela e abre seu coração. Você a assegura de que tratou o assunto com o Senhor. Você se arrependeu e ele concedeu perdão. E agora você quer contar para ela e está disposto a encarar as consequências, não importa quais sejam.

A situação com Patrick e Sandra começou com aquela conversa difícil entre eles... a qual eu testemunhei. Na verdade, Sandra ficou tão abalada pela traição de sua confiança que pediu a Patrick saísse de casa. Ele atendeu ao pedido dela, prometendo-lhe que

*Ter segredos é como estar em pé na água até o peito, tentando segurar uma bola de praia debaixo da água. Você precisará das duas mãos e muita energia. Mas a física acabará ganhando. Sua energia acabará e a bola saltará pela superfície. Você será pego.*

faria tudo ao seu alcance para restaurar sua confiança nele. Ele prometeu interromper qualquer contato, até mesmo profissional, com a mulher.

Depois de várias semanas, quando Sandra viu a determinação de Patrick, ela o convidou a voltar para casa. Nós três nos encontramos semanalmente durante vários meses para conversar sobre como restaurar o casamento de Patrick e Sandra, especialmente a confiança dela nele.

A última vez que estive com eles foi em um jantar. Perguntei como eles estavam. Eles deram as mãos sobre a mesa, olharam com carinho um para o outro, sorriram e disseram que estavam muito bem. Acreditei neles.

| **A VERDADE** | Um relacionamento honesto, aberto e transparente com a minha esposa será doce... fará valer a pena tudo o que for necessário para chegar lá. |
|---|---|

**PENSE SOBRE ISTO...** *Você está escondendo alguma coisa de sua esposa? Quando você vai abrir seu coração para ela?*

### 19. *"Se sinto atração por pessoas do mesmo sexo, devo buscar um relacionamento com alguém do mesmo sexo."*

A revolução sexual dos últimos cinquenta anos ganhou força e se espalhou pelo mundo ocidental com o ímpeto de um tsunami. Fundamentos morais que antes pressupúnhamos inalteráveis mudaram e desapareceram quase na totalidade em uma velocidade vertiginosa. Em nenhuma esfera isso é mais verdadeiro do que em relação à questão da homossexualidade.

O resultado é uma expectativa cultural profundamente arraigada e é também, de forma crescente, a imposição legal do Estado de que a prática homossexual deva ser abraçada em toda a sociedade como normativa e aceitável. Sugerir que essa conduta não é natural, e que não está no melhor interesse do florescimento humano, e que vai contra o bom plano de Deus é revelar-se como o pior tipo de estúpido e intolerante.

Até mesmo um número crescente daqueles que professam conhecer a Cristo agora aceitam, celebram e defendem relacionamentos entre pessoas do mesmo sexo, afirmando que essa posição está de acordo com a Palavra de Deus — e no "lado certo da história".

Essa mudança é impulsionada por duas afirmações confusas. Em primeiro lugar, que a sexualidade é fluida, mutável, amorfa e, em segundo lugar, que ela é fixa, imutável, inata. Alguns insistem: "Posso ser o que eu quiser ser", enquanto outros insistem: "Preciso ser o que sou". Nos dois casos, a conclusão é: "Não tenho nada do que me sentir culpado".

> *Alguns insistem: "Posso ser o que eu quiser ser", enquanto outros insistem: "Preciso ser o que sou." Nos dois casos, a conclusão é: "Não tenho nada do que me sentir culpado".*

E essas não são somente questões teóricas e hipotéticas com que *outros* precisam lidar. Você quase certamente conhece indivíduos em seu círculo familiar e de amigos que se identificam como gays ou lésbicas — talvez de forma aberta e segura ou, inversamente, sentindo-se intimidados e envergonhados demais para pedir ajuda. Você talvez conheça outros que sinceramente amam a Cristo, mas lutam com a atração por pessoas do mesmo sexo e escolhem a abstinência sexual.

Ou... talvez você mesmo seja um desses indivíduos. Você talvez esteja em um relacionamento com uma pessoa do mesmo sexo; ou talvez você se sinta impotentemente intimidado e profundamente envergonhado de escolhas que você fez que em seu íntimo você sabe serem erradas; ou talvez você esteja lutando para praticar uma moral bíblica que não parece natural ou possível.

Seja como for, de um modo ou de outro, todo homem enfrenta perguntas e confusões que existem em excesso nessa arena. Certamente, o Inimigo teve êxito em enganar muitas pessoas na nossa geração sobre a natureza de paixões, envolvimento sexual e casamentos homossexuais.

Ele vendeu a mentira de que a nossa prática sexual é uma questão de escolha pessoal ou de orientação inata e congênita sobre a qual não temos controle algum.

Está fora do escopo deste livro elucidar e tratar das várias correntes e questões diferentes relacionadas a esse tema.

Mas como ponto de partida no calor e no redemoinho do debate cultural, aqueles de nós que conhecem a Cristo e confiam em sua Palavra podem ancorar seu coração em duas afirmações que sabemos serem verdadeiras:

- Os caminhos de Deus não são somente certos; eles também são bons. E ele deseja e tomou provisões para o bem supremo — *summa bonum* — para todas as suas criaturas.
- Deus é Deus, e nós não somos. Como o Criador e Planejador da raça humana, ele não somente é o único que pode escrever o manual do fabricante sobre como devemos funcionar. Ele é o Oleiro, e nós somos o barro. Não estamos na posição de lhe dizer como queremos ser feitos ou ficar revoltados com os seus caminhos — ou mesmo resistir a eles — quando eles não correspondem aos nossos.

## NASCIDO ASSIM

Talvez nunca sejamos capazes de esclarecer o mistério se a atração homossexual vem da natureza ou do ambiente ou de alguma combinação das duas coisas. O fato é que vivemos em um mundo caído e imperfeito em que *todos* nós estamos inclinados a atrações e afeições desordenadas. Há coisas que gostaríamos de ser e fazer e ter que vão contra o que ele nos criou para ser, fazer e ter.

Além disso, todos nascemos com uma propensão natural a fazer as coisas do nosso jeito e conduzir a nossa vida independentemente da instrução do nosso Criador. Outro modo de dizer isso é que nascemos em pecado.

> *Vivemos em um mundo caído e imperfeito em que todos nós estamos inclinados a atrações e afeições desordenadas.*

Mas a nossa propensão a qualquer tipo de pecado não é uma desculpa para pecar. Você e eu somos responsáveis pelo que fazemos. Deus nos considera responsáveis pelas escolhas que fazemos.

O capítulo inicial e fundacional da Palavra de Deus revela que ele criou a raça humana, à sua própria imagem, com dois gêneros diferentes: "homem e mulher os criou" (Gn 1.27). Sob todo aspecto, os dois eram apropriados um para o outro, um combinando com o outro:

> E Deus viu tudo quanto fizera, e era muito bom (Gn 1.31).

Toda a Escritura deixa claro que ele criou o homem e a mulher para funcionarem de modo complementar e que reflitam a diversidade e a intimidade na Trindade.

A verdadeira liberdade não é a ausência de limites e a liberdade para satisfazer e realizar os nossos apetites, desejos e inclinações mais baixos. Em vez disso, a verdadeira liberdade é o fruto de nos submetermos humildemente ao seu plano.

Nosso inimigo promete enganosamente despreocupação e prazer hedonistas àqueles que preferem sua palavra à de Deus. Mas o caminho para a bênção — paz, alegria, satisfação, bem-estar e contentamento — é dizer *sim* ao nosso Criador. Sua graça permitirá que sejamos e façamos e desejemos e tenhamos tudo o que ele ordenou como santo e bom.

Isso não significa que não haverá mais lutas. Christopher Yuan era um agnóstico, mas agora ensina a Bíblia a estudantes universitários. Ele explica:

> *Então, a pergunta é: se eu continuo tendo esses sentimentos que não pedi nem escolhi, ainda assim estarei disposto a seguir a Cristo de modo incondicional? A minha obediência a Cristo é dependente de ele responder às minhas orações como quero? A fidelidade de Deus*

> *é provada não pela eliminação das dificuldades, mas pela condução dele ao passarmos por elas. Mudança não é a ausência de lutas; mudança é a liberdade de escolher a santidade em meio às nossas lutas. Entendi que a questão suprema precisa ser que eu anseie por Deus em entrega total e obediência completa.*[10]

Nosso mundo e a humanidade inteira são caídos e estão destruídos. Isso inclui você e eu. As coisas nem sempre funcionam como deveriam. Nossos desejos e inclinações naturais nem sempre estão de acordo com a boa ordem criada de Deus. Nosso Deus Criador está redimindo este planeta pródigo e está fazendo novas todas as coisas — incluindo você e eu.

> *Nosso Deus Criador está redimindo este planeta pródigo e está fazendo novas todas as coisas — incluindo você e eu.*

Rosaria Butterfield cresceu em uma família de "não cristãos convictos". Formou-se professora de inglês universitária e exerceu uma carreira estável por um bom tempo enquanto vivia com sua parceira lésbica. Entretanto, de um modo que a transformou profundamente, sua vida foi invadida pelo evangelho e pela pessoa de Cristo. Ela escreve:

> *Minhas mãos soltaram o volante da autoinvenção. Fui a Jesus sozinha, de mãos vazias e despida. Eu não tinha dignidade alguma sobre a qual pudesse me apoiar. Como defensora da paz e justiça, eu achava que estava do lado da bondade, integridade e preocupação. Foi, assim, uma revelação esmagadora descobrir: era Jesus que eu havia perseguido o tempo inteiro — e não somente alguma figura histórica chamada Jesus, mas o meu Jesus, meu profeta, meu sacerdote, meu rei, meu salvador, meu redentor, meu amigo. Esse Jesus.*[11]

E esse precisa ser o nosso desejo para aqueles presos (seja voluntariamente, seja relutantemente) na conduta pecaminosa da homossexualidade

---

[10] Christopher Yuan, *Out of a far country: a gay son's journey to God; a broken mother's search for hope* (Colorado Springs: Waterbrook, 2011), p. 188-9.

[11] Rosaria Champagne Butterfield, *Openness unhindered* (Pittsburgh: Crown & Covenant Publications, 2015), p. 26-7.

ou qualquer outro tipo de pecado sexual: que eles "soltem o volante da autoinvenção" e encontrem liberdade e plenitude por meio de um encontro com Cristo.

Seja qual for o pecado com o qual eu e você talvez estejamos lutando, quando o reconhecemos, arrependemo-nos dele e o abandonamos, podemos ser renovados por meio do poder do evangelho.

> Não vos enganeis: nem imorais, nem idólatras, nem adúlteros, nem os que se submetem a práticas homossexuais, nem os que as procuram, nem ladrões, nem avarentos, nem bêbados, nem caluniadores, nem os que cometem fraudes herdarão o reino de Deus. Alguns de vós éreis assim. Mas fostes lavados, santificados e justificados em nome do Senhor Jesus Cristo e no Espírito do nosso Deus (1Co 6.9-11).

Se você ou alguém que você ama está preso na armadilha da homossexualidade, há esperança. Não seremos purificados se negarmos o nosso pecado, nem se justificarmos o nosso pecado, mas se o confessarmos e o deixarmos.

| **A VERDADE** | A ordem criada para os homens, mulheres e a sexualidade humana é certa e boa. Quando aceitamos o caminho dele, arrependemo-nos de fazer as coisas do nosso jeito e descansamos em Cristo, encontramos perdão e o poder para viver de acordo com seu plano. |

**PENSE SOBRE ISTO...** *A ordem de Deus com respeito à sexualidade é para o nosso próprio bem. Você está disposto a defender essa verdade de forma amorosa e graciosa?*

... *sobre a sexualidade*

## 20 *"Tenho necessidades sexuais que a minha esposa não pode satisfazer."*

Embora as pessoas tenham acreditado nessa mentira por séculos, ela foi ampliada na nossa era da Madison Avenue e da internet.

Por exemplo, na página inicial do meu site de notícias preferido, acabei de ser convidado a ver um vídeo do SUV novinho em folha da Bentley. O nome dele é Bentayga e está sendo anunciado a 231 mil dólares. O vídeo mostra esse carro e alguns de seus irmãos e irmãs perfeitamente limpos atravessando uma lama na altura da canela. Meio difícil.

Seja como for, graças a essa promoção, agora estou tentado a acreditar que "tenho necessidades automotivas que o veículo atualmente na minha garagem não pode satisfazer".

Mais um exemplo. Em 2017, o queniano Geoffrey Kirui venceu a Maratona de Boston em 2 horas, 9 minutos e 37 segundos. O vídeo das últimas dezenas de metros mostra Kirui sorrindo e acenando para a multidão como se ele estivesse desfilando em um carro alegórico na Rose Parade. Isso depois de cravar 35 quilômetros consecutivos abaixo de seis minutos cada.

> *A internet e a mídia em geral estimulam a comparação e a insatisfação e aumentam a nossa sensação de precisar de algo que não temos.*

Se eu não tivesse acesso a essa notícia, eu não saberia nada sobre isso. Mas eu sei.

Logo, a tentação de acreditar: "Tenho necessidades atléticas que as minhas pernas, perseverança e condição atuais não podem satisfazer".

Voltemos à presente mentira: "Tenho necessidades sexuais que a minha esposa não pode satisfazer".

E como sabemos sobre essas "necessidades"? Mais uma vez, a internet e a mídia em geral estimulam a comparação e a insatisfação e aumentam a nossa sensação de precisar de algo que não temos. Uma vez que você e eu temos acesso a isto, podemos ver rotineiramente mulheres com corpos mais atraentes e glamorosos do que o corpo da nossa esposa, e com pouquíssima roupa.

E nem mesmo faz diferença se chegamos a vê-las fazendo algo sexual. Nossos pensamentos voam nessa direção depois que a impressão foi incrustada no nosso cérebro.

Um artigo em *Psychology Today* revela esse fato. "É essencial notar que a literatura que estuda especificamente padrões de excitação masculina [...] enfatizou repetidamente a sensibilidade dos homens a sugestões visuais. Logo que a imagem que inspira luxúria é captada pelo seu cérebro, eles ficam excitados — não somente fisicamente, mas também psicologicamente."[12]

Então é isso. Você e eu podemos ser completamente estimulados pelos nossos olhos e por nossa imaginação. Mas, sejamos francos, nem precisávamos ler sobre isso para acreditar nisso, não é mesmo?

## SEXUALIDADE ADULTA

Talvez você seja casado, talvez seja solteiro. Talvez tenha filhos, talvez não. Mas, visto que sou casado e tenho filhas e netos, usarei um exemplo da minha vida como ilustração de algo importante sobre os nossos desejos sexuais.

Quando as minhas filhas nasceram, tornou-se imediatamente claro para mim e para Bobbie, minha falecida esposa, que aquelas criaturinhas eram muito egoístas. O fato de seus pais estarem completamente exaustos e sem dormir não fazia diferença alguma para elas. Se elas estavam com fome ou com calor ou com frio ou sua fralda estava cheia ou molhada, elas queriam ajuda imediata.

À medida que elas cresceram, Missy e Julie aprenderam que nem tudo no universo girava ao redor delas. Elas começaram a experimentar a alegria — até mesmo a diversão — de servir outras pessoas. Como pai delas, quando eu as via sendo bondosas com alguém ou ajudando alguém, eu fazia o máximo para elogiá-las por isso.

Assim, para essas mulheres, "crescer" significou aprender a experimentar o prazer de servir e não ser servido, como Jesus já havia dito.

---

[12] Leon F. Seltzer, "The triggers of sexual desire: men vs. women", *Psychology Today*, 11 de maio de 2012, disponível em: www.psychologytoday.com/us/blog/evolution-the-self/201205/the-triggers-sexual-desire-men-vs-women, acesso em: 25 fev. 2020.

*... sobre a sexualidade*

Como acontece com todo noivo, a expectativa da minha noite de núpcias estava à flor da pele. Essa seria a minha primeira experiência sexual. E, francamente, foi basicamente a minha experiência sexual. Minha esposa satisfazendo as minhas necessidades.

Bobbie e eu fomos casados por mais de quarenta e quatro anos. E eu diria que o nosso relacionamento sexual era agradável. Mas, desde a nossa primeira noite juntos em um quarto de hotel e ao longo das quatro décadas seguintes, minhas necessidades sexuais mudaram gradualmente. Digamos que elas amadureceram.

Como um bebê recém-nascido, a minha experiência inicial foi bastante egoísta. Tratava-se ali primordialmente do meu prazer... físico *e* visual. Mas durante aquelas décadas nós — essencialmente, Bobby — passamos por duas gravidezes. Ela teve duas cirurgias nas costas e sofria de endometriose, o que limitou o número de filhos que ela poderia ter. Embora ela se concentrasse e tomasse cuidado para comer corretamente e se exercitasse regularmente, o corpo com o qual me deitei em 1970 mudou ao longo dos anos.

Assim, a minha visão da minha satisfação sexual amadureceu. Ela se tornou mais do que o próprio ato. Ternura, palavras doces, carinho foram acrescentados ao leque de ações. A intimidade estava no mínimo tão relacionada a *nós* quanto a *mim*.

O erro mais patente nessa mentira sobre sua esposa satisfazer suas necessidades físicas é a pressuposição de que o propósito da relação sexual é satisfazer os seus desejos como homem. Mas e se desviássemos o foco das *suas* necessidades e desejos para satisfazer os desejos *dela*?

Pode ser que se leve muito tempo para fazer isso de forma certa. E talvez uma das grandes ironias sobre fazer amor com êxito seja que você geralmente precisa de muito menos tempo para estar "pronto" do que sua esposa. Seu clímax pode acontecer em questão de minutos. Esse já não é o caso dela.

> **O erro mais patente nessa mentira sobre sua esposa satisfazer suas necessidades físicas é a pressuposição de que o propósito da relação sexual é satisfazer os seus desejos como homem.**

O plano de Deus para sua esposa é que ela precisa de tempo para estar preparada para receber você.

E essa preparação não é somente fisiológica — embora ela *seja* isso —, mas a disposição dela precisa ser completa, em todos os aspectos. Ela é psicológica. Emocional. Espiritual. Fisiológica.

Embora você possa tentar persuadir sua esposa a ter sexo com você a qualquer hora, o resultado disso não será bom para ela. E, no fim das contas, nem para você.

O ato de fazer amor que é satisfatório para sua esposa exige duas coisas de você: paciência e ternura. É verdade que pode haver um momento apropriado e agradável para uma "rapidinha", mas levar sua esposa a uma experiência sexual empolgante levará tempo. É por isso que fugas ocasionais com somente você e sua esposa são um grande investimento. Sem distrações. Sem interrupções. Sem filhos na frente da porta do banheiro trancada, tentando obter uma resposta de você. Cem por cento de foco um no outro... com tempo livre. Essa é uma boa ideia.

> *Seu objetivo é que sua intimidade com ela faça sua esposa se sentir protegida.*

E se você não tem certeza sobre a satisfação dela com seu desempenho, pergunte a ela. E não faça isso "na hora". Ache outro lugar que não seja a cama para contar à sua esposa que você deseja intensamente que o sexo entre vocês dois seja uma experiência extraordinária... para ela. Convide-a para lhe contar o que funciona. E o que não funciona.

Então, quando ela lhe contar, ouça cuidadosamente. Seu objetivo é que sua intimidade com ela faça sua esposa se sentir protegida.

Segura. Amada.

## VOCÊ NÃO TERMINOU QUANDO ACHA QUE TERMINOU

Em um livro que escrevi para maridos alguns anos atrás, os desafiei com este lembrete importante sobre a intimidade física:

Na relação sexual, é provável que você alcance o clímax antes — talvez bem antes — de sua esposa. E, fisiologicamente, seu corpo está lhe dizendo que você terminou. Você a cortejou. Você prevaleceu. Você venceu. Você terminou.

Calma lá.

Ainda que seu corpo tenha alcançado seu pico eufórico, sua esposa talvez ainda deseje sua ternura. Sua carícia. Seu afago.[13]

Você talvez não seja bom com palavras, mas quando você vê estas palavras escritas pelo rei Salomão, que deve ter sido um belo de um amante, você é lembrado de toda a noção de que a intimidade física é uma aventura encantadora e prazerosa, e não simplesmente um momento no tempo.

> **Bebe a água da tua própria cisterna,**
>     **das correntes do teu poço.**
> **Por que permitir que tuas fontes**
>     **e teus ribeiros de águas se derramem pelas ruas?**
> **Sejam somente para ti,**
>     **e não divididos com estranhos.**
> **Que teu manancial seja bendito.**
>     **alegra-te com a esposa que tens desde a mocidade.**
>     **como corça amorosa e gazela graciosa,**
> **Que os seios de tua esposa sempre te saciem**
>     **e que te sintas sempre embriagado pelo seu amor (Pv 5.15-19).**

| **A VERDADE** | Porque amo a minha esposa, a satisfação sexual dela deve ser mais importante que a minha. E quando isso é realmente bom para ela, isso será realmente bom para mim. |
|---|---|

**PENSE SOBRE ISTO...** *Se você é um homem casado, você acha que sua esposa gosta de fazer sexo com você? Você consegue pensar em maneiras de melhorar a qualidade de sua relação sexual com sua esposa? Quais são?*

---

[13]Robert Wolgemuth, *Like the Shepherd: leading your marriage with love and grace* (Washington: Regnery, 2017), p. 47-8.

CAPÍTULO 6

MENTIRAS EM QUE OS HOMENS ACREDITAM

# SOBRE O CASAMENTO E A FAMÍLIA

Você talvez seja casado; talvez não seja. Se você não é casado, você talvez tenha planos para se casar; talvez não tenha. Seja como for, minha esperança é que este capítulo seja útil para você ou outros homens que você conhece que são casados.

**COMO ACONTECE...**

O garoto vê a garota. Os dois começam a namorar, apaixonam-se e fazem planos para o casamento. Você sabe como é. Se você é casado, tem sua própria história.

Mas essa sequência é um conceito moderno. Lá nos tempos bíblicos, casamentos eram basicamente arranjados. Os pais do moço se encontravam com os pais da moça. O noivo encontra sua noiva. Nada de passeios despreocupados no parque ou de beijos tarde da noite no escuro.

Adultos que sabiam mais sobre os seus filhos do que os seus filhos sabiam sobre si mesmos faziam os planos. Rapazes e moças se apaixonavam depois do casamento. Às vezes.

Nos últimos cem anos, o casamento no Ocidente assumiu uma abordagem diferente.

> *Adultos que sabiam mais sobre os seus filhos do que os seus filhos sabiam sobre si mesmos faziam os planos.*

## A NOVA MODA AGORA

Casei-me duas vezes. A primeira foi em 1970. A segunda, em 2015.

Ambos esses casamentos foram realidades especiais que honraram a Deus. Em cada caso, casei-me com uma mulher que amava o Senhor. E a mim.

O primeiro casamento foi com Bobbie Gardner. Ela cresceu na área de Washington, D.C., em uma família que tinha o clube de campo local como seu templo particular do fim de semana. Mas por causa do testemunho fiel de Libby, uma vizinha, Bobbie e sua família vieram à fé em Jesus Cristo.

Desde quando ela era menininha, o sonho de Bobbie era se casar. Como jovem, ela participou como a solista (ela tinha uma belíssima voz para o canto) ou dama de honra — ou ambas as coisas — em muitos casamentos. Cada um deles confirmou seu desejo de um dia usar o vestido branco. Ela tinha o chamado para ser casada e ela sabia disso.

O segundo casamento foi com Nancy Leigh DeMoss. Ela cresceu em uma família em que Deus e sua Palavra eram honrados. Os pais dela tinham grande paixão pelo ministério e literalmente milhares de pessoas vieram à fé em Cristo por meio de muitos encontros evangelísticos que os seus pais organizaram em sua casa.

Nancy desenvolveu o mesmo amor por Cristo que Bobbie e, quando era criança, sentiu um forte chamado para servi-lo vocacionalmente. No início da idade adulta, ela sentiu de maneira cada vez mais intensa que faria isso como solteira, sem as distrações do casamento e da família. Não que ela não fosse atraente ou não tivesse habilidades relacionais ou não tivesse tido a oportunidade de casar-se. De modo algum. Nancy simplesmente queria servir ao Senhor, seu Noivo, com uma "dedicação não dividida" (veja 1Co 7, 34,35, ESV).

## VIRANDO UMA PÁGINA: UM NOVO COMEÇO

Bobbie e eu fomos abençoados com quase quarenta e cinco anos de casamento. Então, no início de 2012, ela foi diagnosticada com câncer ovariano no estágio IV. Trinta e dois meses depois, sua batalha com essa doença terminou e ela foi recebida no céu. O último capítulo do casamento havia se encerrado. Aquele livro chegou ao fim.

Nos meses após a morte de Bobbie, meu coração foi atraído a uma mulher que eu havia conhecido profissionalmente. Encontrei Nancy uns dez anos antes e servi como seu agente literário durante um breve período.

Eu tinha profundo respeito pelo seu coração dedicado a Deus e sua Palavra, e a suas habilidades no ministério, tanto em palestras como na escrita. Agora comecei a sentir um desejo de buscar uma amizade com ela. Embora Nancy fosse bonita com a idade de cinquenta e sete anos, minha atração por ela — além de ser por sua beleza física e seu charme — estava enraizada em algo ainda mais atraente. Por mais presunçoso que isso talvez pareça, acredito que isso foi um chamado do Senhor.

> *Nos meses após a morte de Bobbie, meu coração foi atraído a uma mulher que eu havia conhecido profissionalmente.*

Eu entrei em contato com Nancy, primeiro, em algumas breves trocas de e-mail, então em uma conversa de noventa minutos no escritório de um amigo. Nas semanas seguintes, como ela conta, "o amor foi despertado" em seu coração.

Essa mulher que nunca havia orado por um marido ou sonhado com um casamento começou a sentir que o Senhor a poderia estar chamando para uma nova fase de serviço para ele. Uma fase de casamento.

Este capítulo fala sobre algumas das mentiras em que os homens acreditam sobre o casamento. Mas antes de você virar as páginas, gostaria que considerasse algo que parecerá radical.

Você se lembra daquela coisa de "você a viu do outro lado de uma sala cheia de gente"? Aquela coisa de o garoto conhece a garota? De "de todas as mulheres no mundo eu escolhi você"?

Deixe-me sugerir outra coisa para você considerar.

## UM ENCONTRO MARCADO POR DEUS

Ainda que, de uma perspectiva terrena, parecia como se eu tivesse tomado a iniciativa de desenvolver relacionamentos com Bobbie e com Nancy que levaram ao casamento, a verdade é que o Senhor nos uniu providencialmente do modo dele, com propósitos que eram muitos maiores do que poderíamos ter percebido na época.

Na primeira vez, eu nem me dei conta desse "encontro marcado". Mas na segunda vez, ficou totalmente claro que isso era a atuação dele. E, embora para Nancy — sem mencionar os seus amigos mais próximos e companheiros de ministério — isso tenha sido uma completa surpresa, o Senhor acabou confirmando essa mesma direção também no coração dela.

À medida que ficamos convencidos de que deveríamos nos casar, Nancy e eu ouvimos mais um chamado claro. Na verdade, independentemente dos detalhes de sua própria história de casamento, esse chamado também veio para você. Gary Thomas, autor do best-seller *Sacred marriage*, expressa isso muito bem:

> *Deus não nos dá a ordem de concentrarmos nossa atenção em achar a pessoa certa; ele nos chama para nos tornarmos a pessoa certa.*[1]

## UMA VISÃO MAIS AMPLA

Assim, embora você e eu tenhamos fotos do nosso casamento (quem *eram* aquelas crianças?), o nosso Pai celestial tinha algo muito mais importante em mente do que anéis sendo carregados e pétalas sendo espalhadas pelo corredor central da igreja. Nossa cerimônia de casamento não consistia em roupas elegantes, mães com olhos marejados, recepções requintadas e noivos ansiosos; nosso casamento foi uma cerimônia de nascimento.

Você e eu estávamos deixando de lado a independência e múltiplas opções que marcavam a nossa vida de solteiro. Estávamos nos submetendo a algo diferente. Algo que nos negaria as oportunidades de voltar atrás. Como

---

[1] Gary Thomas, *Sacred marriage* (Grand Rapids: Zondervan, 2000), p. 236 [edição em português: *Casamento sagrado: e se o objetivo de Deus para o casamento, mais do que nos fazer felizes, for nos tornar santos?* (Curitiba: Esperança, 2017)].

um menino rastejando por uma manilha de escoamento de água, avançar era a nossa única escolha. E ainda mais importante do que se tornar o marido do ano, quando nos casamos Deus estava chamando a você e a mim para amar uma só mulher e, se o Senhor abençoasse você com filhos, a amá-los também. Esse era um tipo novo e diferente de grandeza.

## ENTÃO, QUAL É A MENTIRA?

Quais são as mentiras neste capítulo? As mentiras sobre casamento e família? Que bom que você perguntou. Você está pronto?

As mentiras sobre casamento e família são que essas coisas tenham alguma relação com realizar os seus sonhos mais exóticos de conquista e realização. Sua esposa e sua família (se você é casado e tem filhos) foram colocadas em sua vida como um espelho de corpo inteiro para você; para você se enxergar e se convencer de que, sem um Salvador redentor, você é uma bagunça, um caos, e seu casamento está fadado à mediocridade, na melhor das hipóteses, e ao fracasso, na pior das hipóteses. E seus filhos receberão uma sentença de vida de se tornarem exatamente o que seu pai foi.

> Sua esposa e sua família (se você é casado e tem filhos) foram colocadas em sua vida como um espelho de corpo inteiro para você.

Mas se você ousar entender isto, a verdade assombrosa é que você foi chamado para esse relacionamento. Assim como Jesus foi chamado para o tipo de humildade que não conseguimos compreender plenamente a fim de amar e servir à sua noiva, não podemos fazer nada aquém disso.

Assim, se isso tem cara de propaganda enganosa, de fato é. Precisamente. O que achávamos que seria uma vida de jantares à luz de velas e de um interminável romance entre lençóis se transformou no tipo de trabalho que não tínhamos encarado antes.

Mais um modo de dizer isso é que o casamento não é um projeto FVM. Isto é, "Faça Você Mesmo". Uma vez que hoje estou confessando tudo, admitirei que sempre me senti atraído pelos perigos e riscos de fazer coisas por contra própria. Reformei um porão inteiro, incluindo banheira, escritório e sala de estar, usando uma única folha de papel milimetrado como a minha planta/projeto. E fiz isso mais de uma vez.

Construí um deque de 90 metros quadrados, com madeira e outros materiais especialmente preparados no valor de 20 mil dólares, sem absolutamente projeto algum. Talvez você mesmo tenha algumas histórias de pura coragem.

Mas encarar um casamento sem saber para onde está indo não é uma boa ideia. Assumir esse tipo de responsabilidade sem tratar de algumas das mentiras que você precisa enfrentar é um convite à frustração. Talvez à tragédia.

> Mas encarar um casamento sem saber para onde está indo não é uma boa ideia.

Minha esperança é que revelar e expor essas mentiras dará o pontapé inicial certo a você, recém-casado; e a você, casado há mais tempo, ajudará a melhorar de forma significativa sua caminhada; ou, se você é solteiro, ajudará você a ser um encorajador sábio e piedoso aos seus amigos casados... ou ajudará você a estar bem preparado se e quando "ela" aparecer, no outro lado daquela sala cheia de gente.

## 21 "O amor não precisa de palavras faladas."

Por razões de que não tratarei aqui, meu pai, que morreu em 2002, tinha dificuldades para expressar verbalmente seu amor por mim. Quero dizer em voz alta.

Não faz muito tempo, encontramos alguns cartões postais (explicarei o que eles são em outro momento) que ele havia enviado de algum lugar do mundo, e é interessante observar que esses cartões incluíam palavras amorosas. Ainda que eu não os tenha comigo neste momento, consigo visualizar sua caligrafia: "Amo você, Bobby".

Meu coração acelera mesmo ao escrever estas palavras tantos anos depois. Mas eu raramente ouvia o meu pai de fato falar essas palavras para mim.

Essa cautela para expressar afeto era algo que ele herdou dos seus pais? É claro que sim. Ele me amava? Sim. Ele queria o melhor para os outros filhos e para mim? Absolutamente. Meu pai fazia muitíssimas coisas boas e úteis que demonstravam esse amor? Novamente, sim.

Mas, ao olhar de volta para o meu relacionamento com o meu pai, eu me vejo desejando que tivesse ouvido essas palavras com mais frequência. Audivelmente.

## A DESCULPA DA LINGUAGEM DO AMOR

Em 1992, foi publicada a edição original do best-seller do dr. Gary Chapman, *As cinco linguagens do amor*.[2] Talvez você conheça esse livro. Até agora, ele vendeu onzes milhões de exemplares, e é provável que você esteja familiarizado com ele.

A premissa é que as pessoas tendem a expressar e receber amor em uma das cinco "linguagens do amor". Um rápido lembrete: palavras de afirmação, atos de serviço, receber presentes, tempo de qualidade, toque físico.

Então, qual é a desculpa?

Bem, meu pai era claramente um sujeito de atos de serviço. Quando eu estava na faculdade e passava um fim de semana em casa, ele tirava um tempinho e trocava o óleo do carro que eu usava para a faculdade. Ou fazia o rodízio das rodas, com pneus dianteiros novos. Essa era sua linguagem, e eu e outros filhos éramos verdadeiramente gratos por isso... por razões que qualquer estudante universitário entende muito bem.

> Sabemos que a linguagem da nossa esposa é atos de serviço, de modo que fazemos uma coisa boa e tudo está bem para nós. Feito está.

Seria possível alguém achar que porque sua linguagem é atos de serviço, ele não precise falar "palavras de afirmação" àqueles que ele ama. Ou compartilhar presentes ou investir tempo de qualidade? Essa é a desculpa, e às vezes os homens são flagrados acreditando nela. Sabemos que a linguagem da nossa esposa é atos de serviço, de modo que fazemos uma coisa boa e tudo está bem para nós. Feito está.

---

[2]Gary Chapman, *The 5 love languages* (Chicago: Moody, 2015) [edição em português: *As cinco linguagens do amor: como expressar um compromisso de amor a seu cônjuge: com guia de estudo*, tradução de Iara Vasconcellos (São Paulo: Nexo, 1997)].

"Você sabe que eu te amo, querida, eu guardei a louça da máquina de lavar louça."

Nossos presentes: "O que você quer dizer, querida? Você não se lembra das flores que lhe dei em seu aniversário?".

Bom. Chegou perto, mas bateu na trave.

Acredito que sua esposa espere de você tanto atos *como* palavras. Tanto presentes como palavras. Tanto carinho físico como palavras.

Estou pensando sobre um comercial na TV das pastilhas de menta *Certs*.

— *Certs* é uma pastilha para dar bom hálito — diz um ator.

— *Certs* é uma balinha de menta — responde o outro de forma desafiadora.

Eles ficam discutindo até que o narrador, usando sua voz de anunciante, interrompe:

— Parem, os dois estão certos.

Então, falemos sobre palavras amorosas e ações amorosas.

Nos seus relacionamentos, você precisa oferecer ambas as coisas: palavras significativas para validar as suas ações atenciosas e ações amorosas para validar as suas palavras carinhosas. "Te amo" vindo de um homem cruel ou egoísta é hipocrisia. Essas palavras são ignoradas. Mas atos bondosos sem afirmações verbais de amor também podem ser insatisfatórios.

Obviamente, a conversa clássica em *Um violinista no telhado* entre Tevye e sua esposa, Golda, é evidência primária disso. A filha deles se casará porque ela está... apaixonada.

Isso motiva uma conversa. Tevye quer saber se Golda o ama. Mesmo após cinquenta e cinco anos lavando suas roupas, preparando suas refeições, limpando a casa, tirando leite da vaca e sendo mãe dos filhos... ele ainda assim quer saber se ela o ama. Seus atos deveriam falar por si só, mas esse não é o caso dessa vez.

"Mas você me ama?", Tevye suplica queixosamente (para dar o efeito completo, repita isso com um forte sotaque russo). Ele quer ouvi-la *dizer as palavras*.

## MOSTRE E CONTE

Então, meu pai um tanto introvertido provavelmente não era tão incomum assim. Seu modo de expressar afeto era fazer coisas amorosas, e não necessariamente verbalizá-las. Como homens, imagino que a nossa tendência seja "mostrar" antes e "dizer" depois.

"Se eu te amo?", você poderia perguntar retoricamente. "Você está falando sério?" Então poderíamos recitar uma lista de bons atos que executamos por essa dama: nosso trabalho árduo diário, provisão financeira, proteção. Considerando-se as alternativas (preguiça, pobreza, negligência), esses atos são uma boa escolha.

"Mas você me ama?", sua esposa quer saber (*sem precisar perguntar*).

> **Nos seus relacionamentos, você precisa oferecer ambas as coisas: palavras significativas para validar as suas ações atenciosas e ações amorosas para validar as suas palavras carinhosas.**

## ENTÃO, O QUE UM HOMEM DEVE FAZER?

Deixe-me sugerir que você provavelmente precisa falar mais do que você fala. Deve falar mais do que você acha que deve. Se você tem um pensamento gentil, *diga-o*.

"Que esposa amorosa e fiel eu tenho." Diga as palavras.

"Uau, minha esposa está bonita demais hoje." Diga as palavras.

Aprecio muitíssimo como ela fala palavras encorajadoras a estranhos. Diga as palavras.

E se vocês têm filhos ...

"Estou tão orgulhoso de você, filho. Não há pai mais feliz hoje." Diga as palavras.

Faça o que o rei Davi disse. "Digam isso".

> Rendei graças ao Senhor, pois ele é bom; seu amor dura para sempre. Digam isso os remidos do Senhor (Sl 10.1,2).

Se sua esposa estivesse abandonada em uma ilha deserta e você fosse o primeiro a aparecer, o que você faria por essa mulher esfomeada e sedenta? Você lhe daria algo para beber, algo para comer.

E se ela está com fome de ouvir você falar? Com sede de encorajamento e afeto? Você lhe daria bons alimentos. Você falaria com ela como o filho do rei Davi, o rei Salomão, sugeriu?

> Palavras suaves são como favos de mel, doçura para a alma e saúde para o corpo (Pv 16.24).

> **Se você tem um pensamento gentil, diga-o.**

Quando perguntei à minha esposa sobre a importância de palavras bondosas e ações amorosas, ela resumiu isso tão bem, como só ela poderia: "Palavras sem atos são rasas, vazias e não têm credibilidade. Atos com palavras demonstram sacrifício, ternura e romance".

Conte comigo.

| **A VERDADE** | Além de fazer coisas boas para as nossas esposas, elas precisam que digamos coisas boas a elas... especialmente aquelas três palavras mágicas: "Eu te amo". |

**PENSE SOBRE ISTO...** *Você disse à sua esposa que você a ama hoje? Você enviou a mesma coisa por mensagem de texto? Se não... simplesmente faça isso. Agora mesmo.*

### 22 *"A minha esposa deve me fazer feliz."*

Fui casado com Bobbie durante quase quarenta e cinco anos e fiquei viúvo após ela perder sua batalha corajosa contra o câncer ovariano. Então em novembro de 2015, casei-me com Nancy Leigh DeMoss. Ela tinha cinquenta e sete anos.

Foi o primeiro casamento de Nancy.

Enquanto ela e eu estávamos nos conhecendo melhor, descobri algo sobre essa mulher que achei profundamente atraente. Nancy estava solteira havia quase seis décadas; mas em vez de passar esses anos esperando e ansiando para que alguém aparecesse e a "completasse", ela abraçou plenamente a condição de solteira como uma dádiva do Senhor — um chamado para servir a ele e aos outros.

Encontrei uma das primeiras pistas para o que importava para essa mulher quando entrei em sua casa pela primeira vez. Havia, junto à mesa da cozinha, uma cadeirinha de bebê! Uma cadeirinha! E quando desci as escadas para o porão terminado, encontrei um quarto de hóspedes e uma sala de visitas, bem como uma sala de recreação com muitos assentos confortáveis e vários tipos de jogos e brinquedos para todas as idades... jogos e brinquedos legais como mesas de bilhar, pingue-pongue, pebolim e aqueles aros duplos de basquete com redes dos dois lados. E esses tinham um placar eletrônico totalmente iluminado!

> *Eu não apareci para fazê-la feliz. Isso ela já era plenamente.*

E então ao conhecer os seus amigos, eles me contaram histórias sobre a casa dessa mulher solteira... uma casa que estava constantemente aberta a amigos e estranhos igualmente. Um casal me disse que havia morado com Nancy durante mais de três anos. Outro, durante quase dois anos. Ainda outros por meses seguidos.

Nas vezes em que Nancy e eu falamos sobre essas pessoas e eu observei como ela as tinha servido abnegadamente, percebi que essa mulher não estava procurando um marido para fazê-la feliz. Ou para lhe dar propósito. Ou satisfação.

Eu não apareci para fazê-la feliz. Isso ela já era plenamente.

### NÃO É BOM ESTAR SÓ?

Quando Deus criou a vastidão do universo, os animais e Adão, ele avaliou sua obra. E, antes mesmo de o pecado mostrar seu rosto horrível, Deus disse: "Não é bom que o homem esteja só" (Gn 2.18).

Então, aqui está uma pergunta óbvia: Por que não é bom estar só? A vida de Nancy sem marido não era uma coisa boa? Sim, era uma coisa boa porque, ainda que ela não tivesse marido, ela não estava só. Ela preenchia intencionalmente sua vida, sua casa e seu coração com outras pessoas para amá-las e se importar com elas. Isso era muito bom.

Ao longo das primeiras semanas em que nos conhecemos, percebi que Nancy era uma mulher que encontrava profunda satisfação no amor inabalável do Senhor. Ele era seu amigo. Seu companheiro. Seu Senhor. Seu marido.

Assim, já no início, eu sabia que Nancy não esperaria de mim que a fizesse feliz. Ela não estava procurando sua outra metade. Em Cristo, ela já era completa. Eu sabia que se ela fosse se apaixonar por mim, ela seria uma esposa extraordinária porque ela não estava desesperada para que alguém aparecesse e tornasse sua vida completa. Essa já era sua situação.

Se você está solteiro e não está buscando uma esposa, o apóstolo Paulo apoia você:

> Pois quero que estejais livres de preocupações. Quem não é casado se ocupa das coisas do SENHOR e de como o agradará. Mas quem é casado se ocupa das coisas do mundo e de como agradará sua mulher; e fica dividido. (1Co 7.32-34)

Dedicar-se totalmente ao ministério? Faça isso.

Mas se você é solteiro e *deseja muito* ter uma esposa, deixe-me encorajá-lo a achar uma mulher que está ocupada com amar a Deus e servir aos outros. Uma mulher que não está depositando as suas esperanças em um homem para lhe trazer satisfação e felicidade. Se é isso que ela está procurando, você já sabe o que ela encontrará em você. Ou não encontrará. E nesse caso ela está destinada a ficar profundamente decepcionada.

> *Se você é solteiro e deseja muito ter uma esposa, deixe-me encorajá-lo a achar uma mulher que está ocupada com amar a Deus e servir aos outros. Uma mulher que não está depositando as suas esperanças em um homem para lhe trazer satisfação e felicidade.*

E não cometa o erro de esperar dela que o faça feliz. Para começar, não há nenhuma mulher na face da terra que pode lhe trazer a felicidade plena pela qual você anseia. Não se esse for o foco de sua busca.

E, além disso, sua felicidade pessoal é um alvo pequeno demais para o casamento! Deus deseja que você e sua esposa experimentem a alegria incrível de serem *doadores* — servindo a ele e aos outros.

Então, de volta à mentira. É algo de que falamos em outros capítulos. No frigir dos ovos, apenas um relacionamento com seu Pai celestial o satisfará e fará feliz. Ninguém nem nada pode preencher o lugar em seu coração que foi feito para ser ocupado e preenchido por ele.

Deus opera seu mundo de maneiras totalmente opostas de como naturalmente pensamos. Ele nos diz que os primeiros serão os últimos (Mt 20.16), que se quisermos liderar, precisamos servir (Mc 10.45). Ele nos diz que se quisermos ganhar a nossa vida, precisamos perdê-la (Mt 16.25). A busca do nosso próprio prazer e felicidade sempre será, no fim das contas, correr atrás do vento (Ec 2.11). E buscar a glória de Deus, quer no casamento, quer na condição de solteiro, sempre nos levará ao tipo mais profundo de alegria e satisfação.

> *A busca do nosso próprio prazer e felicidade sempre será, no fim das contas, correr atrás do vento.*

Deus não lhe deu sua esposa para, antes de tudo, fazer você feliz. Ele lhe deu sua esposa para torná-lo santo. E ele lhe deu sua esposa para que você pudesse ser parceiro com ela em glorificar seu Filho e tornar seu nome conhecido onde quer que ele o coloque.

**A VERDADE** | Quer sejamos solteiros, quer casados, somente Deus pode nos dar felicidade e satisfação supremas. Ao buscarmos a *ele*, encontramos a mais verdadeira alegria.

**PENSE SOBRE ISSO...** *Você é um homem amado? Como você sabe? O que isso significa?*

### 23
### "Não tenho as qualidades necessárias para ser o diretor (CEO) da minha casa. Posso deixar esse papel para a minha esposa."

Alguns anos atrás, elaborei uma proposta para enviá-la a editores sobre um novo livro que eu estava planejando escrever. O título era: *Como um pastor: liderando seu casamento com amor e graça*.

Uma vez que estou no mercado editorial há mais de quarenta anos, muitos dos meus amigos mais próximos estão nesse mercado. Um desses amigos me ligou após sua empresa receber a proposta. Consegui perceber de imediato que ele não me daria boas notícias. O tom hesitante em sua voz foi a minha pista.

O seu conselho editorial havia se reunido. Eles gostaram da minha proposta. Essas eram as boas notícias.

Mas as más notícias eram que eles gostariam de mudar a primeira palavra do subtítulo. Ele não me deu uma palavra alternativa, mas me informou que "liderando" não serviria. Ao menos, não com aquela equipe.

Em muitos níveis, entendo a preocupação. Realmente entendo. Na verdade, enquanto eu estava redigindo o manuscrito do livro, li outro livro que talvez tenha sido uma das razões para a preocupação do conselho. Esse livro, publicado por um editor cristão proeminente, foi um relato em primeira pessoa de uma mulher que foi abusada severa e repetidamente — verbal, emocional, fisicamente — por um marido (um pastor) que gritava: "Esposas, sejam submissas a vossos maridos" enquanto a espancava. Faz alguns anos agora que esse livro foi publicado e não tive nenhuma notícia do ex-marido dessa mulher processando-a por calúnia. Minha pressuposição é que a história seja verdadeira.

> Toda a ideia de liderança bíblica é muito diferente do que muitas pessoas entendem.

No fim das contas, encontrei um editor para o meu livro que compartilhava da minha perspectiva, que, ao contrário do relato horrível sobre o qual acabei de falar, encoraja os maridos a "liderar como um pastor".

E acredito que "liderar" seja a palavra certa para ser usada.

Por quê? Porque toda a ideia de liderança bíblica é muito diferente do que muitas pessoas entendem.

## A TOALHA E A BACIA

Se você está familiarizado com a história de Jesus e os seus discípulos na noite em que ele foi traído, você vai se lembrar de que o Messias — o Criador e Senhor do universo — nos forneceu uma descrição inesquecível de como essa liderança deve ser.

> **Sabendo que o pai lhe entregara tudo nas mãos e que viera de Deus, e para Deus estava voltando, Jesus levantou-se da mesa, tirou o manto e, pegando uma toalha, colocou-a em volta da cintura. Em seguida, colocou água em uma bacia e começou a lavar os pés dos discípulos e a enxugá-los com a toalha que trazia em volta da cintura (Jo 13.3-5).**

Pare um pouco e considere esse relato incrível. Aqui está o Filho de Deus, compartilhando de uma ceia simples com os seus amigos mais próximos. Diferentemente do quadro da Última Ceia pintado por da Vinci, aqueles homens não estavam sentados de um lado de uma mesa coberta com uma toalha. O mais provável é que eles estivessem reclinados no chão. Eles estavam com seu Amigo, seu Senhor, seu Salvador, aquele que os havia criado.

Assim, o que esse Homem — esse Líder — fez como símbolo de seu papel? Como ele agiu? O que ele fez para "provar" sua liderança? Como ele os tratou?

Ele os serviu amorosa e gentilmente. Depois ele morreu por eles, reconciliando cada um deles com seu Pai. E, com exceção de um deles, eles amaram-no e serviram-no em troca.

Quando o apóstolo Paulo diz às esposas para que cada uma seja "submissa" a seu marido, ele tem em mente que é esse o tipo de líder ao qual elas devem se submeter (veja Fp 1.3-11). E para não dar margem a nenhum mal-entendido, isso é exatamente o que Paulo nos diz para fazer:

> **Maridos, cada um de vós ame sua mulher, assim como Cristo amou a igreja e a si mesmo se entregou por ela (Ef 5.25).**

### VOLTANDO À MENTIRA...

A coisa interessante sobre essa mentira ("Não tenho as qualidades necessárias para ser o CEO da minha família. Posso deixar essa função para a minha esposa") é que a primeira parte na verdade não é uma mentira. É a verdade. *Não* temos o que é necessário para fornecermos uma liderança que espelhe Cristo e um coração de servo na nossa casa.

Ainda que eu tenha escrito um livro sobre o tema e tenha feito tudo o que está ao meu alcance para ser esse tipo de líder, a verdade é: não tenho as qualidades necessárias para ser o líder espiritual na minha casa. Realmente não tenho.

E, cá entre nós, você provavelmente também não.

Deixe-me dizer que acredito que o tipo de liderança à qual as Escrituras nos chamam assume uma humildade gentil. Um tipo de graça que honra a esposa, que a protege, que a encoraja, que a defende e a ama.

> *Você e eu somos por natureza orgulhosos, egoístas, preguiçosos e exigentes demais para ser o tipo de pastor pelo qual nossas esposas e filhos anseiam e de que precisam.*

O fato é: você e eu somos por natureza orgulhosos, egoístas, preguiçosos e exigentes demais para ser o tipo de pastor pelo qual nossas esposas e filhos anseiam e de que precisam. Na verdade, *não* temos o que é necessário para fazer isso bem... dia após dia após dia.

Isso mesmo. Não temos o que é necessário, mas ainda assim precisamos fazer o que fomos chamados para fazer.

Nessa situação, a nossa promessa segura é esta. Você e eu não podemos fazer isso. Deus pode. E ele o fará, quando reconhecermos a nossa incapacidade e pedirmos que ele nos encha dele mesmo.

Talvez o apóstolo Paulo estivesse sentindo um pouco dessa insuficiência quando escreveu:

Posso todas as coisas naquele que me fortalece (Fp 4.13).

## O CEO?

Passei a maior parte da minha carreira no mundo dos negócios, incluindo ser um "fundador e CEO [diretor]" de uma empresa, estou pessoalmente ciente do peso desse título... o "líder".

Observe que não falei monarcas, ou autoritários absolutos que fazem exigências cruéis e caprichosas à sua esposa e filhos, e então não fazem nada e esperam ser adorados e servidos.

Muito pelo contrário, como você provavelmente sabe, o diretor (também conhecido como CEO) tem a responsabilidade final pela operação geral e pelo bom desempenho da empresa. Tipicamente, ele presta contas ao conselho de diretores, o grupo de pessoas que tem o direito de considerar o CEO responsável pelo êxito da empresa. É o dever do CEO garantir que os seus empregados sejam bem instruídos e capacitados e servidos a fim de assegurar a realização exitosa dos seus deveres.

Você e eu somos os CEOs da nossa família. Prestamos contas ao Deus do universo. Ele nos considera responsáveis pela nossa tarefa de liderança. E então fazemos o máximo para levar essa tarefa especial a sério.

Como isso poderia ser em seu caso e no meu? Vejamos.

Os escritos do rei Salomão que encontramos em Provérbios são uma grande riqueza de sabedoria para maridos e pais. Aqui estão algumas grandes ideias para nos ajudar a agradar o nosso Pai celestial e liderar, servir e sustentar de forma eficaz a nossa família. E visto que já gastamos tempo falando sobre seu relacionamento com sua esposa (mentiras 18, 20 e 22), concentremos nossa atenção no nosso papel de CEO com os nossos filhos.

> *Você e eu não podemos fazer isso. Deus pode. E ele o fará, quando reconhecermos a nossa incapacidade e pedirmos que ele nos encha dele mesmo.*

### ENSINE SEUS FILHOS A AMAR E TEMER A DEUS

Do mesmo modo que um CEO está sujeito à direção de seu conselho de diretores e deve falar bem deles às suas tropas, você e eu devemos ser modelos de um respeito amoroso por Deus e ensinar o mesmo aos nossos filhos.

> O temor do Senhor é o princípio do conhecimento. Os insensatos, porém, desprezam a sabedoria e a instrução (Pv 1.7)

É fundamental para o nosso papel de CEO em casa ensinar aos nossos filhos a reverência por Deus. Isso não aparece em sermões pregados no jantar, mas em um estilo de vida de reconhecimento constante da grandeza e do esplendor de Deus.

Quando minhas filhas eram novas, elas muitas vezes ouviam seu pai fazendo uma observação sobre algo belo — uma flor silvestre, formigas atravessando a calçada em uma só fila perfeita, um cervo correndo pelo quintal, um córrego na montanha... eu diria: "Ah, Missy e Julie, vejam isso. Deus não é extraordinário?".

> *É fundamental para o nosso papel de CEO em casa ensinar aos nossos filhos a reverência por Deus.*

E essa exclamação não precisava ser seguida por um resumo do sermão de três pontos da semana anterior. Simplesmente reconhecer algo extraordinário da criação e dar crédito ao Senhor pode ser de grande impacto no momento.

Mas o temor do Senhor também inclui temer desagradá-lo. Novamente, como pais, você e eu somos modelos disso. E a nossa obediência às ordens de Deus não se baseia primordialmente em evitar sua punição, mas em amá-lo tanto que escolhemos seguir as suas instruções voluntariamente.

Gosto imensamente da visão que o apóstolo Paulo tem da obediência. Ele nos diz que o amor incondicional de Deus nos "motiva" a honrar as instruções incondicionais de Deus (2Co 5.14). Em outras palavras, a nossa conduta é um resultado do nosso amor por ele, e não a nossa obrigação de sermos bons.

## ENSINE SEUS FILHOS A OBEDECER A VOCÊ

Além de conter a ordem de Salomão sobre honrar o Senhor, Provérbios está repleto de encorajamentos intensos para que seu filho — seus filhos — obedeçam ao seu pai... e mãe.

> Meu filho, ouve a instrução de teu pai e não desprezes o ensino de tua mãe (Pv 1.8).[3]

Por experiência própria, sei que a parte mais importante de encorajar os meus filhos a me obedecerem é que eu mesmo seja um modelo de obediência. Eu poderia tentar ser um homem completamente indisciplinado, exigindo que os meus filhos ignorem a minha falta de autocontrole e me obedeçam mesmo assim. Eu poderia fazer isso, mas o resultado disso não seria muito bom.

## ENSINE SEUS FILHOS A ESCOLHER OS AMIGOS CUIDADOSAMENTE

Ao ler Provérbios, você nota que Salomão geralmente vai direto ao ponto. Ele talvez não tenha tido o limite oficial de 280 caracteres [limite de toques no *twitter*] (ou qualquer outro), mas ele poderia ter tido e ainda assim ter experimentado êxito!

> Meu filho, se os pecadores quiserem te seduzir, não permitas (Pv 1.10).

Quando os nossos pais estavam crescendo, os pais deles, nossos avós, podiam ter uma boa percepção de com quem os seus filhos estavam interagindo. Eles podiam levar esses amigos dos filhos para sua casa depois da escola e assim ter contato, encontrá-los pessoalmente na igreja.

Mas não é mais assim.

Graças à tecnologia das mídias sociais, as pessoas mais novas são "amigas" de centenas de pessoas que os seus pais não conhecem e nunca conhecerão. Eles podem ser influenciados de muitíssimos modos por essas pessoas. Algumas são boas pessoas. Outras não são.

Repetidas vezes, Provérbios encoraja os pais a questionar os seus filhos com respeito aos seus relacionamentos. Como pai, você tem o direito de perguntar sobre os amigos dos seus filhos. Na verdade, convide-os para sua

---

[3] Essa admoestação a ser obediente aos pais é repetida ao longo de todo o livro de Provérbios. Veja 2.1; 3.1; 4.1,11,20.

> Como pai, você tem o direito de perguntar sobre os amigos dos seus filhos.

casa com frequência. E siga os seus filhos nas mídias sociais. Nenhum bom CEO deixaria de fazer isso.

## ENSINE PUREZA SEXUAL A SEUS FILHOS

É simplesmente natural achar que a tentação da imoralidade sexual é um fenômeno contemporâneo. Mas até mesmo uma leitura superficial de Provérbios deixa claro que isso era um desafio há milhares de anos.

E talvez não haja encorajamento mais importante para os seus filhos vindo de você do que um encorajamento a amar e escolher a pureza sexual. A transparência das suas próprias lutas e sua jornada nessa área será um catalisador poderoso ao compartilhar a beleza do plano de Deus.

Ore com seus filhos e por eles, pedindo para que o poder de Deus seja derramado sobre você mesmo e sobre eles.

## "POSSO DEIXAR ESSE PAPEL DE CEO PARA A MINHA ESPOSA"

A segunda parte da mentira é que podemos simplesmente transferir essa função à nossa esposa, abandonando a nossa responsabilidade. *Afinal de contas*, talvez pensemos, *ela seria melhor nisso do que eu*.

Em alguns casos, a esposa talvez seja mais bem capacitada e mais naturalmente dotada para a liderança do que nós. Mas ainda assim temos uma responsabilidade dada por Deus de prover liderança para a nossa casa ao mesmo tempo que honramos os dons da nossa esposa e os ajudamos a florescer, como um bom treinador faria com um atleta que é a estrela do time.

Contudo, devemos nos lembrar de algo importante. Uma vez que sua esposa é provavelmente uma "nutridora", se você não assumir o trabalho de liderar sua casa, ela tenderá a sentir que precisa ocupar esse papel de liderança. Ela talvez não queira, mas sua negligência criará um vácuo, e sua esposa será forçada a preencher esse vácuo.

*... sobre o casamento e a família*

Pouco depois de *Como um pastor* ter sido publicado, encontrei-me para almoçar três terças-feiras consecutivas com cerca de trinta maridos que estavam lendo o livro juntos. Durante nossa conversa, expliquei aos meus amigos que muito pouco desse tipo de liderança surge "naturalmente". Lembrei-os da promessa da Palavra de Deus:

**Se algum de vós tem falta de sabedoria, peça a Deus, que a concede livremente a todos sem criticar, e lhe será dada (Tg 1.5).**

Às vezes, os homens não são ótimos em imaginarem coisas específicas e criativas no que diz respeito a construir relacionamentos. Assim, o nosso grupo concebeu algumas sugestões práticas. Aqui estão algumas:

- Ore com sua esposa em voz alta antes de ir dormir.
- Preveja as necessidades dela, incluindo pequenas tarefas na casa — antes de ela perguntar.
- Surpreenda-a com mensagens de "Te amo" aleatórias.
- Seja o primeiro a pedir perdão quando você fizer ou disser algo rude ou insensato.
- Seja generoso com seu tempo e dinheiro.
- Fale bem dela quando estiver com os seus amigos (esse relato chegará aos ouvidos dela por meio das esposas dos seus amigos).

Quando perguntei o que os seus cônjuges achavam sobre o que estávamos aproveitando do estudo, a resposta foi quase unânime: "Minha esposa está adorando o que estou aprendendo do livro... e com esse grupo. Obrigado!".

Se liderar seu casamento (e família) significasse dominar sua esposa e filhos e fazê-los obedecer contra a vontade deles, as esposas desses homens não teriam respondido como elas responderam. Mas se o resultado de liderar do modo de Deus é uma liderança humilde, confiante e de servo, que é, na verdade, atrativa, um modo de liderar que as atrai amorosamente, acho que talvez estejamos fazendo algo certo... com a ajuda do nosso Bom Pastor.

**Mas o fruto do Espírito é: amor, alegria, paz, paciência, benignidade, bondade, fidelidade, amabilidade e domínio próprio (Gl 5.22,23).**

| **A VERDADE** | Deus nos chamou para prover liderança piedosa para a nossa família. Não temos o que é necessário para fazer isso; quando lhe pedirmos, ele nos dará tudo de que precisamos para fazer isso bem. |
|---|---|

**PENSE SOBRE ISTO...** *Como você descreveria uma "liderança de servo"? Isso é algo sobre o qual sua esposa e sua família poderiam receber mais de você?*

## 24 *"Não preciso crescer e me tornar adulto."*

Em 1991, a Paramount lançou a continuação do desenho animado clássico da Disney de 1953 chamado *Peter Pan*. Nessa continuação, chamada *Hook*, Peter Pan (Robin Williams) esqueceu seu passado e está levando uma vida simples como um advogado não dado a emoções. Então ele é arrastado de volta para Neverland, resgata os seus filhos e no processo redescobre sua criança interior. É um final feliz. Mas essa história é fantasia, e não realidade. Ela não é verdade.

Vivemos em uma cultura que adora a juventude. Bilhões são gastos em cosméticos, cirurgias, equipamentos de exercício, e todas essas coisas são uma vã tentativa de não envelhecermos. As coisas, no entanto, não param aqui. E para algumas pessoas a situação não é somente que elas não querem *envelhecer*, mas que elas não querem *crescer*.

Isso é chamado de o efeito bumerangue: jovens adultos abandonando o ninho, somente para voltarem rapidamente. Às vezes, isso é chamado de "incapacidade de decolar". O fenômeno atingiu níveis epidêmicos na América do Norte e no mundo. Às vezes, essa volta para casa é por um curto período, necessária por razões econômicas. Mas demasiadas vezes, isso é não sair de uma adolescência que passou há muito tempo, uma recusa de crescer e assumir as responsabilidades de adulto.

Uma pesquisa da *Pew Research* publicada em 2016 constatou que é mais provável que os homens americanos entre 18 e 34 anos morem com os seus pais do que se encontrem em qualquer outra situação de moradia.[4]

Mas isso é errado? A Bíblia não recomenda em nós uma fé como de criança, dizendo-nos que precisamos nos tornar crianças para entrar no reino? Sim, ela faz isso. Mas há uma grande diferença entre ser como uma criança e ser infantil. A primeira coisa é louvável, a segunda não é. Sim, há pesos, responsabilidades e trabalho duro que acompanham a vida adulta. Mas também há sentimentos de êxito, realização e respeito próprio.

> *Mas como muitas coisas boas, elas podem acabar se transformando em algo que distrai a atenção, ocupa todo o nosso tempo e nos desvia de um propósito de glorificar a Deus.*

Alguns sugeriram que rapazes têm uma necessidade de ter esse sentimento de realização e que o êxito ao jogar videogame satisfaz essa necessidade, e tudo isso absolutamente sem nenhuma verdadeira realização. Por um lado, como é o caso de muitas coisas, jogar videogame pode ser saudável quando feito com moderação. Por outro lado, isso pode sair do controle e se transformar em um vício que é perda de tempo e ocupa todo o nosso tempo e energia. O que isso satisfaz nos homens é falso, vazio, egoísta e enganoso.

Os homens têm desejos dados por Deus de fazerem parte de algo maior do que eles mesmos, e talvez esse seja o desejo que muitos homens tentam satisfazer se comprometendo obsessivamente com um time de algum esporte. Como é o caso de muitas coisas, esportes e jogos de videogame podem ser coisas boas e saudáveis. Mas também como muitas coisas boas, elas podem

---

[4] Karol Markowicz, "Why so many men are living with their parents", *New York Post*, 30 de maio de 2016, disponível em: www.nypost.com/2016/05/30/why-so-many-men-are-living-with-their-parents/, acesso em: 25 fev. 2020. Nesse mesmo ano, *Psychology Today* relatou que, no estado de New Jersey, 45% dos homens entre 18 e 34 anos agora moram com os seus pais (Hara Estroff Marano, "The 'Failure to launch' epidemic", *Psychology Today*, 5 de dezembro de 2016, disponível em: https://www.psychologytoday.com/us/blog/nation-wimps/201612/the-failure-launch-epidemic, acesso em: 25 fev. 2020.

acabar se transformando em algo que distrai a atenção, ocupa todo o nosso tempo e nos desvia de um propósito de glorificar a Deus.

Aquilo para o qual a Bíblia nos chama é a perseverança, a maturidade, é terminar a corrida.

O apóstolo Paulo escreveu:

> Até que todos cheguemos à unidade da fé e do pleno conhecimento do filho de Deus, ao estado de homem feito, à medida da estatura da plenitude de Cristo; para que não sejamos mais inconstantes como crianças, levados ao redor por todo vento de doutrina, pela mentira dos homens, pela sua astúcia na invenção do erro (Ef 4.13,14).

A tentação é enxergar o "estado de homem feito" meramente de modo espiritual, como se Paulo estivesse nos encorajando a nos tornar teólogos de poltrona, transmitindo a nossa sabedoria em *blogs* e mensagens de texto do porão da casa da nossa mãe. Mas a divisão entre o espiritual e o físico é uma divisão falsa. Paulo também ordena que busquemos a maturidade na nossa vida física, afastando-nos de homens que se recusam a crescer.

> Irmãos, nós vos ordenamos, em nome do Senhor Jesus Cristo, que vos afasteis de todo irmão que vive de forma indisciplinada e em desacordo com a tradição que recebestes de nós. Pois vós mesmos sabeis como deveis nos imitar, pois quando estávamos entre vós não vivíamos desocupados, nem comíamos de graça da comida de ninguém; pelo contrário, trabalhávamos dia e noite com esforço e fadiga para não ser um peso para nenhum de vós; não porque não tivéssemos direito, mas para que nós mesmos vos déssemos exemplo, para nos imitardes. Quando ainda estávamos convosco, vos ordenamos que se alguém não quer trabalhar, também não coma (2Ts 3.6-10).

Parece que esse negócio de "incapacidade para decolar" não é novo. E é muito sério.

A coisa de que gosto em relação a isso é que Paulo é direto e enérgico. Sua admoestação talvez seja para você. Ou ela talvez seja para alguém que você conhece e ama.

> *Mas a divisão entre o espiritual e o físico é uma divisão falsa.*

Ou você precisa ter uma conversa consigo mesmo e admoestar seu próprio coração de modo totalmente claro ou você precisa ter essa conversa com esse outro sujeito. Já deu. Chegou a hora de pôr a mão na massa e ser produtivo.

Se você está em uma situação em que precisa confrontar um rapaz que decidiu não crescer, meu conselho para ele é bem simples: arranje um emprego — não, não precisa ser o emprego dos seus sonhos... somente arranje um emprego; trabalhe duro —, qualquer que seja esse emprego, mostre ao seu patrão que foi uma ótima decisão contratá-lo. Independentemente de quão trivial seja o trabalho, isso lhe trará satisfação.

Se essa pessoa letárgica é você, se você é aquele sujeito que está sugando os seus pais em vez de crescer, você sabe o que fazer.

Rapazes se recusando a amadurecer e se tornar homens não são somente o tema de humor ou comentário social, mas uma realidade grave que enfraquece os homens, suas famílias e a nossa cultura.

Infelizmente, para muitos homens, o nosso sistema permite — até mesmo subsidia — a preguiça. Mas se você tem saúde, você

> *Infelizmente, para muitos homens, o nosso sistema permite — até mesmo subsidia — a preguiça.*

precisar arranjar um emprego e sustentar a si mesmo. Isso resultará em um nível de respeito próprio que nenhum jogo de videogame jamais fornecerá.

> **Quem ama os prazeres empobrecerá;**
> **quem ama o vinho e o azeite nunca enriquecerá (Pv 21.27).**

As Escrituras deixaram claro as responsabilidades dadas por Deus que temos como homens. Ignorá-las não as fará desaparecer. Somos chamados para exercer domínio para trabalhar como se fosse para o Senhor, abraçar os chamados da masculinidade, casamento e da paternidade (se somos chamados para essas últimas coisas) e fazer isso com alegria. Isso é assustador? Sim.

Até mesmo na minha idade, o peso da responsabilidade diária ainda me assusta. Mas o meu Pai celestial está comigo, capacitando-me, atuando por meio de mim para amar e servir à minha família. O fato de que outros dependem de mim me lembra de que preciso depender do Senhor para receber dele sabedoria, força e disciplina para executar fielmente a minha responsabilidade.

| **A VERDADE** | Deus nos chama para nos tornarmos homens que amam, servem, protegem e sustentam a nós mesmos e a nossa família, por sua graça e para sua glória. |

**PENSE SOBRE ISTO...** *Por que alguns homens estão com medo de crescer? Você conhece alguém assim? Como você pode ajudar?*

## 25 *"Se eu disciplinar meus filhos, eles vão se rebelar."*

Muitos homens gostam de motocicletas. Mesmo que não seja a "prioridade" da esposa que ele tenha uma moto, é quase impossível ele não dar mais uma olhada em uma que ele vê ali naquele estacionamento — especialmente se é uma Harley enorme e brilhante. Ou a maioria dos homens vai virar a cabeça com certeza quando vir uma roncando pela estrada. Obviamente, o som alto que essas máquinas massivas emitem faz parte do fascínio.

Só andei de moto algumas vezes na minha vida (veja o parágrafo anterior sobre a prioridade de uma esposa), mas o sentimento de pura potência é quase indescritível. Você sobe na moto, dá a partida, encaixa a marcha com seu pé e gira o acelerador. É incrível. Quando é a hora de partir, a moto sempre obedece.

Nem todo homem gosta de andar a cavalo. Sou um desses homens. Uma má experiência de andar a cavalo na minha infância na fazenda do meu tio fechou a questão para mim. Esse cavalo nem mesmo teve a cortesia de me jogar de seu lombo impaciente em algo macio como o capim alto. Não, foi uma pista de pedregulho que recebeu a minha queda.

Então, por que me sinto atraído por motos e não por cavalos? Há muitas razões, mas a primária é que, diferentemente da submissão do bloco de cromo e aço brilhantes, um cavalo faz (ou não faz) o que quer. Ou o que você quer. Ele talvez responda positivamente ao seu estímulo para andar. Ou ele talvez jogue você na valeta. Ou na estrada.

Criar filhos é mais como andar a cavalo que andar de moto. A obediência aos seus desejos (instruções ou ordens) depende deles. Essas crianças talvez o obedeçam ou talvez o desafiem... jogando você — ou sua esposa — na rua.

## TENTE ENFAIXAR UM ADOLESCENTE

Desde quando eles são bebezinhos, essas criaturinhas egoístas têm uma vontade própria. Você as leva do hospital para casa (ou a agência de adoção), enfaixadas como múmias, mas logo elas tentam assumir o controle. A cara dos pais sonolentos desses recém-nascidos sem dormir há dias dizem tudo o que você precisa saber sobre essa aventura.

Seja como for, sendo o claustrofóbico incurável que sou, quando vejo uma criancinha enrolada como um burrito, contorço-me — ainda bem que são eles e não sou eu. Mas para os pais, isso ajuda a impedir que o bebê de fato exerça sua vontade — ao menos temporariamente.

Mas uma vez que os bebês chegam à idade de não serem mais enfaixados, os pais precisam começar a liberá-los. E é aí que as suas vontades começam a ficar evidentes. Uma vez que eles não são mais portáveis e estão amarrados fortemente com uma cobertinha de algodão, eles podem fazer o que querem. Podem obedecer a você ou podem escolher fazer as coisas do próprio jeito (é só pensar em pais correndo atrás dos seus filhos no mercado).

> *Um dos modos de o nosso Pai celestial (o modelo perfeito) expressar seu amor por nós é nos disciplinar.*

Voltemos à mentira sobre os seus filhos se rebelarem se você os disciplinar.

Não é surpresa alguma que a Bíblia tem algo a dizer sobre exercer bem o nosso papel de pai. Essas admoestações deixam claro que um dos modos de o nosso Pai celestial (o modelo perfeito) expressar seu amor por nós é nos disciplinando.

> Filho meu, não desprezes a disciplina do Senhor,
> nem fiques desanimado quando por ele és repreendido.
> Pois o Senhor disciplina a quem ama
> e pune a todo o que recebe como filho (Hb 12.5,6).

E a nossa disciplina debaixo de Deus se torna o exemplo fundamental para como lidamos com os nossos filhos. Aprendemos a ser obedientes às suas ordens e então demonstramos aos nossos filhos como a disciplina e obediência devem ser.

> Pois eles [os nossos pais terrenos] nos disciplinaram durante pouco tempo, como bem lhes parecia, mas Deus nos disciplina para o nosso bem, para sermos participantes de sua santidade. Nenhuma disciplina parece no momento motivo de alegria, mas de tristeza. Depois, porém, produz um fruto pacífico de justiça nos que por ela têm sido exercitados (Hb 12.10,11).

Quer uma promessa mais firme do que essa?

Meu pai era um disciplinador rígido. Lembro-me de que quando eu era adolescente ia à minha mãe e me queixava de que ele era rígido demais comigo. Sua resposta gentil foi uma de que nunca me esquecerei... ainda que no momento como um rapaz rebelde tenha sido difícil aceitá-la.

"Seu pai é duro com você porque ele te ama", ela me disse. "Ele realmente acha que sua disciplina amorosa é uma coisa boa para você". Então ela acrescentou com um sorriso gentil: "E eu também".

> Porque o Senhor repreende a quem ama,
> assim como o pai repreende o filho a quem quer bem (Pv 3.12).

Nossa tarefa como pais é sermos carinhosos e amorosos com os nossos filhos sem nunca deixamos de disciplina-los fielmente.

E como é essa "disciplina"? Embora não haja espaço aqui para esmiuçar isso completamente, meu conselho seria que as suas ações com os seus filhos sejam apropriadas à idade deles e inesquecíveis.

Proibir o uso do carro a uma criança de três anos ou bater em alguém de dezoito anos não funcionaria em nenhum dos casos. Mas achar castigos correspondentes às infrações é importante.

E lembre-se de que disciplinar os seus filhos não é seu modo de lhes retribuir as inconveniências que seu mau comportamento lhe causou. A disciplina é mais eficaz quando você está de fato os ajudando a aprender uma lição com o que eles fizeram que poderia tê-los prejudicado, decidindo não fazer isso de novo.

> *Disciplinar os seus filhos não é seu modo de lhes retribuir as inconveniências que seu mau comportamento lhe causou.*

> E vós, pais, não provoqueis a ira dos vossos filhos, mas criai-os na disciplina e instrução do Senhor (Ef 6.4).

## DEIXAR IR

Na providência de Deus, na manhã em que estava escrevendo este capítulo, recebi uma mensagem de texto da minha filha, Julie. Ela e seu marido, Cristopher, agora também tem duas filhas adolescentes.

Uma vez que eu estava no processo de tratar dessa mentira, agradeci a Julie o fato de ser a minha filha... como se ela tivesse opção. E lhe agradeci que tivesse demonstrado um desejo genuíno de ser obediente enquanto estava crescendo. Contudo, preciso dizer que ela era uma criança extremamente vigorosa. Até mesmo quando ela era bem pequena, ela fazia "aquela cara" para mim quando a disciplinava. "Devo obedecer ou fazer as coisas do meu jeito?", os seus olhos estavam dizendo. Talvez você tenha um filho assim.

Assim, nessa manhã em que agradeci a Julie pela sua vida, por amar sua família fielmente e andar fielmente com o Senhor, ela poderia ter dito algo sobre o pai fantástico que eu era. Mas ela não disse. Que coisa. Em vez disso, ela atribuiu seu coração dedicado ao Senhor à instrução e ao encorajamento que recebeu de Bobbie e de mim e ao "poder controlador do Espírito Santo".

Lembrei-a das tantas vezes que sua mãe e eu havíamos orado por ela. Essas orações se intensificavam quanto mais velha ela ficava e mais independente ela se tornava. "Não podemos fazer nada em relação ao coração de Julie", nós orávamos. "Mas o Senhor pode. Pedimos que a visite por meio de seu Espírito Santo. Fale com ela de um modo que ela entenda. Ajude-a a amar o Senhor e escolher obedecer à sua voz".

## ORAMOS PELOS NOSSOS FILHOS

Lembre-se, criar os nossos filhos é mais como andar a cavalo que andar de moto Harley. Não podemos controlar o resultado de sua vida ou forçá-los a fazer escolhas certas. Nem mesmo com as melhores técnicas de pai. À medida que eles crescem, eles têm a capacidade de escolher obedecer. Ou não.

Assim, o que fazemos? Oramos.

Quando eu era menino, era muito frequente acordar na escuridão das primeiras horas da manhã com o som do meu pai orando. Sua voz grave enviava uma vibração baixa, mas audível pela nossa casa. Meus irmãos e irmãs sabiam que eles estavam sendo citados por nome, um de cada vez: Ruth, Sam, Ken, Robert, Debbie, Dan. Fielmente, de joelhos, ele nos levava para diante de seu Pai celestial e defendia a nossa causa. Sabíamos que ele orava para que fôssemos protegidos de qualquer mal e para que obedecêssemos à voz de Deus.

Alguns meses antes de ele morrer, sentei-me com o meu pai em sua casa. Ele estava sofrendo de uma doença neurológica rara que o tornava quieto e introvertido. Era muito difícil para ele falar ou ouvir. Seus olhos estavam se deteriorando, de modo que ele não podia ler o jornal ou assistir ao beisebol ou ao basquete na televisão.

— Pai — eu lhe disse — como isso tudo faz você se sentir?

Ele olhou bem nos meus olhos.

— Inútil — ele disse.

— Pai — eu finalmente disse após alguns minutos — você se lembra de como costumava orar por nós?

— Ainda oro — ele respondeu com um leve sorriso.

— Você sabe a diferença que isso faz na nossa vida? — eu disse. — Você sabe quão gratos somos?

*... sobre o casamento e a família*

Ele acenou com a cabeça.

— Mesmo que você estivesse com saúde e forte — eu continuei, — ainda assim não há nada mais importante, mais útil, que você pudesse fazer do que continuar orando.

— Obrigado, filho — meu pai respondeu.

— Não, obrigado a *você* — eu disse indo à sua cadeira. Ajoelhei-me na frente do meu pai, coloquei os meus braços em volta dele e o abracei.

> *Criar os nossos filhos é mais como andar a cavalo que andar de Harley.*

— Obrigado — repeti, beijando-o no rosto. Fiquei abraçado com ele só mais um pouco e o beijei de novo.[5]

Embora você e eu muitas vezes falhemos como pais, o nosso dever é fazer o máximo para disciplinar os nossos filhos de forma justa e amá-los de maneira incondicional. O resultado está — e sempre estará — nas mãos do nosso Pai celestial. E que resultado almejamos que seja esse? Com que finalidade oramos? Por que não desistimos de orar?

Essencialmente, a nossa oração é que eles tenham um coração para Deus, amor por Cristo, amor pela justiça, caráter piedoso e a bênção dele em sua vida, preparando-os para serem filhos de Deus sábios e obedientes.

| **A VERDADE** | Precisamos disciplinar, encorajar e instruir os nossos filhos, mas somente Deus pode dirigir e mudar seu coração. Assim, é por essas coisas que oramos. |
|---|---|

**PENSE SOBRE ISTO...** *O que lhe dá mais prazer na paternidade? Quando ser um bom pai não é uma disputa de popularidade? Quão importante é que os seus filhos tenham um pai que não tem medo de ser pai?*

---

[5]Robert Wolgemuth, *Prayers from a dad's heart* (Grand Rapids: Zondervan, 2003), p. 12-3.

CAPÍTULO 7

MENTIRAS EM QUE OS HOMENS ACREDITAM
# SOBRE O TRABALHO E A RIQUEZA

Seu nome era C. J. Nunca descobri o que essas letras significavam. Não fazia diferença.

A casa em que C. J. e sua esposa moravam era como algo que se vê na revista *Arquitectural Digest*. Ela estava "aninhada" nas montanhas da Carolina, mas não era um daqueles tipos de estrutura de cabana rústica de toras de madeira que você muitas vezes vê nessa região. Não, essa casa era como algo do futuro. Vidro, granito e madeira de lei importada estavam por toda parte. As portas internas tinham três metros de altura, e as últimas tecnologias de ponta tornavam a vida nessa casa incrivelmente prática.

Eu tinha enorme respeito pela coragem empresarial e perspicácia para os negócios de C. J. Em algum lugar na confusão de um homem com um ego enorme havia um sujeito cujo coração eu via às vezes. Mas o trabalho e as posses de C. J. acabaram o arruinando.

Sua esposa encantadora finalmente se cansou de seu ardente orgulho e paixão por mais e maiores coisas, e o deixou. Seus filhos adultos também o abandonaram, não querendo ter relação alguma com seu pai incorrigivelmente orgulhoso e seguro de si. Tenho certeza de que isso o deixou profundamente magoado, mas logo C. J. estava na grande aventura seguinte, começando ainda mais uma empresa visto que a última foi aberta para os investidores, adicionando mais zeros ao seu patrimônio líquido que não parava de crescer.

A última notícia que tive é que ele estava morando em seu palácio sozinho. Essa é uma história triste.

A maior mentira sobre o trabalho e a riqueza é que um emprego prestigioso e muito dinheiro garantem o sucesso de um homem. Certamente, a prova de que isso é uma mentira poderia vir de homens que você e eu conhecemos (ou de que ouvimos falar). Homens com currículos incríveis com quem não gostaríamos de passar trinta segundos; homens fabulosamente ricos cuja vida é pura tragédia.

## VOCÊ PODE IDENTIFICAR ESSES SUJEITOS

Festas da vizinhança são um fato da vida. Casas lotadas com pessoas que mal se conhecem, em pé na casa toda, simplesmente "puxando papo" enquanto examinam a sala para fazer contatos com pessoas mais importantes. Ao longo dos anos, fui a muitas. Até mesmo recebi muitas delas. E, após os homens lerem a etiqueta com o nome uns dos outros, é assim que é praticamente toda conversa:

"E o que você faz?"

"E qual é sua casa?"

Se o questionador é observador, ele talvez acrescente: "Aquele SUV novo que eu vi na rua é seu? Que carrão!".

> *Algum sujeito que está claramente em contato com seu lado sensível talvez até pergunte sobre a família de outro homem.*

Algum sujeito que está claramente em contato com seu lado sensível talvez até pergunte sobre a família de outro homem. Esse homem fará o favor de pegar seu smartphone e deslizar o dedo por fotos recentes de sua esposa e filhos. O homem que começou a conversa dará uma olhada no celular e fingirá estar interessado.

Há também o homem que praticamente só tem tempo ou interesse para si mesmo. Ele não faz perguntas porque ele realmente não se importa. Ele passa de pessoa a pessoa, certificando-se de que cada um ali sabe quão incrível, importante ou rico ele é.

Desde a primeira vez que ouvi sobre ele, achei que o homem chamado Nabal deve ter sido assim. Sua história está no livro de 1Samuel, no Antigo Testamento.

> **Havia um homem em Maom que tinha propriedades [negócios] no Carmelo. Esse homem era muito rico, pois tinha três mil ovelhas e mil cabras; e estava tosquiando suas ovelhas no Carmelo. Esse homem se chamava Nabal (1Sm 25.2,3).**

O nome Nabal significa "insensatez". Exatamente.

O homem vivia na área rural de Maom e tinha um negócio em um lugar mais conhecido, Carmelo. Esse era um lugar importante — foi onde Elias invocou a Deus para que caísse o fogo do céu que consumiu o altar dos profetas de Baal (1Rs 18). Nada é dito sobre que tipo de negócio Nabal tinha no Carmelo, mas, dadas as suas propriedades de terra e animais em Maom, fica claro que ele era próspero.

Um bom emprego, muita riqueza. E isso não é tudo. Há mais.

> **... O nome de sua mulher era Abigail. A mulher era sensata e bonita... (1Sm 25.3).**

Assim, Nabal tinha trabalho significativo, muito dinheiro e uma esposa que exercia discernimento e era fisicamente atraente. O sujeito devia estar no céu. "*Mas*"... como esse versículo continua dizendo, havia um aspecto negativo:

> **... Porém o homem era grosseiro e mau (1Sm 25.3).**

É sério isso? Com todas as coisas boas em sua vida, verifica-se que Nabal era um patife egoísta e grosso. No decorrer da história, descobrimos que ele também era ingrato. Davi (que havia sido ungido por Deus para ser o rei de Israel seguinte, mas estava fugindo de Saul, o monarca no trono no momento, que estava tentando matá-lo) havia protegido a terra de Nabal, e Nabal se recusou a preparar uma refeição para os soldados israelitas.

Tendo sofrido ataques de cólera anteriormente, quando Davi recebeu essa notícia, ordenou que quatrocentos dos seus homens se armassem e se preparassem para a batalha junto com ele. Próxima parada? Maom. Prepare-se, Nabal. Seu dia será terrível.

Felizmente para Nabal, sua extraordinária mulher ouviu falar do plano de Davi para aniquilar o marido dela.

> Então Abigail se apressou e pegou duzentos pães, dois recipientes de couro cheios de vinho, cinco ovelhas assadas, cinco medidas de trigo tostado, cem cachos de passas e duzentas pastas de figos secos e os pôs sobre jumentos (1Sm 25.18).

> *Você já se perguntou por que o texto da Bíblia incluiu histórias como a de Nabal?*

O plano de Abigail era tentar apaziguar a ira de Davi fornecendo uma refeição requintada para as tropas dele. Davi se acalmou. Nabal foi poupado. Missão cumprida.

Mas quando ela voltou para casa, Abigail encontrou seu marido bêbado, fazendo uma festa "de arraso". Na manhã seguinte, quando ela explicou a Nabal o que havia feito para salvar a pele dele, ele teve uma explosão de raiva e sofreu um grave derrame. Dez dias depois, ele estava morto.

## EXEMPLO NEGATIVO

Você já se perguntou por que o texto da Bíblia incluiu histórias como a de Nabal — um homem proeminente e rico com uma esposa bonita, caindo morto de ressaca e com uma atitude muito ruim? A razão poderia ser que Deus quer que saibamos que um bom emprego, um saldo impressionante na nossa conta bancária e uma esposa atraente não são suficientes?

Jesus resumiu isso assim quando ele disse:

> Pois que adianta ao homem ganhar o mundo inteiro
> e perder sua vida? (Mc 8.36).

A nota de rodapé dessa afirmação poderia ter contido: "ver Nabal." Relatada no Evangelho de Lucas, Jesus contou uma história curta sobre outro homem bem parecido com Nabal. E com C. J. Uma vez que eu mesmo nasci com uma veia empresarial, é impossível para mim ignorar essa história.

> Então lhes propôs uma parábola, dizendo: "o campo de um homem rico havia produzido com fartura; e ele pensava consigo mesmo: 'que farei? Pois não tenho onde guardar o que colhi'. Então disse: 'vou fazer isto: derrubarei os meus celeiros e edificarei outros maiores, e neles colocarei todo o meu cereal e os meus bens; então, direi a mim mesmo: armazenaste muitos bens para vários anos; descansa, come, bebe, alegra-te'. Mas Deus lhe disse: 'insensato, esta noite te pedirão a tua vida; e o que tens preparado, para quem será?'. Assim é aquele que ajunta tesouros para si, mas não é rico diante de Deus" (Lc 12.16-21).

## ADORANDO COISAS ESTÚPIDAS

Por que a Palavra de Deus nos adverte com tanta frequência e seriedade sobre os perigos associados à busca de *status* mundano e ganho financeiro? Qual o problema com essas coisas?

Na verdade, nenhum — não há nada errado com essas coisas em si mesmas e por si mesmas. Mas quando a riqueza e o prestígio são alcançados, nosso coração às vezes também é capturado. Não é sobre o dinheiro que as Escrituras nos advertem, é o *amor* ao dinheiro que é o problema. Quando isso acontece, transformamos uma coisa boa em um ídolo.

> *Mas quando a riqueza e o prestígio são alcançados, nosso coração às vezes também é capturado.*

Quando os israelitas estavam migrando do Egito para a Terra Prometida — uma viagem de 400 quilômetros que eles levaram quarenta anos para fazer —, Deus os educou em relação ao que significava amar e obedecer a ele de todo seu coração. Em certa ocasião, Moisés foi ao topo do monte Sinai para falar com Deus. Ele ficou lá durante quarenta dias e quarenta noites.

O povo ficou impaciente e resmungou, fazendo um apelo lamurioso a Arão, o irmão de Moisés: "Levanta-te! Faze para nós um deus que vá à nossa frente, porque não sabemos o que aconteceu a esse Moisés, o homem que nos tirou da terra do Egito" (Êx 32.1).

Assim, Arão pediu que o povo reunisse seu ouro e o trouxesse a ele. Hoje, poderíamos ter pedido que nos trouxessem os relógios, computadores, joias, dinheiro vivo, ações em grandes empresas, casas de férias e produtos importados. As coisas que temos que nos fazem nos sentir seguros.

Todo o ouro foi derretido e moldado em uma imagem, moldado como um bezerro. Você talvez se lembre dessa história, mas, caso não se lembre, o que acontece quando o povo vê esse pedaço de ouro em formato de bezerro é algo assombroso. Inimaginável. O povo se ajoelha e o adora. Depois de todos os milagres que seu Deus fez diante deles a olhos vistos, os israelitas oram tolamente a esse pedaço de metal sem vida como se ele pudesse ouvir. E responder.

Os seus objetos de valor, suas joias, suas coisas haviam sido fundidas em um ídolo. E eles o adoraram.

> Mas, se de algum modo te esqueceres do Senhor, teu Deus, e se seguires outros deuses e os cultuares, curvando-te diante deles, declaro hoje contra vós que certamente morrereis (Dt 8.19).

Isso nos lembra de Nabal, não lembra? Talvez também de C. J.?

## A VERDADEIRA QUESTÃO

Antes que eu me sinta tentado a me achar o "bonzão" e condenar os homens que estão tentados a deixar seu coração ser atraído por *status* e dinheiro e pelas coisas que podem ser adquiridas com muito disso, confesso a tentação de ser eu mesmo esse sujeito.

Preciso lembrar a mim mesmo continuamente o que sei ser verdade sobre o dinheiro e as coisas que ele pode comprar. Preciso da perspectiva de Deus sobre essas coisas. Talvez você também?

Assim, examinemos isso de novo...

Ter um bom emprego é uma coisa ruim? Não.

Ter dinheiro é uma coisa ruim? Não.

Morar em uma casa adorável e ter um bom carro é uma coisa ruim? Não.

Mas amar essas coisas demais é uma coisa ruim? É perigoso experimentá-las sem entender que elas na verdade não nos tornam quem somos?

Sim. Absolutamente sim.

Talvez o apóstolo Paulo soubesse algo sobre as minhas tentações aqui ou talvez ele tivesse um amigo em mente como C. J. quando ele escreveu:

> **Porque o amor ao dinheiro é a raiz de todos os males; e por causa dessa cobiça alguns se desviaram da fé e se torturaram com muitas dores (1Tm 6.10).**

Então, é isso. As mentiras que estamos prestes a esmiuçar estão relacionadas ao nosso trabalho e à nossa riqueza. Você e eu nunca estamos imunes a nos tornar vítimas dessas mentiras. Assim, como o sujeito diz ao seu oponente em uma luta de espada... essa é uma boa hora de estar "de guarda".

## 26 *"Ganhar mais dinheiro me tornará mais feliz."*

Você não acredita de fato nessa mentira, não é mesmo? Você e eu jamais admitiríamos isso publicamente. Poderíamos não acreditar que acreditamos nisso. Mas a sutiliza do Diabo é tal que ele nos encoraja a acreditar em coisas que nunca admitiríamos a nós mesmo ou a outras pessoas.

Dizemos que não somos tão superficiais, que o dinheiro não pode comprar amor, que você não pode levá-lo com você, que mais dinheiro significa mais problemas. Mas se examinamos a nossa vida, se examinamos nossas prioridades, vemos no que de fato acreditamos, lá no fundo. A Bíblia expressa isso assim: "Pois assim como ele pensa em seu coração, assim ele é". (Pv 23.7, NKJV).

## SÓ MAIS UM POUCO

John D. Rockefeller ao menos era honesto consigo mesmo. O fundador da empresa Standard Oil foi o primeiro bilionário americano, e durante certo tempo ele foi o homem mais rico do mundo. Conta-se que certo dia um repórter lhe perguntou:

— Quanto dinheiro é suficiente?

Rockefeller respondeu:

— Só mais um pouco.[1]

Parece tolo, não é? Mesmo sendo um homem que tinha tanto, ele ainda não estava satisfeito.

Até considerarmos isto: Você e eu provavelmente somos o "um por cento". Isto é, é extremamente provável que somos mais ricos do que 99 por cento de todas as pessoas que já viveram. Se você tem um carro — por mais gasto que ele esteja —, se você tem encanamento interno em casa, água quente e luz elétrica, se você tem aquecimento ou ar condicionado em sua casa, você está desfrutando de benefícios sem os quais até mesmo reis precisaram passar menos de duzentos anos atrás.

> *A pobreza que sentimos não é a lacuna entre o que temos e o que precisamos, mas a lacuna entre o que temos e o que queremos.*

E, como no caso de Rockefeller, isso não é suficiente. A pobreza que sentimos não é a lacuna entre o que temos e o que precisamos, mas a lacuna entre o que temos e o que queremos. De acordo com esse critério absurdo, até mesmo Rockefeller era pobre.

A coisa é a seguinte: não são as coisas que são o resumo da coisa. É fácil achar que um carro melhor, uma casa melhor, uma TV maior e com definição mais alta vão matar a fome dentro de nós. Mas essas coisas não nos saciam e nem podem nos saciar. Você e eu podemos achar satisfação somente no

---

[1] Diversos colaboradores, "John D. Rockefeller", in: *New World Encyclopedia*, última modificação 25 de agosto 2016, disponível em: www.newworldencyclopedia.org/entry/John_D._Rockefeller, acesso em: 25 fev. 2020.

Doador das bênçãos. No século 4 d. C., o bispo norte-africano Agostinho expressou essa verdade de um modo que se provou atemporal:

> Fizeste-nos para ti, e inquieto está nosso coração enquanto não repousa em ti.[2]

Quando nos entregamos a buscar riqueza e as coisas que ela pode comprar, somos como um homem sedento buscando matar sua sede bebendo água do mar. Quanto mais ele tomar a água salgada, mais sedento ficará.

## TUDO DE QUE REALMENTE PRECISO É DE MAIS GRATIDÃO

O dinheiro não nos fará felizes. A gratidão fará. Em Romanos 1, o apóstolo Paulo reforça seu argumento com a verdade de que todos os homens são culpados perante Deus. Sabemos que ele existe. Sabemos que não estamos à altura de seu padrão. O que também sabemos, no entanto, é que fingimos que não sabemos. Suprimimos a verdade, tentando desesperadamente tirá-la da nossa mente. Paulo conclui assim:

> *O dinheiro não nos fará felizes. A gratidão fará.*

> Mesmo tendo conhecido a Deus, não o glorificaram como Deus, nem lhe deram graças; pelo contrário, tornaram-se fúteis nas suas especulações, e seu coração insensato se obscureceu (Rm 1.21).

Examine isso novamente. Por favor, não deixe escapar o poder dessas palavras. O apóstolo diz que apesar do que sabemos sobre Deus, não o glorificamos como ele merece. E, ele diz, não lhe agradecemos o que temos. Consequentemente, o nosso pensamento se torna "inútil" (CSB).

Independentemente de quem você é, de seu saldo bancário, de onde você mora, trabalha e passeia, comparados à maioria dos outros homens

---

[2]Agostinho, *Confessions*, tradução de Henry Chadwick (New York: Oxford University Press, 1991), p. 3 [edição em português: *As confissões*, tradução de Frederico Ozanam Pessoa de Barros (Rio de Janeiro: Ediouro, 1993)].

no planeta Terra, você e eu somos incrivelmente ricos. Um coração grato reconhece que o nosso pai celestial é a fonte da qual fluem todas as dádivas boas e perfeitas (Tg 1.21), que tudo o que temos pertence a ele, que somos meramente mordomos dessa riqueza, da riqueza dele. Ele é aquele que determina o que e quanto teremos. Não obteremos mais querendo mais, mas administrando bem o que ele já nos deu e confiando que se ele realmente sabe que verdadeiramente precisamos de mais para satisfazer as nossas necessidades, ele proverá mais.

Não faz muito tempo que conversei com um rapaz que trabalha para a minha empresa. Eu estava lhe expressando quão grato sou pelo bom trabalho que ele está fazendo de modo tão fiel, diariamente.

Estamos em uma situação em que poderíamos aumentar o salário dele só um pouquinho. Eu lhe disse que poderia lhe dar um pequeno aumento.

"Estou bem", ele disse. "Dê o aumento a algum outro." E então ele acrescentou: "Não falta nada para a minha esposa e para mim. E somos gratos".

A resposta do meu colega foi impressionante no momento. E ainda é.

A gratidão é um caminho para uma paz profunda e inabalável. Por favor, ouça isto: Não podemos ser gratos e rancorosos ao mesmo tempo. Não podemos ser gratos e estar descontentes. Ou gratos e apreensivos. Escolhemos uma coisa ou a outra.

> *A gratidão é um caminho para uma paz profunda e inabalável.*

Você e eu podemos aprender com Davi. Ele começa o salmo 23 assim: "O Senhor é o meu pastor; nada me faltará" (23.1). Ele continua celebrando que seu Pastor o conduz a pastos verdejantes e águas tranquilas. Mas ainda antes de ele receber essas dádivas, ele tem tudo de que precisa, contanto que o Senhor seja seu pastor. Nada lhe falta. Esse mesmo Pastor é de fato suficiente.

---

**A VERDADE** | Se Jesus é tudo o que queremos, ele será tudo de que realmente precisamos. Se um homem trocasse tudo o que tem por ele, essa seria uma troca sábia.

**PENSE SOBRE ISTO...** *O natural é acreditar que ganhar dinheiro é o nosso objetivo supremo. Isso descreve você? Você acredita que ter mais dinheiro o fará mais feliz? Por que essa é uma ideia falaciosa?*

### 27 *"Como gasto meu tempo é problema meu."*

Dias atrás, eu vi uma tabela de administração do tempo online.[3] Com base nisso, resumi como imaginei que o homem médio gasta as suas horas semanalmente. Aqui estão as minhas pressuposições para as 168 horas que você e eu temos. Veja como isso corresponde a como você gasta seu tempo:

- 40 — Trabalho (a semana de trabalho média)
- 7,5 — Ir ao e voltar do trabalho (1,5 hora por dia)
- 14 — Comer ou preparar refeições (2 horas por dia)
- 56 — Dormir (pressupondo 8 horas por noite)
- 7 — Várias outras atividades (uma hora por dia de cuidar da casa, outras tarefas, levar os filhos à escola etc.)
- 124,5 — Total

Ainda sobram 43,5 horas por semana.

Assim, acrescentemos 7 horas para tomar banho e trocar de roupa, 7 horas para estudo bíblico e oração pessoais, 3 horas para a igreja (culto, ir e voltar), 4 horas para leitura, 4 horas para conversar com a esposa e filhos e 2 horas para fazer amor.

Isso totaliza 27 horas, o que faz com que ainda sobrem 16,5 horas. Em outras palavras, eu tenho um dia inteiro por semana de "tempo livre".

Assim, o que faço com esse dia livre toda semana? E por que isso importa?

O pintor pós-impressionista francês Paul Gauguin (1848-1903) era conhecido como um renegado na comunidade artística de sua época. Uma das suas pinturas a óleo mais famosas foi a forma que retratava a jornada

---

[3]Disponível em: www.stress.lovetoknow.com/time-management-chart, acesso em: 25 fev. 2020.

do homem do nascimento ao túmulo. Em vez de simplesmente assinar o quadro como era seu costume, Gauguin escreveu três breves perguntas em francês: "De onde viemos? Quem somos? Para onde vamos?".

O pintor morreu com cinquenta e poucos anos em consequência de uma vida de excessos. Parece que ele foi para seu próprio túmulo sem a resposta a essas perguntas.[4]

Em contraste, o que a Palavra de Deus diz sobre viver e morrer é isto:

> Porque nenhum de nós vive para si, e nenhum de nós morre para si. Pois, se vivemos, para o Senhor vivemos; se morremos, para o Senhor morremos. De modo que, quer vivamos, quer morramos, somos do Senhor (Rm 14.7,8).

O catecismo New City pergunta: "Qual é a nossa única esperança na vida e na morte?". A resposta vem a seguir:

> Que não pertencemos a nós mesmos, mas pertencemos, com nosso corpo e nossa alma, na vida e na morte, a Deus e ao nosso Salvador Jesus Cristo.[5]

Uma das coisas que marcam homens como você e eu, homens que adotam uma cosmovisão cristã, é como vemos a passagem do tempo e encaramos a organização dos acontecimentos da vida. Pensar de modo cristão é afirmar: "Meus dias, ó Senhor, estão nas tuas mãos".[6]

## MORDOMOS DO TEMPO

Voltando a como você e eu gastamos as nossas 168 horas, também conhecidas como "nossos dias", tenho uma pergunta para considerarmos.

---

[4] "Paul Gauguin biography", Biography.com, última atualização 27 de abril de 2017, disponível em: www.biography.com/people/paul-gauguin-9307741#artist-in-exile, acesso em: 25 fev. 2020.

[5] "The new city catechism", disponível em: www.newcitycatechism.com/new-city-catechism/#1, acesso em: 25 fev. 2020 [edição em português: *Catecismo nova cidade* (São José dos Campos: Fiel, 2017)].

[6] Meu agradecimento especial vai ao dr. Alistair Begg por essa percepção em uma conversa privada.

Você está pronto? Quais dessas horas pertencem a Deus? A resposta deve ser clara.

*Todas* elas são dele; somos administradores de cada uma e de todas elas.

> **Meus dias estão nas tuas mãos; livra-me das mãos dos meus inimigos e dos que me perseguem (Sl 31.15).**

O salmista poderia ter escrito: "As minhas horas — todas as 168 por semana — estão nas tuas mãos, ó Senhor. Essas horas são um presente de ti. E como gasto cada uma delas é o meu presente de volta para ti".

Alguns poderiam argumentar que talvez a resposta rápida e óbvia de qual tempo pertence a Deus seriam as dez horas que gastamos na igreja e em devoções pessoais. Sim, muito bem; mas essa não é a resposta toda.

Cada uma das nossas atividades e tarefas nos foi entregue em confiança pelo Criador. Ou, como o apóstolo Paulo resumiu em sua primeira carta à igreja coríntia: "Portanto, seja comendo, seja bebendo, seja fazendo qualquer outra coisa, fazei tudo para a glória de Deus" (10.31).

Durante muitos anos, as pessoas usaram pequenas pulseiras elásticas que continham as letras OQJF: "O que Jesus faria?". Em relação a como gastamos o nosso tempo — incluindo o nosso tempo "livre", — a minha pergunta seria: "O que Jesus *fez*?". Como ele gastava as suas 168 horas?

> *O que você e eu fazemos com o nosso "tempo livre" talvez diga mais sobre nós do que o que fazemos com o nosso "tempo produtivo".*

Quando ele estava fugindo da cidade de Jerusalém, em que os seus inimigos haviam ameaçado matá-lo, Jesus passou por um cego. Seus discípulos fizeram uma pergunta sobre por que o homem estava nessa condição. Em sua resposta, Jesus parece estar mudando de assunto, mas não é o caso.

> **Enquanto é dia, é necessário que realizemos as obras daquele que me enviou; a noite vem, quando ninguém pode trabalhar (Jo 9.4).**

Ele estava dizendo: "Quando o sol está brilhando e há trabalho para ser feito, trabalhe".

Ele também estava dizendo que a chegada do pôr do sol é inevitável. O dia terminará. É quando o que fazemos durante o dia cessará. Não será possível fazer mais nada.

Havia um homem cego que precisava de auxílio, e Jesus o curou. Mas após esse milagre e um encontro amedrontador com líderes religiosos no templo, a Bíblia nos conta o que Jesus fez em seguida com seu tempo livre:

> E retirou-se de novo para o outro lado do Jordão, para o local onde João batizava no princípio; e permaneceu ali (Jo 10.40).

O que você e eu fazemos com o nosso "tempo livre" talvez diga mais sobre nós do que o que fazemos com o nosso "tempo produtivo". Esse é um desafio enorme, não é?

O nosso tempo, todo ele, pertence a Deus.

---

**A VERDADE** | Se pertencemos a Deus, todas as nossas horas, incluindo aquelas em que não temos nada planejado, pertencem a ele.

---

**PENSE SOBRE ISTO...** *O que são algumas coisas que fazem você desperdiçar o tempo em sua vida? Que passos práticos você pode dar para honrar a Deus com seu tempo?*

### 28. *"Não sou responsável por ser o provedor da minha esposa e família."*

Considerando-se as fortes pressões que nos empurram para querermos largar os deveres no que diz respeito às responsabilidades em casa, vamos chamar o que muitos homens enfrentam hoje de "a tentação de abdicar". Ela é real. Se não é para você, para muitos dos seus amigos é. Basta olhar em volta.

De acordo com o Dictionary.com, em 1975 uma nova expressão entrou no vocabulário inglês. Ela é definida como "um pai que negligencia as suas responsabilidades como pai".[7]

A expressão é *deadbeat dad*, e com frequência é usada em referência a um pai que abdica de seu papel dado por Deus de ser o provedor de sua família.

Isso poderia designar você e eu?

Obviamente, você se assustará com essa noção, visto que *deadbeat dad* é muitas vezes usado para designar homens que se recusam a pagar a pensão após se divorciar da esposa, mãe de seu filho. Mas na verdade, de acordo com o meu dicionário da internet, essa é a segunda definição. A primeira é simplesmente um pai que decide não ser... pai.

Novamente, é possível que isso designe você e eu?

Vejamos o que o apóstolo Paulo diz sobre um homem e seu papel como o provedor:

**Mas, se alguém não cuida dos seus, especialmente dos de sua família, tem negado a fé e é pior que um descrente (1Tm 5.8).**

Parece bastante sério negligenciar as necessidades de sua família. E é mesmo.

Contudo, essa responsabilidade pela provisão não significa que você e eu fazemos todo o trabalho necessário para cuidar da nossa casa e família. E não necessariamente significa que somos os únicos que trazem dinheiro para o orçamento da família. Esposas e mães podem e devem contribuir para o bem-estar da família de vários modos.

> *Parece bastante sério negligenciar as necessidades de sua família. E é mesmo.*

Mas você e eu de modo único temos a responsabilidade final sob a condução de Deus por assegurar que as necessidades da nossa família estejam sendo supridas e por supervisionar essa esfera. Sua esposa talvez tenha um salário maior do que seu, mas você é o responsável. Você e eu temos uma percepção inata de que isso é bom e certo.

---

[7] Dictionary.com, s.v. "deadbeat dad", disponível em: http://www.dictionary.com/browse/deadbeat-dad, acesso em: 25 fev. 2020.

Em algumas situações, talvez não seja possível para um homem cumprir essa responsabilidade. Ele talvez tenha algum tipo de invalidez ou talvez haja outras circunstâncias atenuantes. Nesses casos, Deus proverá de outro modo. Mas um homem de Deus sentirá o peso dessa responsabilidade e dependerá de Deus para que ele lhe dê sabedoria e graça para cumpri-la.

Então, como isso funciona na prática? Boa pergunta.

## VOCÊ É ALGUÉM QUE QUEBRA O CICLO?

Você talvez tenha tido a felicidade de ter um pai que provia para as necessidades de sua família, um homem que tinha apreço pela sua mãe, um homem que era um exemplo piedoso para você e cuja disciplina era justa e constante. Essa é uma bênção especial, visto que você tem um bom exemplo para seguir. Essa é a melhor maneira de aprender. Você sabe como é exercer bem o papel de marido e de pai.

E você quer ser como seu pai.

> *Sua familiaridade profunda com os Provérbios lhe deu as ferramentas de que ele precisava para ser um provedor mais do que capaz na vida profissional e em casa.*

Ou talvez seu pai fosse um *deadbeat*. Ele serviu pouco ou nada de exemplo para você. Ele de modo algum foi um provedor para as necessidades de sua família. Você nunca se pegou dizendo que queria ser como ele (talvez seu pai tenha sido totalmente ausente de sua vida). Esse é um modo difícil de aprender.

Você está dizendo a si mesmo: "Não quero ser como o meu pai". Seu grande desafio é "quebrar o ciclo".

Tive o privilégio de ter um pai que foi sempre um modelo de provedor fiel, assegurando que as necessidades de sua família fossem satisfeitas. Muitas vezes ao longo dos anos, lembrei-me das muitas coisas boas que Samuel Wolgemuth fez em seu papel.

Minha esposa, Nancy, teve o mesmo privilégio. Na verdade, com o propósito de encaminhar a família de manhã, todo dia seu pai, Art DeMoss, como provedor da família, lia sua Bíblia, e isso incluía um capítulo de

Provérbios.[8] Esse livro tem trinta e um capítulos, de modo que o livro durava um mês. Quando ele chegava ao fim de sua leitura e um novo mês começava, ele voltava ao início e lia Provérbios de novo.

Embora eu não tenha conhecido Art DeMoss, seu legado de fidelidade é conhecido pelo mundo. Na verdade, sua familiaridade profunda com os Provérbios lhe deu as ferramentas de que ele precisava para ser um provedor mais do que capaz na vida profissional e em casa.

A nossa responsabilidade de sustentar as nossas famílias não pode ser abandonada.

## UM ENTREGADOR DE PIZZA ME MOSTROU COMO FAZÊ-LO

Se Jon Schrader não fosse o meu genro, eu ainda assim ficaria pasmo com a história que estou prestes a contar a você. Mas o fato de que Jon é casado com a minha filha Missy e é o pai de três dos meus netos torna o impacto do relato a seguir ainda mais forte para mim.

Jon recebeu seu diploma universitário em tecnologia da informação (TI). Ele o obteve da Taylor University, a universidade em que estudei e que tem uma ótima reputação pela qualidade elevada desse diploma. Após se formar em Taylor, Jon se mudou para Charlote, Carolina do Norte, encontrou uma igreja extraordinária, arranjou um emprego fantástico, apaixonou-se por Missy, casaram-se e teve uma vida estável com ela.

Graças ao seu patrão generoso que assumiu o custo das mensalidades, Jon se matriculou na Queens University, achando tempo para estudar mesmo com seu trabalho de período integral e obteve seu MBA em dois anos.

Enquanto isso, filhos começaram a aparecer e Jon percebeu de forma muito árdua que, com o aumento das despesas diárias, ele e Missy precisavam de uma renda maior.

Mas por mais inteligente que Jon fosse — e é — havia uma coisa que ele sabia com certeza: prover para sua família não era algo negociável. Essa era sua responsabilidade e ele não fugiria dela.

---

[8]Veja a mentira 23 para algumas percepções úteis sobre como Provérbios nos fornece instrução sólida para sermos bons pais.

Assim, ele arranjou um trabalho à noite de entregador de pizza. As horas eram flexíveis o suficiente para que ele pudesse jantar com sua família antes de correr para a pizzaria para receber os pedidos e levar aquelas preciosidades para os seus compradores que estavam esperando e com fome.

As histórias que Jon nos contaria sobre a generosidade de alguns de seus clientes quando eles encontravam esse rapaz extraordinariamente inteligente na frente da porta de sua casa segurando uma pizza quente recém saída do forno são incríveis (algumas não eram tão incríveis).

> *E é assim que os provedores ajudam a ensinar os seus filhos a um dia serem os provedores de sua própria família.*

Se você perguntasse a Missy o que significa para ela que seu marido profissionalmente treinado e com formação acadêmica tenha levado tão a sério sua responsabilidade como o provedor da família, ela lhe daria uma resposta muito clara.

E à medida que os filhos de Jon cresceram, ele se tornou ciente de que prover para a família era algo que podia ser administrado... e compartilhado. Parte do segredo de prover de forma competente era o prazer de dar a seus filhos uma "parte da ação".

Assim, Jon e Missy ajudaram os seus filhos a participar do cuidado e provisão da casa. Você sabe, você ouviu falar sobre essas coisas: tarefas domésticas. E é assim que os provedores ajudam a ensinar seus filhos a um dia serem os provedores de sua própria família.

## UM SÉCULO ATRÁS

Meus antepassados eram fazendeiros. E os filhos de fazendeiros eram trabalhadores não remunerados. Braços a mais na fazenda. Na verdade os pais não tinham dúvida de que tirar leite das vacas ou carregar fardos de feno em uma grande carroça faziam parte do conjunto de habilidades de seus filhos. Não importava de fato se seus filhos prefeririam tocar piano ou pintar um quadro em um cavalete a tirar esterco da estrebaria. Havia trabalho para ser feito e, assim, todos trabalhavam.

Peço licença para voltar a mais ou menos aquele século e apresentar uma sugestão a você que ainda acredito ser verdadeira: todo membro de sua família deve ter uma oportunidade de trabalhar na casa, de contribuir para o bem-estar da família.

Sim, você tem a responsabilidade final pela sua família. Mas você pode espalhar o prazer de cuidar do que é seu entre os seus filhos. Isso talvez exija alguma criatividade e esforços a mais, mas ensinará a eles lições valiosas sobre a importância do trabalho e os capacitará para serem adultos responsáveis e que trabalham duro e que amarão e servirão bem à sua família. Nossa casa pode ser um ensaio que prepara os filhos para terem êxito no futuro.

> *Nossas casas podem ser um ensaio que prepara os filhos para terem êxito no futuro.*

## OUTROS TIPOS DE PROVISÃO

Antes de deixar essa ideia de seu papel como provedor de sua família e avançar para o próximo assunto, deixe-me mencionar rapidamente que a provisão inclui mais do que somente o sustento financeiro e as coisas relacionadas aos confortos terrenos da nossa família. A provisão aparece em muitas formas e tamanhos.

Certa primavera, descobri um pequeno terreno e decidi tentar cultivar uma horta. Eu havia admirado pequenas hortas privadas e isso parecia interessante e bem fácil de fazer. A terra era adjacente ao meu escritório, e obtive permissão do dono para mexer em sessenta metros quadrados do ótimo solo de Illinois.

Gostaria muito que você tivesse visto aquela horta. Abóboras, feijão, tomates, pepinos, até mesmo um pouco de milho.

Naquele ano, as primeiras semanas da estação forneceram exatamente a quantidade certa de chuva e sol. Minha horta floresceu.

Mas eis que a chuva parou de cair e o calor começou a se tornar quase insuportável. Precisei levar baldes pesados com água para regar a horta. As minhas boas roupas de trabalho se encheram de suor enquanto eu tentava sustentar as plantas. À medida que os dias passavam, o meu entusiasmo também foi passando. E aí acabou. Minhas plantas que antes tinham uma aparência vigorosa começaram a murchar. E então escurecer. E então morrer.

E assim voltei a comprar verduras.

Mas você consegue imaginar que eu desse uma bronca na minha horta que estava morrendo? "Veja só, olhe para você. Qual é seu problema, tudo murchando e apodrecendo? Você é uma vergonha."

Obviamente, isso seria tolice. Por quê? Porque a horta era a minha responsabilidade. Eu que deveria tomar conta dela e cultivá-la.

É assim que o apóstolo Paulo tratou da nossa responsabilidade de prover:

> E vós, pais, não provoqueis a ira dos vossos filhos, mas criai-os na nutrição e admoestação do Senhor (Ef 6.4, KJV).

A palavra que designa a provisão da nossa família é "nutrição". Outras traduções usam *criação*, *educação*, *disciplina* ou *instrução*. Eu gosto da palavra da antiga versão King James Version. "Nutrição".

Assim, essa provisão significa regar, arrancar ervas daninhas, fertilizar... no sentido de fornecer nutrição espiritual, emocional e relacional. Isso significa estar alerta e buscar suprir as necessidades da esposa e filhos e pedir ao Senhor que nos mostre qual é o melhor modo de suprir essas necessidades. Esse é o nosso chamado. Nosso privilégio. Nutrimos a nossa família — em seu corpo, alma e espírito... e não somente com comida, abrigo e roupas.

| **A VERDADE** | É o nosso trabalho dado por Deus servir à nossa família como provedor. Por meio do nosso exemplo, podemos mostrar-lhe que ela tem um Pai celestial em que pode confiar para suprir as suas necessidades. |
|---|---|

**PENSE SOBRE ISTO...** *Ser o provedor primário de sua família pode ser boas notícias e más notícias. Quando são boas notícias? E quando são más notícias? Como você pode melhorar o trabalho de provedor de sua família?*

## 29 "Minha fé e meu trabalho são coisas separadas."

Às vezes, as músicas que cantávamos no culto das crianças tornavam homens da Bíblia caricaturas para sempre. Como esta:

> *Zaqueu era um homem tão pequeno*
> *e queria ver Jesus;*
> *e então subiu numa árvore*
> *que, na estrada, ao Mestre conduz.*

Assim, nunca deixamos de imaginar Zaqueu como sendo um anão. Um pigmeu. Um *hobbit*. Mas você conhece a história toda? Ela de modo algum é uma rima boba embrulhada em uma melodia que fica na cabeça.

O Evangelho de Lucas nos conta que enquanto Jesus entrava em Jerusalém, Zaqueu subiu em uma árvore para ter uma visão melhor. Embora ele possa ter tido estatura baixa, Zaqueu não tinha uma posição baixa. Ele era um importante cobrador de impostos, Lucas nos conta, e muito rico. Jesus, vendo-o na árvore, disse-lhe para descer rapidamente porque ele queria passar a noite em sua casa. Você consegue imaginar isso?

Mas a história não acaba aí. Após estar com Jesus, com sua mente novamente em solo firme, Zaqueu disse a Jesus: "Vê, Senhor, darei aos pobres metade dos meus bens, e, se prejudiquei alguém em alguma coisa, eu lhe restituirei quatro vezes mais" (Lc 19.8).

Zaqueu — esse homem tão pequeno — é o garoto-propaganda do fato perturbador de que Jesus tinha a reputação de andar com notórios pecadores. As pessoas rosnaram contra o Salvador quando ele anunciou os planos para passar a noite na casa de Zaqueu.

Zaqueu, no entanto, não era meramente um notório pecador. Como se verificou depois, ele era — e demonstrou ser — um notório pecador *arrependido*. E ele fez isso mostrando que sua devoção a Cristo moldaria cada área de sua vida, incluindo sua carteira e seu trabalho. Ele entendeu que Jesus não estava meramente pedindo para ser um Senhor invisível de

> *Embora ele possa ter tido estatura baixa, Zaqueu não tinha uma posição baixa.*

uma fração minúscula de sua vida, mas para ser o Senhor sobre tudo o que ele era e tudo o que ele fazia.

Na nossa cultura cada vez mais secularizada, você e eu sentimos a pressão de isolar a nossa fé, não fazer dela uma prioridade. A cultura mais ampla não se importa muito com o que acreditamos na privacidade do nosso próprio coração, mas ela é cada vez mais resistente a mostrarmos a nossa fé em público.

> *A cultura mais ampla não se importa muito com o que acreditamos na privacidade do nosso próprio coração, mas ela é cada vez mais resistente a mostrarmos a nossa fé em público.*

Obviamente, Jesus via isso de um modo diferente. Na verdade, ele fundamentou solidamente sua mensagem oral mais famosa — o Sermão do Monte — quando nos apresentou seu desafio sobre tornar evidentes e públicos o nosso amor por ele e a nossa fé:

> Vós sois a luz do mundo. Não se pode esconder uma cidade situada sobre um monte; nem os que acendem uma candeia a colocam debaixo de um cesto, mas no velador, e assim ilumina a todos que estão na casa. Assim resplandeça a vossa luz diante dos homens, para que vejam as vossas boas obras e glorifiquem vosso pai, que está no céu. Mateus 5.14-16

Em sua obra apologética clássica *The weight of glory*, C. S. Lewis chegou ao âmago do que isso significa:

> *Quando o mundo moderno nos diz em voz alta: "Você pode ser religioso quando estiver sozinho", ele acrescenta sorrateiramente: "E eu vou me empenhar para que você nunca esteja sozinho".*[9]

A verdade é: nunca estamos sozinhos. Como mencionamos antes, vivemos *coram Deo* — diante da face de Deus. Reconheçamos isso ou não, o Deus soberano é a nossa companhia constante.

---

[9] C. S. Lewis, *The weight of glory* (San Francisco: HarperOne, 1976), p. 160 [edição em português: *Peso da glória*, tradução de Isabel Freire Messias (São Paulo: Vida Nova, 1993)].

Tendo dito isso, integrar a nossa fé e o nosso trabalho não significa que ficamos fazendo as nossas orações em voz alta ou despejamos literatura relacionada ao evangelho sobre os nossos colegas de trabalho.

Martinho Lutero disse que um sapateiro cristão não é um sapateiro que grava cruzinhas nos sapatos, mas um que faz sapatos excelentes e lida de forma honesta com os seus clientes.[10] Isso não é demais?

O apóstolo Paulo falou basicamente a mesma coisa:

> E tudo quanto fizerdes, fazei de coração, como se fizésseis ao Senhor e não aos homens, sabendo que recebereis do Senhor a herança como recompensa; servi a Cristo, o Senhor (Cl 3.23,24).

## TRABALHE... DESDE O INÍCIO

Quando você e eu imaginamos Adão vivendo no jardim do Éden, é fácil imaginá-lo relaxando todos dos dias da semana. Imaginamos uma rede suspensa entre duas árvores e o primeiro homem da história passando os seus dias e noites ali. Mas essa não é a descrição que as Escrituras nos fornecem. Considere o seguinte:

> E o Senhor Deus tomou o homem e o colocou no jardim do Éden, para que o homem o cultivasse e guardasse (Gn 2.15).

Não sabemos exatamente como era esse "trabalho", mas está claro que o plano de Deus não era que Adão fosse um palerma nu comendo frutos e tirando sonecas. Não, seu trabalho era "cultivar" e "guardar" o jardim.

Estas eram as atribuições do trabalho de Adão: cultivar ou tomar conta do jardim e vigiá-lo, apontando para os seus papéis

> *Não sabemos exatamente como era esse "trabalho", mas está claro que o plano de Deus não era que Adão fosse um palerma nu comendo frutos e tirando sonecas.*

---

[10]Disponível em: www.goodreads.com/quotes/924405-the-christian-shoemaker-does-his-duty-not-by-putting-little, acesso em: 25 fev. 2020.

como provedor e protetor. Obviamente, isso aconteceu antes da Queda, de modo que seu trabalho não era trabalho penoso; era um modo de glorificar ao Criador.

Após Adão e Eva pecarem, Deus impôs a eles consequências específicas ao gênero. A consequência para a mulher se deu no domínio de sua responsabilidade de mãe e provedora — haveria sofrimento associado a dar à luz (Gn 3.16).

A consequência para o homem se deu no domínio de sua responsabilidade de prover — haveria sofrimento, espinhos, ervas daninhas e suor associados com os seus esforços de trabalho no solo (Gn 3.17-19).

Em outras palavras, o pecado de Adão transformou sua vocação de florista na de agricultor. Seu trabalho primário não era simplesmente cortar flores para a sala de jantar, mas suar para extrair comida do solo resistente para essa mesma mesa.

> Mas seja como for — como florista ou como cavalo de arado —, o nosso trabalho é abençoado. É bom.

Mas seja como for — como florista ou tratador de cavalo —, o nosso trabalho é abençoado. É bom. E seu objetivo é agradar a Deus, que está redimindo este mundo destruído e fazendo novas todas as coisas.

Na verdade, há uma qualidade redentora no nosso trabalho. No verão, "redimimos" o nosso gramado em crescimento desordenado cortando-o e aparando-o. "Redimimos" os nossos arbustos desgrenhados, podando-os. Descartamos as ervas daninhas dos nossos canteiros de flores.[11]

Consertamos coisas quebradas. Construímos coisas novas. Trocamos o óleo do nosso carro. Fazemos entregas. Atendemos pacientes. Administramos empregados. Criamos planos de *marketing* para transformar caixas de produtos em renda para que a nossa família possa sobreviver.

Nosso trabalho é bom. Ele importa. E *como* trabalhamos também importa. Não podemos deixar a nossa fé na porta da loja ou no elevador

---

[11] Agradeço a John MacArthur essa percepção em um sermão intitulado: "The theology of work", disponível em: www.gty.org/library/sermons-library/80-362/a-theology-of-work, acesso em: 25 fev. 2020.

do escritório. Se somos capazes de "isolar em quarentena" o nosso relacionamento com Deus daquilo que fazemos oito horas por dia todo dia, isso é um forte sinal de que talvez nem realmente tenhamos um relacionamento com ele. Honestidade, integridade, diligência; o Mestre nos chama para levar essas marcas ao nosso trabalho. Elas são o fruto de sua obra na nossa vida; elas são sua obra por meio de nós.

O apóstolo Paulo resumiu o propósito, o objetivo de todas as nossas atividades assim:

> Portanto, seja comendo, seja bebendo, seja fazendo qualquer outra coisa, fazei tudo para a glória de Deus (1Co 10.31).

Na verdade, acredito que você e eu poderíamos parafrasear esse texto inestimável sem distorcer seu significado. Poderíamos dizer: "Portanto, seja comendo, seja bebendo, seja entregando encomendas, seja administrando uma empresa, seja pastoreando uma igreja, seja tratando de pacientes no hospital, fazei tudo para a glória de Deus".

## FÚRIA NA ESTRADA... DO JEITO CERTO

Passei a maior parte da minha carreira profissional no mercado editorial. Ao longo dos anos, tive o privilégio de conhecer alguns homens e mulheres extraordinários que viviam esse princípio de Zaqueu de "faze[r] tudo a glória de Deus". O falecido Lloyd Johnson foi, para mim, um dos mais especiais. Ele contou esta história somente alguns meses depois de ela acontecer.

Lloyd e seu filho Tim eram donos de uma das principais livrarias cristãs na América, The Better Book Room, em Wichita, Kansas. Certo dia de manhã cedo, Lloyd ficou encarregado de pegar os *donuts* para sua equipe. Assim, no caminho para o trabalho, ele parou em sua panificadora predileta. Após obter a dose diária de açúcar para os seus colaboradores, Lloyd conduziu seu carro para a rua de novo.

Ao que parece, um carro que estava passando por ele não gostou da manobra potencialmente perigosa de Lloyd e buzinou com tudo para ele. Não foi somente uma buzinadinha amigável, foi uma daquelas buzinadas barulhentas e furiosas.

Isso tanto assustou como enfureceu Lloyd, que ergueu seu punho e gritou para o motorista ofensor. Ambos continuaram seu caminho, cada um dirigindo seu carro. Nada aconteceu, então sem problema. Será mesmo?

Quando ele chegou à livraria para começar a trabalhar, Lloyd não conseguiu se livrar da aflição pelo que tinha feito. Ele me disse que o Senhor estava agindo em seu coração. Assim, ele passou o resto do dia tentando se lembrar da marca, modelo, cor do carro e o rosto do motorista e tentou todas as possibilidades para localizar o homem.

> *Quando ele chegou à livraria para começar a trabalhar, Lloyd não conseguiu se livrar da aflição pelo que tinha feito.*

Por incrível que pareça, Lloyd o encontrou. Viver sua vida adulta naquela cidade meio pequena foi útil. Lloyd ligou para o homem, identificou-se como a pessoa que o havia cortado no tráfego naquela manhã e havia gritado com raiva para ele.

— Você se incomodaria se eu lhe fizesse uma visita rápida? — Lloyd perguntou ao homem surpreso.

E isso é o que ele fez. Cerca de uma hora depois, Lloyd Johnson estava sentado no escritório de um empresário local confessando seu acesso de raiva dirigido ao homem e pedindo seu perdão.

Então Lloyd falou ao homem sobre Jesus e como o amor e a graça dele o havia salvado e lhe dado um novo coração, um coração novo o suficiente para consertar as coisas.

— Eu também posso conhecer esse Jesus? — o empresário perguntou. E assim Lloyd orou e conduziu seu novo amigo ao trono da graça. Naquele momento, os seus pecados foram perdoados e a questão do lar eterno do homem foi decidida.

Quando considero as implicações de viver a minha vida no trabalho de modo coerente com a minha fé, sempre penso nessa história. E nesse exemplo. Obrigado, Lloyd.

Zaqueu não somente fez a coisa certa; assim como no caso de Lloyd Johnson, sua fé impactou sua vida, família e seu trabalho. E até onde sabemos, Zaqueu não deixou seu trabalho de cobrador de impostos. Mas saiba que ele foi para o trabalho na manhã seguinte com uma perspectiva totalmente nova sobre o que ele estava fazendo. O mesmo trabalho, um homem diferente.

> Portanto, se alguém está em Cristo, é nova criação; as coisas velhas já passaram, e surgiram coisas novas (2Co 5.17).

**A VERDADE** | A nossa fé e o nosso trabalho não podem ser compartimentalizados; devemos servir fielmente a ele e aos outros em tudo o que fazemos.

**PENSE SOBRE ISTO...** *Quais são alguns dos modos como você poder honrar a Deus em sua vocação?*

## 30 *"Não tenho condições de doar mais dinheiro."*

Irei direto ao ponto aqui e então retrocederei um pouco. Essa mentira é sobre uma falta de generosidade. Se você é naturalmente pão-duro, se a avareza está em seu DNA, as páginas seguintes têm seu nome.

E se você não acha que é avarento (na verdade, você se dá uma nota muito boa na questão da generosidade), as páginas seguintes também são para você. Às vezes, somos cegos para as nossas falhas.

Seja como for, é bem possível que você queira apertar o cinto.

Se você não está vivendo como um homem generoso, você em algum momento se cansará de sua vida de acumulação. Mas quando você aprender o prazer incrível de repartir, você descobrirá um novo nível de felicidade que nunca considerou possível.

Sei que isso parece insano, mas ao longo dos anos aprendi a identificar pessoas ricas. Obviamente, há as coisinhas comuns — o último carro importado na garagem, relógios Rolex, casas de veraneio, um grande barco no lago — com as quais as pessoas ricas às vezes esbanjam dinheiro. É fácil ver essas coisas. Mas há mais um modo de identificar uma pessoa rica:

ela muitas vezes diz "sim" para oportunidades de esbanjar dinheiro com presentes para os outros, embora, com certeza, muitas pessoas com menos recursos também sejam generosas com os seus recursos.

Havia um desses homens "ricos" de que nunca me esquecerei. Eu era adolescente e estava viajando com o meu pai, que estava envolvido em um ministério de jovens e gastava tempo viajando para passar tempo com "amigos do ministério". Doadores. Essas eram pessoas que disponibilizavam os seus recursos para a "obra do Senhor".

Havíamos viajado ao oeste de Michigan para nos encontrar com um excêntrico sujeito italiano de segunda geração chamado Billy Zeoli. Lembro-me de como esse homem me tratou; eu era somente um adolescente silencioso naquele mundo de homens acelerados. Eu não devo ter sido mais empolgante para Billy do que o papel de parede. Mas ele falou comigo como se eu fosse um deles. Nunca vou me esquecer de como isso me fez bem.

Mas por mais extraordinário que isso fosse, não foi isso de que mais gostei nesse homem notável. Recordo ter ficado impressionado com a riqueza de Billy. Obviamente, eu não tinha acesso ao seu extrato bancário, mas o meu pressentimento foi confirmado quando chegamos ao aeroporto de Grand Rapids.

Nosso carro parou na frente da área para descarregar as malas e Billy saiu rapidamente do carro para ajudar o carregador com a bagagem. Colocando a mão no bolso, Billy entregou ao sujeito uma nota de 5 dólares — uma bela gorjeta naquela época —, haja vista que Billy também estava ajudando-o a tirar as malas do porta-malas. Nunca me esquecerei da expressão de gratidão do homem e da alegria que pareceu irradiar de Billy ao colocar o dinheiro na mão do sujeito.

Lembro-me de pensar: *Billy Zeoli deve ser um homem rico!*

Agora que não sou mais adolescente, tenho pensado muitas vezes sobre como esse momento me marcou para sempre. Na realidade, essa poderia ter sido a última nota de 5 dólares de Billy. Seu saldo da conta corrente poderia ter sido irrisório. Mas porque ele foi generoso, "esbanjando" dinheiro com aquele carregador de malas, eu tinha certeza de que ele era um homem rico.

À medida que envelheci e abracei a realidade e a certeza da minha própria morte, muitas vezes repeti a exortação que ouvi pela primeira vez do guru financeiro mundialmente famoso, Ron Blue: "Faça suas doações enquanto está vivo, para saber para onde estão indo".

Isso significa que eu não devo ter reservas financeiras de longo prazo? Não, não significa isso. Mas quando a minha esposa e meus filhos enxergam em seu marido e pai um homem que não se agarra firmemente aos seus recursos, minha esperança é que eles sejam inspirados a fazer a mesma coisa. E esse presente que eles recebem de você lhes dará alegria. Eles também serão ricos.

> *Quando a minha esposa e meus filhos enxergam em seu marido e pai um homem que não se agarra firmemente aos seus recursos, minha esperança é que eles sejam inspirados a fazer a mesma coisa.*

Vejamos também o que Paulo tem a dizer sobre isso. Enquanto ele estava se preparando para ir para a cidade seguinte, ele fez uma última visita aos seus amigos presbíteros em Éfeso. Ele os lembrou do dom de generosidade e de um estilo de vida sacrificial:

> Em tudo vos dei o exemplo de que deveis trabalhar assim, a fim de socorrerdes os doentes, recordando as palavras do próprio Senhor Jesus: "dar é mais bem-aventurado que receber" (At 20.35).

Você provavelmente tem histórias como essa em sua própria vida em que você foi generoso e, por causa disso, recebeu essa "bênção".

Como Billy Zeoli, o falecido dr. Gary Smalley, autor de best-sellers e conselheiro, também era um doador generoso. Comparado com homens verdadeiramente ricos, Gary não estaria no primeiro escalão dos ricaços nos clubes de sua cidade, mas, da perspectiva de Gary, ele tinha mais do que precisava.

Uma das suas atividades prediletas era visitar o Walmart local e ficar andando pelos corredores procurando alguém para abençoar. Quando ele reconhecia um comprador empurrando um carrinho cheio que parecia estar além de sua capacidade de pagamento, Gary esperava até a pessoa escolher uma fila de caixa.

> Então, sem que a pessoa visse, Gary se dirigia até a funcionária do caixa e lhe entregava seu cartão de crédito.

Então, sem que a pessoa visse, Gary se dirigia até a funcionária do caixa e lhe entregava seu cartão de crédito. "Quando você concluir a compra dessa pessoa", Gary sussurrava à caixa indicando com a cabeça a pessoa que ele havia escolhido, "por favor lhe diga que alguém que não quis se identificar pagou toda sua compra. Também lhe diga que Deus a ama".

Então Gary achava um local em que ninguém pudesse vê-lo para observar de longe a alegria da pessoa. Gary Smalley era verdadeiramente um homem rico.

Então, é isso. Aprender a ser generoso produz bênção e alegria — não somente para o receptor, mas ainda mais para o doador. Isso é algo que você e eu podemos fazer.

## A VERDADE

Nunca podemos nos dar ao luxo de *não* sermos generosos com os outros. Isso os abençoa. E isso nos abençoa.

**PENSE SOBRE ISTO...** *Você é um homem generoso? Onde isso aparece? Por exemplo, você dá boas gorjetas? Se não, por que não? Se esse é o caso, quão satisfatório é esse tipo de generosidade? Por que você deve ser generoso? Quão generoso você é com as suas expressões de gratidão? Com sua esposa? Com seus filhos? Com seu chefe? Com seus amigos?*

CAPÍTULO 8

MENTIRAS EM QUE OS HOMENS ACREDITAM

# SOBRE AS CIRCUNSTÂNCIAS

Tendo crescido na região metropolitana de Chicago na maior parte da minha infância, eu fui fã de qualquer time profissional que vem da Cidade dos Ventos [apelido de Chicago]. Em grande parte, isso foi um treinamento em paciência e resignação, embora tenha havido exceções — como os Bears em meados da década de 1980, os Bulls na década de 90, os Blackhawks em 2010 e 2015 e, é claro, os Cubs em 2016.

Na minha infância, minha vida de oração se intensificava com grande velocidade sempre que um desses times mencionados acima estava em um jogo decisivo contra um rival importante. Eu não era maduro o suficiente para orar para que Deus fosse glorificado ou para que ninguém se machucasse gravemente. Não. Eu pedia que Deus garantisse a vitória do meu time.

Então algo começou a ficar claro para mim. E se houvesse um garotinho, exatamente como eu, que amava o outro time como eu amava o meu time? E se ele estivesse pedindo a Deus a mesma coisa que eu estava pedindo? Como Deus resolveria isso?

Minha confusão foi embora quando me lembrei de uma parte óbvia da equação que havia deixado de fora. Certamente somente um garotinho pagão poderia torcer pelos nossos rivais!

Como adulto, ainda me importo demais com o resultado de um jogo de futebol americano. Mas quando o meu time perde, tento me lembrar de que em algum lugar em outra cidade há um homem exatamente como eu, muito feliz com a vitória de seu time. E tenho tentado não ligar de mais a minha própria alegria pessoal ao resultado de um jogo.

### UMA DISPUTA MAIS SÉRIA

E se, em vez de rivais em um campo, o cabo de guerra fosse entre Deus e Satanás? O livro de Jó nos conta sobre um dia em que Satanás apareceu diante de Deus e eles começaram a conversar. No que parece inicialmente uma conversa que você e eu poderíamos iniciar com um velho amigo no estacionamento de um supermercado, Deus perguntou a Satanás quais eram as novidades. Satanás respondeu que ele estava andando de um lado para o outro da terra.

> Observaste o meu servo Jó? Na terra não há ninguém como ele. É um homem íntegro e correto, que teme a Deus e se desvia do mal (Jó 1.8).

> *"É claro que Jó é um homem bom", Satanás pareceu dizer. "Ele sabe de que lado de seu pão está a manteiga."*

Satanás foi rápido para apontar o óbvio. Jó era um homem piedoso. Deus havia despejado grandes bênçãos sobre ele. Parecia que esse homem — e o time para o qual ele torcia — não perdia uma só partida. Jó era saudável e tinha uma grande riqueza. Ele tinha uma família grande e amorosa. "É claro que Jó é um homem bom", Satanás pareceu dizer. "Ele sabe de que lado de seu pão está a manteiga."

O que aconteceu em seguida foi um teste. Subitamente e sem aviso, o pobre Jó se tornou o foco da discussão entre Deus e seu arquirrival. Deus deu permissão a Satanás para tirar muitas das bênçãos de Jó. Ele perdeu os seus animais, seus filhos e o apoio dos seus amigos que chegaram a supor, equivocadamente, que Jó era um pecador terrível para estar passando por esse sofrimento. Ele lamentou e pranteou, mas permaneceu fiel.

E então, com a permissão de Deus, Satanás aumentou a aposta e atacou a saúde de Jó. Sua mulher o repreendeu severamente e Jó acabou tendo um colapso mental. E quem pode culpá-lo? As Escrituras relatam sua queixa diante de Deus (veja Jó 31.13-40).

E Deus, com quem não se deve brincar, rapidamente coloca Jó em seu lugar.

> **Depois disso, o Senhor respondeu a Jó de um redemoinho:**
> **Quem é este que obscurece o conselho com palavras sem conhecimento?**
> **Agora prepara-te como homem;**
> **Porque te perguntarei, e tu me responderás.**
> **Onde estavas tu, quando eu lançava os fundamentos da terra?**
> **Conta-me, se tens entendimento.**
> **Quem lhe fixou as medidas, se é que o sabes?**
> **Quem a mediu com o cordel?**
> **Onde estão fundados os seus alicerces,**
> **Ou quem lhe assentou a pedra fundamental,**
> **Quando as estrelas da manhã cantavam juntas,**
> **E todos os filhos de Deus gritavam de Júbilo? (Jó 38.1-7).**

Toda vez que leio esse relato, fico constrangido. Você consegue imaginar o Deus soberano do universo repreender você assim? Também não consigo.

O lembrete de quem Deus é produziu em Jó humildade profunda e arrependimento sincero. Ele percebeu que questionar o Todo-poderoso era insensato e prometeu nunca mais fazer isso de novo. A história termina com Deus restaurando a Jó o que havia sido tirado dele, e lemos: "Assim, o Senhor abençoou o último estado de Jó mais do que o primeiro" (42.12).

## AS CARTAS QUE VOCÊ RECEBEU

O relato desse crente antigo nos lembra de que a bondade de Deus para conosco não deve ser medida ou avaliada pelas circunstâncias em que nos

> *A bondade de Deus para conosco não deve ser medida ou avaliada pelas circunstâncias em que nos vemos em qualquer momento da nossa vida.*

vemos em qualquer momento da nossa vida. Nossa alegria não precisa ficar aumentando e diminuindo com base nessas circunstâncias, por mais difíceis que elas sejam.

Os sofrimentos de Jó foram históricos, e se tornaram tão grandes que seu nome veio a representar o próprio sofrimento. Se dizemos que alguém está "sofrendo como Jó", quase todas as pessoas sabem exatamente o que estamos dizendo. Mas, por mais difícil que tenha sido a estrada que Jó percorreu e por mais piedoso que ele tenha sido, houve um homem que foi *muito mais* piedoso e sofreu *muito mais*.

Esse homem foi Jesus.

Jesus era perfeito, totalmente sem pecado. Ele era o Cordeiro de Deus imaculado, para o qual apontavam todos aqueles cordeiros sacrificiais do Antigo Testamento. Desde seu nascimento, morte e ascensão, Jesus nunca pecou. Nem mesmo um pouco. Nem mesmo em privado. E, no entanto, o que ele sofreu foi muito mais severo do que qualquer pessoa na terra jamais experimentou.

É comum pregadores realçarem a agonia física da crucificação de Jesus. Essa forma de execução brutal usada na era romana certamente era horrível.

> *Todo o sofrimento no inferno que você e eu teríamos recebido sem Cristo ele recebeu por nós.*

Mas seu sofrimento físico de modo algum foi o pior que Jesus suportou por nós. Ele não somente sofreu o castigo do governo romano (como também foi o caso de dezenas de milhares de outras pessoas, incluindo os ladrões crucificados de cada um dos lados dele), mas toda a ira do Pai que deveria ter recaído de modo justo sobre os pecadores, recaiu sobre ele. Todo o sofrimento no inferno que você e eu teríamos recebido sem Cristo ele recebeu por nós. Isso é sofrimento; não há nada comparável.

A cruz, que pareceu ser uma derrota monumental para Deus, foi na verdade o maior momento na história, a vitória do segundo Adão, o nosso momento de resgate, o triunfo de Deus sobre o mal. Assim como Jó, os discípulos prantearam quando Jesus foi crucificado; todas as suas esperanças foram despedaçadas. O Diabo talvez tenha dançado enquanto champanhes eram estouradas por todo seu principado. Mas no fim, Satanás descobriu que tudo estava perdido, e os discípulos descobriram que tudo foi encontrado. E tudo isso aconteceu de acordo com o plano eterno de Deus.

A hora mais escura deu origem ao momento mais glorioso; o anoitecer foi a alvorada.

## OS DIAS DA NOSSA VIDA

Então, o que isso significa para você e para mim nas circunstâncias que enfrentamos hoje? O Deus que criou e coloca em ordem toda molécula do universo nos prometeu isto:

> Sabemos que Deus faz com que todas as coisas concorram para o bem daqueles que o amam, dos que são chamados segundo seu propósito (Rm 8.28).

Isso não é somente um placebo, um unguento barato para colocar nas feridas em toda e qualquer ocasião. É a realidade das realidades. Se estamos em Cristo, se o amamos, se fomos chamados de acordo com os seus propósitos, então podemos ter certeza de que todas as coisas concorrem para o nosso bem.

O "bem" das nossas circunstâncias não é, obviamente, uma garantia de felicidade temporária ou conforto ininterrupto, mas é algo ainda melhor. É a nossa transformação na imagem do Filho. Sofrimentos são reais, não há dúvidas quanto a isso. Mas eles têm um propósito mais elevado. Eles nos purificam. Achamos estímulo para a nossa paz e alegria diante do sofrimento quando cantamos as palavras desse hino imortal escrito em 1787 — palavras que expressam o coração do nosso Pai celestial:

> *Sofrimentos são reais, não há dúvidas quanto a isso. Mas eles têm um propósito mais elevado. Eles nos purificam.*

> E, quando encontrares cruel provação,
> será minha graça a tua porção;
> o fogo não vai consumir-te jamais,
> mas purificado qual ouro serás.[1]

Se a alegria eterna é o objetivo — a transformação do nosso ser na imagem de Cristo, o refinamento do nosso ouro, a perfeição da nossa alma —, então podemos ter certeza de que seja lá o que estiver acontecendo à nossa volta, qualquer que seja o caminho que estejamos seguindo, é o caminho para um fim glorioso.

Por exemplo, você consegue imaginar que o apóstolo Paulo ficou louvando a Deus enquanto estava na prisão? Ele fez isso.

E você consegue imaginar Policarpo, o mártir do segundo século, olhando para o céu e louvando a Deus enquanto as chamas que consumiriam seu corpo estavam lambendo os seus pés descalços? Ele fez isso. Isso é quase inimaginável.

E de modo semelhante, no fim do livro que tem seu nome, Jó exaltou a glória de Deus em meio à perda.

É verdade que as nossas circunstâncias — boas e ruins — podem e devem determinar a nossa alegria. Devemos ter alegria somente naquelas circunstâncias em que Deus está em seu trono, em que ele está no controle absoluto de tudo o que acontece e em que somos os seus filhos amados? Isso significa: se estamos em Cristo, toda circunstância pode ser uma ocasião e um cenário para a alegria.

> *Se estamos em Cristo, toda circunstância pode ser uma ocasião e um cenário para a alegria.*

A verdade é: a alegria não é ausência de sofrimento ou de circunstâncias difíceis. Alegria é a convicção segura de que Deus é capaz e de que ele é por nós. Nenhuma dessas duas coisas jamais vai — jamais poderá — mudar. E a razão disso tudo é a grande "tragédia", a morte do único Homem que não merecia

---

[1] *Firme fundamento*, disponível em: http://www.igrejaemcampinagrande.com.br/Hinario_Online/Hinos/179.htm, acesso em: 25 fev. 2020.

morrer. Nosso Deus é capaz e ele é por nós. Portanto, você pode se regozijar, mesmo que você se veja em meio a grande pesar. Mesmo que aqueles adversários fedorentos ganhem o jogo de futebol americano.

Acredite em um homem — o apóstolo Paulo — que repetidamente se viu lançado em circunstâncias dolorosas e humilhantes e poderia ter tido um grande motivo para se desesperar:

> Por isso não nos desanimamos. Ainda que o nosso exterior esteja se desgastando, o nosso interior está sendo renovado todos os dias. Pois nossa tribulação leve e passageira produz para nós uma glória incomparável, de valor eterno, pois não fixamos o olhar nas coisas visíveis, mas naquelas que não se veem; pois as visíveis são temporárias, ao passo que as que não se veem são eternas (2Co 4.16-18).

## 31 "Tenho o direito de ficar irado quando as coisas não acontecem como eu quero."

Às vezes, as circunstâncias estão além do nosso controle e nos pegam desprevenidos. Mas às vezes o problema em que nos vemos foi criado por nós mesmos, como no caso desta história bizarra que foi coberta por praticamente todos os noticiários na época.[2]

Uma mulher apareceu nas manchetes em 2002 quando foi presa no Walmart de seu bairro por tentar fazer uma compra de 1.675 dólares... com uma nota de um milhão (isso não existe!). Foi relatado que ela exigiu troco para seu milhão de dólares. O caixa avisou à segurança e a polícia chegou para prender a mulher indignada, acusando-a de falsificação. Também foi relatado que ela ficou muito envergonhada. Vá entender.

### SOMOS FRAUDES?

Assim como aquela mulher, os homens podem ser criaturas sensíveis. O respeito importa muito para nós. E está certo assim. Mas o problema é que às

---

[2] Lauren Johnston, "Shopper busted for fake $1M bill," CBS/AP, 9 de março de 2004, disponível em: www.cbsnews.com/news/shopper-busted-for-fake-1m-bill/, acesso em: 25 fev. 2020.

vezes podemos ser hipersensíveis ao que percebemos como sendo afrontas à nossa dignidade. Portamo-nos como se fôssemos milionários e ficamos irados quando o nosso dinheiro de mentirinha não é levado a sério. Às vezes, são as pessoas que não nos tratam como esperamos; elas nos prejudicam, maltratam ou insultam. Às vezes, são as circunstâncias. Alguém nos corta à frente no trânsito, a máquina de lavar louça não quer funcionar, batemos o nosso joelho em uma mesinha e isso nos irrita e ficamos zangados ou até mesmo furiosos.

A nossa indignação tende a extravasar de uma percepção inflada e fraudulenta do nosso próprio caráter e uma avaliação excessivamente severa das intenções de outras pessoas.

Jesus contou uma parábola para ajudar a corrigir esses acessos de indignação, as nossas respostas irrefletidas quando somos maltratados. A parábola começou com uma pergunta apresentada pelos discípulos: "Senhor, até quantas vezes deverei perdoar meu irmão que pecar contra mim? Até sete vezes?" (Mt 18.21).

A resposta de Jesus de modo algum foi o que o que eles esperavam: "Não te digo que até sete vezes; mas até setenta vezes sete" (18.22). Ele então contou sobre um homem que devia ao seu senhor mais dinheiro do que algum dia ele seria capaz de pagar. O amo, de forma muito misericordiosa, perdoou a dívida. Então o servo perdoado se virou e exigiu de forma estúpida pagamentos de outros que lhe deviam meros centavos. Quando o amo ouviu essa notícia, anulou o perdão da enorme dívida do servo, colocando ele e sua família na prisão para devedores.

Quando compreendemos que muito nos foi perdoado, devemos achar muito mais fácil perdoar outras pessoas. Sentir apropriadamente o peso da nossa necessidade de graça deve permitir que mostremos graça a outros.

*Quando compreendemos que muito nos foi perdoado, devemos achar muito mais fácil perdoar outras pessoas. Sentir apropriadamente o peso da nossa necessidade de graça deve permitir que mostremos graça a outros.*

Mas às vezes, em vez de direcionar a nossa raiva para outros, direcionamos a nossa raiva para o céu. Ficamos indignados com o Deus do universo. Agimos como se ele não estivesse disposto a aceitar o nosso dinheiro de mentirinha, como se ele de algum modo nos devesse troco. Achar que temos o "direito" de ficar indignados com as nossas circunstâncias na verdade equivale a achar que temos o "direito" de ficar indignados com Deus, visto que fundamentalmente é ele que determina as nossas circunstâncias.

Assim, deixe-me fazer uma pergunta a você. Deus alguma vez falha em nos dar o que ele nos deve?

Sim. Sempre. Porque somos pecadores e merecemos o pior dos castigos. Essa misericórdia é uma boa notícia.

E ele nos recompensa com dinheiro falso? Não. Nunca.

Deus nunca fez por nós menos do que nos é devido, mas sua graça a nós, enquanto estamos na terra, é superabundante. Quando levantamos o nosso punho contra Deus e exigimos dele que nos dê o que é justo, ele talvez faça exatamente isso, e nos lamentaremos para sempre. Talvez sejamos jogados na prisão para devedores, pois lhe devemos muito.

Nosso chamado é reconhecer que vivemos todo dia debaixo de sua graça e então lhe dar graças porque a verdade gloriosa é que Jesus pagou toda a nossa dívida.

Vamos ao resumo dos fatos: somos pecadores; Deus tem todo o direito de estar irado conosco; se você é cristão, Deus ficou irado com Jesus por você, uma tarefa para a qual Jesus se voluntariou. A verdade é que não temos direito algum de ficarmos irados com Deus.

Você e eu somos dependentes da graça de Deus, que por sua vez nos chama para sermos gratos, e não ficarmos indignados, e para mostrarmos graça aos outros.

---

**A VERDADE** | Nós que fomos perdoados muito precisamos perdoar muito. Essa verdade precisa alterar a maneira de reagirmos quando somos tratados de forma injusta.

---

**PENSE SOBRE ISTO...** *Perdoar outras pessoas as liberta de sua obrigação para com você. Isso* *empata o placar. Talvez até mesmo incline a balança na direção delas. Por que perdoar é uma boa ideia em todos os seus relacionamentos?*

## 32. *"Dor e sofrimento são sempre ruins."*

Uma noite dessas, eu estava na cozinha, ajudando a limpá-la após o jantar. Ao limpar a tampa lisa de vidro do fogão com um papel-toalha úmido, eu não fazia a menor ideia de que a superfície ainda estava quente. Berrei e tirei a minha mão o mais rapidamente que pude, extremamente grato por essa coisa que chamamos de dor. Se não fosse pela dor, eu estaria até agora na cozinha, com a minha mão queimando grudada na tampa do fogão.

E, no que diz respeito ao nosso corpo e exercício, há a antiga expressão: sem dor não há ganho. Quer estejamos desenvolvendo músculos levantando pesos, quer resistindo à tentação de comer torta de queijo com morango duas vezes no mesmo dia, sabemos que não é fácil ficarmos em forma. Isso é doloroso. E bom.

O mesmo se aplica à nossa alma. Assim como luzes vermelhas que piscam no painel do carro, a dor e o sofrimento muitas vezes são avisos no painel que nos alertam para o fato de que algo talvez precise ser mudado, ajustado, consertado.

> *Você e eu temos falta de perseverança. Não somos perfeitos, completos. Mas seremos um dia, e as provações são as trilhas que nos levam até lá.*

**Meus irmãos, considerai motivo de grande alegria o fato de passardes por várias provações, sabendo que a prova da vossa fé produz perseverança; e a perseverança deve ter ação perfeita, para que sejais aperfeiçoados e completos, sem vos faltar coisa alguma (Tg 1.2-4)**

Você e eu temos falta de perseverança. Não somos perfeitos, completos. Mas seremos um dia, e as provações são as trilhas que nos levam até lá.

*Santificação* é um termo teológico de um milhão de dólares que designa o processo pelo qual nós, que fomos redimidos pelo sangue de Jesus, crescemos em santidade. É intenção de Deus usar a dor, o sofrimento e as dificuldades na nossa vida com o mesmo fim, para nos purificar e nos transformar na imagem de seu Filho, um homem que sabe muito bem o que é sofrer.

Quando coisas difíceis aparecem na nossa vida, podemos estar seguros de que Deus está atuando em nós e de que sairemos melhores do outro lado. Deus nos disciplina, não porque ele está irado conosco. Não, ele disciplina os que ele ama a fim de nos ensinar (Hb 12.6). Sua disciplina dolorosa é uma dádiva, uma prova de que ele nos ama imensamente e está atuando em nós.

## ESSE VENENO ESTÁ CURANDO VOCÊ

Quando o meu cunhado, Mark DeMoss, foi diagnosticado com linfoma no verão de 2016, seu médico prescreveu veneno. Isso mesmo, a solução química que gotejava em sua corrente sanguínea era veneno, com o objetivo de literalmente matar células (cancerígenas).

Os homens tentam consertar as coisas, buscam soluções. Assim, quando estamos sofrendo, muitas vezes queremos achar uma solução indolor que nos livrará do problema. Mas Deus talvez envie o veneno da dor, sofrimento e dificuldades para nos ajudar a aprender a confiar nele, a aprender a ter paciência. O apóstolo Paulo orou ardorosamente para que Deus removesse o que ele chamava de seu "espinho na carne". Não sabemos exatamente o que era o "espinho", mas sabemos que Deus disse a Paulo que ele não removeria esse sofrimento porque ele o ajudava a se lembrar de sua dependência completa de Deus.

> *Os homens tentam consertar as coisas, buscam soluções. Assim, quando estamos sofrendo, muitas vezes queremos achar uma solução indolor que nos livrará do problema.*

## DEUS SABE O QUE ESTÁ FAZENDO CONOSCO

O pastor Mark Vroegop e sua esposa, Sarah, perderem uma filhinha chamada Sylvia no dia em que ela nasceu. Essa perda dolorosa levou Mark a buscar perspectiva e esperança nas Escrituras. O que ele achou foi o valor e a necessidade do *lamento* e do *luto* como parte da experiência cristã. Ele escreveu:

> Como seguidor de Cristo e no meu papel de pastor, descobri que o lamento dá uma voz franca à luta do sofrimento, reconhecendo as emoções reais e assustadoras da dor ao mesmo tempo que cria um caminho para uma adoração centrada em Deus. Respostas banais e soluções fáceis são ofuscadas por uma mensagem para pessoas que estão sofrendo: difícil é difícil; difícil não é ruim.³

Não podemos medir quanto falta para nos tornarmos como Cristo ao medirmos quanto sofrimento estamos experimentando. Não podemos concluir que aqueles que parecem passar pela vida sem serem atingidos por sofrimento profundo são pessoas especialmente santas que não precisam de disciplina. Nem devemos cogitar que aqueles que sofrem muito devem ter mais pecado que precisam tratar e, portanto, precisam de uma disciplina mais severa de Deus.

Esse foi o erro que os amigos de Jó cometeram. Testemunharam tudo o que ele passou, e eles tinham a certeza de que Jó devia estar escondendo algum pecado secreto grave, que sua piedade era somente uma máscara. Mas o livro de Jó começa apresentando-o como um homem justo que se desviava do mal. Ele não era perfeito, mas era um homem piedoso. E, como se mostrou depois, mais piedoso do que os seus amigos que tinham tanta certeza de que ele devia ter pecado gravemente.

> E não devemos ter uma confiança excessiva na nossa capacidade de interpretar a providência de Deus. Ele sabe exatamente o que está fazendo com você e comigo.

E não devemos ter uma confiança excessiva na nossa capacidade de interpretar a providência de Deus. Ele sabe exatamente o que está fazendo com você e comigo. Havendo sofrimento ou não, ele não nos

---

³Mark Vroegop, *Dark clouds, deep mercy: discovering the grace of lament* (Wheaton: Crossway, 2019).

deve explicação. Nossa tarefa é respirar fundo e descansar na grande aventura de viver pela fé.

## UM DIAMANTE DE BELEZA RESPLANDESCENTE

Quando eu estudava na Taylor University, os homens que jogavam no time de futebol americano eram, para mim, quase como deuses. Em primeiro lugar, obviamente, havia sua habilidade física. Sua resistência. E então havia o mistério. Alunos normais como eu quase nunca os viam. A maioria dos jogadores de futebol americano vivia separadamente do resto do corpo estudantil. Somente alguns deles moravam em dormitórios; a maioria deles morava fora do campus nas "cabanas". Literalmente construções baratas que abrigavam quatro homens cada uma.[4]

Um dos atletas que eu admirava de longe era Michael Sonnenberg. O *center* no time de futebol americano, Michael tinha um ano a mais que eu, mas quando ele começou a namorar com uma das minhas colegas de classe, Janet Schneider, ele começou a participar de algumas atividades da minha classe. Eu conheci Michael e descobri nele um gigante gentil. Um homem gentil que amava o Senhor e desejava ardentemente servi-lo.

No verão de 1968, Michael e eu — e mais outros trinta e nove homens da Taylor — cruzamos o país costa a costa de bicicleta. Foi durante essa viagem que vim a apreciar profundamente o coração daquele homem especial.

Mike e Janet se casaram logo após nos formarmos e não tive mais notícias deles... até ouvir a notícia de um acidente inimaginavelmente trágico que quase tirou a vida de seu filho de vinte e dois meses, Joel.

Em setembro de 1979, um reboque de trator sobrecarregado colidiu com o carro da família em uma cabine de pedágio em New Hampshire. O terrível acidente literalmente derreteu em volta do corpo do pequeno Joel a cadeirinha de plástico a que ele estava preso sem poder ser ajudado. Um estranho esticou os braços para o banco de trás e tirou a criança queimada das chamas.

---

[4]Estudantes mulheres não teriam estado dispostas a ter esse tipo de existência espartana. Outros atletas que não eram da elite do esporte também moravam nas "cabanas" para economizar.

Nos anos que se seguiram, Michael e Janet amorosamente conduziram seus filhos, incluindo seu filhinho, que passou por mais de quarenta cirurgias

O acidente havia queimado mais de 85% do corpo de Joel, consumindo suas orelhas, a mão esquerda, os dedos da mão direita e a maior parte do tecido que cobria seu crânio. E, no entanto, à medida que Michael e Janet derramaram o amor de Cristo sobre seu filhinho tão machucado, junto com incontáveis orações de cristãos, ele começou a florescer. Joel se tornou um homem articulado com amor-próprio e caráter insaciáveis... agora um pastor com um amor profundo por Deus.

Quase vinte e dois anos depois do acidente, no tribunal Mike encontrou o motorista cuja negligência havia arrasado o corpo de seu filho. Em resposta à indução do juiz, o homem disse um "Sinto muito" mecânico aos Sonnenberg.

"Vim aqui para ouvir você dizer: 'Sinto muito'. Quando você pedir perdão, eu perdoarei, mas não me esquecerei", Michael Sonnenberg disse. "Você pegou um bebê vibrante e cheio de saúde e me devolveu um pedaço de carvão ardendo e gritando."

"Um pedaço de carvão", ele acrescentou, "que se transformou em um diamante de beleza resplandecente".

Assim como Jó, Michael havia enfrentado perda, tragédia e sofrimento indescritíveis. Mas ele estava disposto a perdoar e levou o corpo cicatrizado de seu filho ao Deus que os amava, enxergando a beleza refletida que vinha das lapidações do quebrantamento de seu filho como somente um homem de Deus seria capaz de fazer.

## UMA PREPOSIÇÃO IMPORTANTE

Fiquei diante do túmulo da minha esposa, sentindo-me profundamente triste enquanto a terra engolia lentamente seu caixão. Você certamente enfrentou os seus próprios momentos difíceis. Então, como tratamos essas coisas terríveis?

O apóstolo Paulo nos dá a resposta, mas por favor observe a preposição no início de sua admoestação:

> Em todas as coisas, sede gratos, pois essa é a vontade de Deus em Cristo Jesus para convosco (1Ts 5.18, A21 com adaptações).

Observe que ele não nos disse para sermos gratos "por" tudo; antes, "em" tudo. Há algo importante na experiência da dor e do sofrimento no contexto maior da vontade de Deus. Não comemorei o diagnóstico de câncer de Bobbie. Não ficamos contentes com a notícia. Mas nós, junto com as nossas filhas, sabíamos que Deus era sábio e bom e confiávamos que ele tiraria algo bom daquela tragédia humana.

A jornada que percorremos como família nos quebrou, nos moldou e nos transformou em pessoas mais próximas de sua imagem. Muitos amigos, profissionais da saúde e outros que encontramos nessa jornada foram levados a ficar face a face com o evangelho. E assim, em meio a essas circunstâncias dolorosas, curvamos o nosso coração e humildemente demos ações de graças.

| **A VERDADE** | A dor e o sofrimento são ferramentas nas mãos sábias e amorosas de Deus, fazendo seu bom trabalho, ajudando-nos a nos tornarmos mais como seu filho. E por isso precisamos agradecer. |
|---|---|

**PENSE SOBRE ISTO...** *Como você tipicamente responde aos problemas e frustrações inevitáveis da vida? Como você poderia responder diferentemente se você cresse na verdade sobre os propósitos de Deus para a dor e o sofrimento?*

## 33 *"O mundo conspira contra mim."*

De acordo com a mitologia grega, Sísifo era o rei de Éfira. Ele era um homem orgulhoso que provocou a ira dos deuses pela sua astúcia e falsidade em prol dos seus próprios interesses. Assim, segundo a história, ele foi condenado pelas suas más ações e recebeu uma sentença de vida. Mas não para passar o restante dos seus dias fazendo trabalhos forçados ou apodrecendo em uma cela de prisão. Seu castigo foi simples. E horrível. Ele foi obrigado a empurrar uma pedra enorme para cima de uma montanha. Uma vez que a pedra alcançava o topo, ele precisava soltá-la, permitindo que a pedra rolasse de volta para baixo. Então ele precisava seguir o trajeto da pedra, recuperá-la, empurrá-la novamente para o topo da montanha e, mais uma vez, deixá-la rolar para baixo. Para sempre.

Você consegue imaginar isso?

Sísifo não era um bom homem, mas, ainda assim, com a sentença de vida que recebeu, sinto certa pena dele. Obviamente, isso é mitologia grega. Não houve de fato um homem chamado Sísifo. Mas deixe isso para lá.

> *Planejar o nosso trabalho, executar o nosso plano, alcançar o nosso pico, somente para ver toda a coisa rolar para baixo.*

Mas quantas vezes você e eu não nos sentimos como esse homem mítico? Planejamos o nosso trabalho, executamos o nosso plano, alcançamos o nosso pico, somente para ver toda a coisa rolar ladeira abaixo depois. Reunimos todas as nossas forças e tentamos de novo. Isso é frustrante. De enlouquecer. O suficiente para nos tentar a achar que o mundo inteiro conspira contra nós. Nós tentamos. Puxamos com força. Mas logo o problema reaparece e fazemos isso de novo. É impossível ganhar.

Ficamos acordados até tarde, preparando-nos para uma apresentação no dia seguinte. Na manhã seguinte, perdemos a hora; na nossa afobação, cortamo-nos fazendo a barba e batemos a cabeça na porta do chuveiro; o café acabou na cafeteira; e nosso carro não pega. Agora estamos absolutamente convencidos de que o mundo está inclinado na direção errada. Ele está contra nós.

E como é o caso de muitas mentiras, essa contém uma semente de verdade. Após Adão e Eva comerem o fruto proibido, Deus confrontou Adão com as consequências vitalícias e penosas de sua escolha:

> Porque deste ouvidos à voz da tua mulher e comeste da árvore da qual te ordenei: "não comerás dela", maldita é a terra por tua causa; com sofrimento comerás dela todos os dias da tua vida. Ela te produzirá espinhos e ervas daninhas; e terás de comer das plantas do campo. Do suor do teu rosto comerás o teu pão, até que tornes à terra, pois dela foste tirado; porque és pó, e ao pó tornarás (Gn 3.17-19).

Isso parece o nosso velho conhecido Sísifo. Se você alguma vez tirou as ervas daninhas dos seus canteiros de flores somente para descobrir para que em alguns dias aquelas danadas voltaram, você entende isso. É o encontro da mitologia grega com as ervas daninhas.

É verdade. O mundo é um campo de batalha, um lugar de guerra. E isso nos lembra a quem o mundo antagoniza. Na realidade, o mundo está em uma batalha desesperada e implacável com... o Senhor. O Deus do universo.

## UM VISITANTE SURPRESA

Antes de Josué lutar a batalha de Jericó, ao andar perto da cidade, ele encontrou uma figura imponente, um homem de guerra poderoso com sua espada desembainhada. O Josué trêmulo se aproximou dele e perguntou: "Estás a nosso favor, ou a favor de nossos adversários?" (Js 5.13).

Josué fez uma pergunta do tipo ou isso ou aquilo. A favor ou contra? Mas a resposta desafiou esses limites. "Não", o homem respondeu, "Venho agora como chefe do exército do SENHOR" (5.14). Alguns teólogos acreditam que esse grande guerreiro foi uma aparição pré-encarnada do Deus Filho. É como se o guerreiro respondesse a Josué: "Você está fazendo a pergunta errada, Josué. Não é se estou de seu lado, mas se você está do meu".

Como frequentemente faço com histórias bíblicas, desde a primeira vez que ouvi essa história de Josué e do anjo, identifiquei-me com Josué... não porque sou algum tipo de grande líder militar, mas porque entendo, por experiência pessoal, algumas das pressões da vida.

E sinto pena de Josué, que estava enfrentando uma tarefa enorme, mas tinha dúvidas em relação à sua própria capacidade, sua aptidão para a tarefa.

A experiência de lidar com o desânimo me lembra de uma situação que enfrentei no mundo profissional. Eu me reportava ao CEO, que havia pedido um relato financeiro. Reuni a minha equipe e preparei o que achei que era uma planilha facilmente compreensível e a levei à sala do meu chefe.

Ele olhou rapidamente para as duas páginas. Ele franziu a testa. Não uma visão desconhecida. Eu me preparei para o que podia vir.

— E então, de onde vieram esses números? — ele esbravejou. — Preciso de mais do que isso.

Arrastei-me obedientemente de volta para a minha sala e passei uma nova tarefa à minha equipe.

— Precisamos de mais — eu disse a eles.

No dia seguinte, voltei à sala do chefe, munido de informações de sustentação suficientes. Sentindo-me confiante na frente de sua mesa, coloquei o documento cuidadosamente sobre ela. Com o polegar, ele levantou o canto da pilha de um centímetro e pouco e a deixou escorregar pelo polegar.

A testa dele franziu de novo. Ah, não.

— Você acha que eu vou ler tudo isso? — ele vociferou.

Lembro-me nitidamente de voltar bufando paro o meu escritório, completamente humilhado e desanimado. Mergulhei na cadeira atrás da minha mesa. O que eu deveria fazer?

Se você é como eu, há momentos em que se vê profundamente desencorajado por circunstâncias além de seu controle. Do bombardeio diário de uma notícia deprimente na mídia após a outra à saúde pessoal e passando pelas circunstâncias que não podemos controlar, o nó no nosso estômago é real.

O apóstolo Paulo deve ter lidado com o sentimento debilitante do desânimo também. Que tal essa lista de coisas que poderiam conspirar para nos desencorajar? Simplesmente ouça estas palavras:

> Pois tenho certeza de que nem morte, nem vida, nem anjos, nem autoridades celestiais, nem coisas do presente nem do futuro, nem poderes, nem altura, nem profundidade, nem qualquer outra criatura poderá nos separar do amor de Deus, que está em Cristo Jesus, nosso Senhor (Rm 8.38,39).

Ali no meio há claramente um chefe explosivo e um diagnóstico indefinido do nosso médico. E será que essa não é a resposta perfeita para isso tudo?

Desde que o homem caiu da graça no jardim do Éden, as coisas não foram como deveriam ser (Rm 8.32). O pecado mudou tudo. O mundo está contra o homem e vice-versa. E todos estamos contra Deus. Mas em sua misericórdia extraordinária, Deus colocou o mundo contra seu Filho amado para que

> *O pecado mudou tudo. O mundo está contra o homem e vice-versa. E todos estamos contra Deus.*

encontrássemos conforto; a paz no nosso coração que ultrapassa todo entendimento (veja Fp 4.7).

A história da nossa vida não é uma pedra que rola até lá embaixo, uma pedra que precisa ser empurrada de volta para o topo. Nossa vida está sobre a Rocha da nossa salvação. Essa pedra nunca pode ser movida. Precisamos levantar a nossa cabeça. Nosso Senhor sabe o que ele está fazendo. Tudo está bem, e tudo ficará bem.

Como o antigo autor de hinos expressou isso:

*Este é o mundo do meu Pai.*
  *ó não me deixes nunca esquecer*
  *que, embora o errado pareça muitas vezes tão forte,*
*Deus é o regente ainda.*
*Este é o mundo do meu Pai,*
  *a batalha ainda não acabou:*
*Jesus que morreu satisfeito ficará,*
  *e o céu e a terra um serão.*[5]

**Pois eu bem sei que planos tenho a vosso respeito, diz o Senhor; planos de prosperidade e não de mal, para vos dar um futuro e uma esperança (Jr 29.11).**

## A VERDADE

Vivemos e servimos em um mundo que está contra Jesus e, se estamos com Jesus, o mundo está contra nós. Mas temos a esperança confiante de que um dia tudo o que é errado será corrigido e que, enquanto isso não acontece, ele sabe o que está fazendo e nos sustentará na batalha.

**PENSE SOBRE ISTO...** *Qual o propósito de sua vida? O que dá sentido à sua vida?*

---

[5] Maltbie D. Babcock, *This is my father's world*, 1901, alt., Timeless Truths, disponível em: www.library.timelesstruths.org/music/This_Is_My_Fathers_World/, acesso em: 25 fev. 2020.

## 34. "Não consigo evitar certas reações com algumas pessoas ou circunstâncias."

Eu estava totalmente fora de controle. Bobbie, minha falecida esposa, também estava.

Estávamos em pé na cozinha, brigando e discutindo aos berros. Ainda hoje enquanto escrevo estas palavras, estou envergonhado de como eu estava agindo. Obviamente, não faço a menor ideia agora de por que estávamos discutindo, mas com as nossas vozes em pé de guerra, estávamos atacando um ao outro.

Se você pudesse ver um vídeo dessa cena, você diria que eu estava completamente fora de controle. Eu diria o mesmo. Minhas emoções haviam tomado conta de mim. É absolutamente constrangedor me lembrar dessa disputa de gritos.

E então, além de todo esse tumulto, tocou o telefone (isso era nos dias em que toda casa nos Estados Unidos tinha um telefone na parede da cozinha com um fio comprido e enrolado). Deixamos o telefone tocar algumas vezes; então fui até ele e o atendi.

"Alô", eu disse com uma voz tão empolgada como se eu estivesse perguntando ao estoquista no mercado onde poderia encontrar o molho *barbecue*.

A pessoa no outro lado da linha era o nosso ministro de jovens. Ele estava me perguntando se eu estaria disponível para me encontrar com ele alguma hora nos dias seguintes. Falamos sobre nossas agendas, e eu anotei o horário e o lugar em um pedaço de papel no balcão da cozinha.

"Obrigado por ligar, Mark", eu disse afetuosamente e desliguei.

Olhei incrédulo para a minha esposa. Ela respondeu com o mesmo olhar incrédulo. O que eu havia acabado de fazer foi uma mudança tão dramática em relação ao comportamento descontrolado que eu havia acabado de exibir que ainda lembro disso muitos anos depois. Claramente, *escolhi* quando e com quem ter um acesso de raiva.

Essa mentira sobre o autocontrole é uma mentira das grandes.

Você consegue imaginar quantos homens estão na prisão porque, em um momento de fúria, convenceram-se de que eles não podiam evitar o que estavam prestes a fazer? E porque eles não recuaram e pensaram duas vezes sobre isso, eles foram adiante. Suas emoções, sua raiva e ressentimento ganharam. E agora eles estão presos em uma cela. Alguns por alguns anos. Outros até ficarem à temperatura ambiente e finalmente poderem deixar a prisão em um caixão. Você e eu talvez não acabemos atrás das grades pelos nossos acessos de raiva, nossas reações descontroladas. Mas certamente acabamos colocando a nós mesmos e outras pessoas em prisões emocionais e relacionais que nós mesmos criamos.

Quantas vezes não falei coisas imprudentes "na hora". Coisas das quais mais tarde — às vezes somente momentos depois — me arrependi profundamente. E quantas vezes não fiz algo imprudente que foi espontâneo e impensado.

> *Quantas vezes não falei coisas imprudentes "na hora". Coisas das quais mais tarde — às vezes somente momentos depois — me arrependi profundamente.*

## CONSIDERANDO JUDAS E PEDRO

Os doze discípulos de Jesus não foram contratados pelo Monster.com ou pelo LinkedIn. Esses eram homens ordinários sem currículos impressionantes. Na verdade, exceto pelo que alguns estavam fazendo como trabalho quando o Salvador os convidou para fazer parte de seu grupo, sabemos muito pouco sobre esses homens.

Judas Iscariotes, o filho de Simão Iscariotes, era o único discípulo que não era da Galileia. Queriote, uma cidade no sul da Judeia, era sua cidade natal. Apesar de receber a responsabilidade de cuidar das finanças dos discípulos de acordo com o Evangelho de João, é provável que Judas fosse tratado pelos Doze como um estranho. Uma vez que Judas era de outra cidade, ele foi um estranho desde o início.

Judas era um homem que fazia coisas, como o meu pai costumava dizer, "sem pensar". Ele tinha a tendência de falar tudo o que pensava de forma atrevida e rude. No capítulo 12, o discípulo João fala sobre um

> *Judas era um homem que fazia coisas, como o meu pai costumava dizer, "sem pensar".*

jantar que Judas interrompeu enquanto Maria ungia profusamente os pés de Jesus com óleo caro. "Por que este bálsamo não foi vendido por trezentos denários, e o dinheiro, dado aos pobres?" (Jo 12.5).

Mas Deus não foi trapaceado. O relato bíblico — "[Judas] disse isso não porque se preocupasse com os pobres, mas porque era ladrão" (12.6) — fornece uma descrição nua e crua desse homem.

Mas a verdadeira inclinação de Judas foi revelada em mais detalhes quando ele foi fazer um acordo em segredo com o sumo sacerdote que lhe prometeu trinta moedas de prata para trair seu amigo Jesus (Mt 26.15). Sabendo o que Judas sabia, foi nesse momento que a história relata o momento mais grave de sua vida, sem parar para pensar.

No fim, como tantas vezes fazemos, Judas se arrependeu profundamente do que ele havia feito. Nesse caso, tirando sua própria vida como tentativa de penitência.

> *Por causa de seu remorso profundo, Judas tirou a própria vida. Mas por causa de sua confissão profunda, Pedro deu sua vida, e acabou morrendo como um mártir crucificado.*

O apóstolo Pedro tinha a mesma doença de agir sem pensar. Lemos que ele pulou de seu barco de pesca; a primeira vez para imitar a capacidade de Jesus de andar sobre a superfície da água (Mt 14.29) e, em outra ocasião, para ser o primeiro a sentar-se na praia com o Senhor ressurreto (Jo 21.15-19).

Também vemos Pedro jurando que ele não conhecia Jesus em uma resposta covarde à pergunta de uma moça enquanto Jesus estava sendo julgado por um tribunal ilegítimo (Mt 26.69-75).

Tanto Judas como Pedro acreditaram nesta mentira. Eles não eram capazes de se controlar no momento (e eles não se controlaram). Por causa de seu remorso profundo, Judas *tirou* a própria vida. Mas por causa de sua confissão profunda, Pedro *deu* sua vida, e acabou morrendo como um mártir crucificado.

### UM JOGO DE AUTOCONTROLE

Como pai de crianças pequenas, eu sabia que uma das minhas responsabilidades mais importantes era ensinar o autocontrole. A razão disso talvez fosse que eu sabia da minha própria propensão a fazer ou dizer coisas imprudentes no calor do momento, mas eu suspeitava que as minhas filhas precisariam aprender essa habilidade... já bem novas.

Acho que essa ideia veio de Bobbie, minha falecida esposa. Ela era extraordinária em fazer do aprendizado algo divertido. "Vamos brincar de um jogo", ela anunciou enquanto jantávamos certa noite. "Vamos brincar o jogo do 'não'".

Isso foi há muito tempo, mas ainda posso ver as caras céticas das minhas filhas. A minha também. "O jogo do "não"? Ah, não!", o nosso rosto estava dizendo. Mas, obviamente, não dissemos nada.

Ignorando o ceticismo previsível, Bobbie continuou explicando.

"Entre agora e a janta de amanhã, todos digamos 'não' a nós mesmos ao menos uma vez. E não desistam. Depois contaremos como foi."

Sorrimos e acenamos com a cabeça concordando com a ideia sem muito entusiasmo.

Na janta da noite seguinte, contamos como foi. Missy nos disse que ela havia conversado com uma amiga ao telefone. "Precisarei desligar daqui a dez minutos para terminar a minha lição de casa", ela anunciou.

"E quando acabaram os dez minutos", Missy continuou com um sorrisão, "eu disse à minha amiga que precisava desligar e me despedi". Ela pausou. "Minha amiga implorou que eu não desligasse... mas eu disse 'não'".

Eu me lembro bem da comemoração. Mesmo sendo uma mocinha, Missy havia provado a si mesma que ela poderia estar no controle, e a nossa família inteira demonstrou que achávamos isso extraordinário.

Cada um de nós relatou como foi, e os outros do grupo afirmaram seu encorajamento.

Mas isso foi somente o resultado de um jogo que durou um dia. Isso foi bom, mas foi somente um dia. Os desafios do autocontrole eram — e são — implacáveis, não somente para crianças na janta, mas para você e para mim. Todos os dias.

Não é de surpreender, já que Paulo era um homem pecaminoso assim como eu, que o apóstolo também tenha lidado com os desafios do autocontrole.

> *Os desafios do autocontrole eram — e são — implacáveis, não somente para crianças na janta, mas para você e para mim. Todos os dias.*

> Porque eu sei que em mim, isto é, na minha carne, não habita bem algum; pois o querer o bem está em mim, mas não o realizá-lo. Pois não faço o bem que quero, mas o mal que não quero (Rm 7.18,19).

Você se identifica com isso?

O que você deseja fazer, mas se considera impotente para fazer? Tempo regular na leitura da Palavra de Deus e na oração? Ser atencioso e bondoso com sua esposa e filhos?

O que é que você não quer fazer, mas se considera impotente para não fazer? Acessos de raiva com aqueles que você mais deve amar? Olhar pornografia escondido em seu *laptop*? A tentação de ser desonesto em sua declaração de renda?

Talvez você fosse ecoar os sentimentos de Paulo:

> Desse modo, descubro esta lei em mim: quando quero fazer o bem, o mal está presente em mim. Porque, no que diz respeito ao homem interior, tenho prazer na lei de Deus; mas vejo nos membros do meu corpo outra lei guerreando contra a lei da minha mente e me fazendo escravo da lei do pecado, que está nos membros do meu corpo (Rm 7.21-23).

Assim, qual é a reposta? Há esperança? Ou somente estamos destinados a ficar nos debatendo, incessantemente tentando, falhando, tentando de novo e...

O apóstolo entendia essa frustração: "Desgraçado homem que sou! Quem me livrará do corpo desta morte?" (7.24).

É aí que se encontra a nossa única esperança. Não um quê, mas um Quem. "Graças a Deus", diz Paulo com grande alívio, por Jesus Cristo, nosso Senhor!" (7.25). Ele continua no parágrafo seguinte:

> Porque a lei do Espírito da vida, em Cristo Jesus, me livrou da lei do pecado e da morte. Pois o que para a lei era impossível, visto que se achava fraca por causa da carne, Deus o fez na carne, condenando o pecado e enviando seu próprio filho em semelhança da carne do pecado e como sacrifício pelo pecado, para que a justa exigência da lei se cumprisse em nós, que não andamos segundo a carne, mas segundo o Espírito (Rm 8.2-4).

Em certo sentido, essa mentira sobre a nossa incapacidade de nos controlar é de fato a verdade. Lutamos para reinar na nossa mente, nas nossas ânsias e desejos, na nossa língua, nas nossas respostas impacientes e irritadas e a na nossa conduta inapropriada e viciante.

Mas quando confessamos o nosso pecado, reconhecemos a nossa necessidade do evangelho, fixamos os nossos olhos em Cristo, renovamos a nossa mente por meio de sua Palavra e nos submetemos à liderança do Espírito a cada momento, ele realiza o controle em nós, para nós e por meio de nós.

> *Em certo sentido, essa mentira sobre a nossa incapacidade de nos controlar é de fato a verdade.*

**A VERDADE** | Quando entregamos o controle ao Espírito Santo que habita em nós, ele produz em nós o fruto do autocontrole.

**PENSE SOBRE ISTO...** *Reveja o "fruto do Espírito" listado em Gálatas 5.22,23 — amor, alegria, paz, paciência, benignidade, bondade, fidelidade, amabilidade e domínio próprio. Contra essas coisas não existe lei. Por que você acha que "autocontrole" está por último na lista? Como o autocontrole impacta todos os outros frutos? Como você está nessa área?*

## 35 *"Posso fugir de Deus."*

Meu irmão tinha três anos de idade. Algo havia acontecido entre ele e sua irmã gêmea e, de sua perspectivava, o único modo de lidar com isso era não lidar com isso.

Grace Wolgemuth estava em pé encostada na pia da cozinha, olhando pela janela para o nosso quintal, não longe de uma estrada de quatro vias muito movimentada — a estrada Roosevelt.

Então ela viu um menininho, andando e se afastando da casa lentamente. Ela sabia pelo seu passo deliberado e pelo seu modo de andar indeciso que havia algo seriamente errado. A direção do menino não deixava dúvidas; ele estava indo embora.

Saindo depressa pela porta dos fundos, minha mãe correu para ir ao encontro do rapaz. Logo ela alcançou seu filho e falou seu nome.

O pequeno Danny parou de andar. Grace se ajoelhou para que eles pudessem ficar cara a cara. Isso foi algo que os meus irmãos e eu a vimos fazer conosco, com os nossos filhos e netos. Incontáveis vezes.

"Onde você está indo?", ela perguntou.

Exceto por uma cara triste, não houve resposta à sua pergunta.

"Onde você está indo?", mamãe repetiu.

Novamente não houve resposta.

"Você está fugindo?"

O menino acenou com a cabeça lentamente.

"Bem, você não fez uma mala", ela disse gentilmente. "Como você pode fugir se você não levou nenhuma das suas coisas com você?"

Ela continuou sem resposta de seu menininho. Após um momento de silêncio, ela continuou.

"Tenho uma ideia", ela disse. "Vamos voltar para casa e vou ajudar você a fazer uma mala."

Então ela acrescentou: "E se você quiser que eu vá com você, eu vou".

Mas Danny não foi o único homem que fugiu de casa.

### PEGANDO CARONA COM UM PEIXE GRANDE

É uma das histórias mais lidas e repetidas do Antigo Testamento. A história sobre um homem fugitivo e o peixe grande e faminto.

O homem talvez estivesse sofrendo de depressão. Você e eu provavelmente também estaríamos se estivéssemos no lugar dele. Jonas vivia sob um monarca ímpio que reinava havia mais de quatro décadas — não exatamente uma época fácil para falar em nome de Deus. Seu trabalho era ir por aí e advertir as pessoas a se arrepender dos seus maus caminhos, a fim de que Deus não as julgasse. "Lá vem o extremista que diz que queimaremos no inferno", as pessoas devem ter zombado. Isso não era nem um pouco divertido.

Suspeito que o profeta tinha poucos amigos (se é que tinha algum) e raramente era convidado para festas. Quem quer passar tempo com um sujeito desses?

Mas ao menos sua tarefa era entre seu próprio povo. Pecadores, sem dúvida, mas pecadores que tinham uma noção de sua própria história e da fidelidade a Javé.

A tarefa de Jonas, no entanto, estava prestes a mudar.

Um dia, ele recebeu uma mensagem que desejou que não passasse de um pesadelo. Para sua grande tristeza, não era.

**Vai agora à grande cidade de Nínive e prega contra ela, porque sua maldade subiu até mim (Jn 1.1).**

Não é surpresa alguma que a resposta imediata de Jonas à ordem de Deus tenha sido um claro "De modo nenhum!". Nínive era uma "grande" cidade — grande em tamanho, grande em influência e grande em fazer o mal. Ela era a capital da nação arrogante, cruel e idólatra da Assíria. Os assírios estavam determinados a conquistar o mundo e eram inimigos ferozes de longa data de Israel.

Agora Deus estava chamando seu profeta para ir e pregar a esses inimigos temidos e odiados. Descobrimos mais tarde que, desde o início, Jonas, conhecendo Deus como ele conhecia, temia que ele fosse ser misericordioso e compassivo com Nínive (4.2). Jonas não queria que os seus inimigos se arrependessem e fossem poupados. Em sua visão, eles mereciam o juízo de Deus; ele queria que eles morressem!

Assim, por mais esquisito que isso pareça sobre um homem que conhecia a Deus e os seus caminhos tão bem, Jonas fugiu. Ou tentou fugir. Você se lembra de que, em vez de viajar para o leste algumas centenas de quilômetros, ele embarcou em um navio que ia para a Espanha, cerca de mil e quinhentos quilômetros para o oeste.

Jonas embarcou, achou seu beliche no porão do navio e desmaiou completamente exausto. O pecado tem uma tendência de sugar sua energia.

> *A desobediência a Deus tem uma tendência de sugar sua energia.*

Jonas talvez tenha achado que sua fuga de fato tinha dado certo. Seus vizinhos, sua família — ou qualquer outra pessoa que acabasse sentindo sua falta — não fazia a menor ideia de onde ele estava. Ele havia desaparecido completamente.

Talvez Jonas até mesmo tenha achado que, de fato, havia conseguido fugir de si mesmo. O navio, o mar, um novo destino. E, se ele tivesse sorte, uma nova vida, um novo homem.

Mas sem Deus.

## OS DENTES DO CÃO MORDENDO SUA CALÇA

Algumas centenas de anos após a tentativa vã de Jonas fugir do Todo-poderoso, Francis Thompson escreveu seu poema clássico *The hound of heaven* [O cão do céu]. Aqui estão alguns versos que, se Jonas os tivesse lido, poderiam ter lhe evitado a experiência angustiante no mar e algumas noites com o sufoco agudo causado pelos sucos gástricos do grande peixe.

> *Dele eu fugia, noites e dias;*
> *dele eu fugia pela arcada dos anos;*
> *dele eu fugia por becos e labirintos*
> *de minha própria mente; e na névoa das lágrimas.*
> ...................................................................
> *Vê, todas as coisas fogem de ti, pois foges de mim!*
> *Estranho, lamentável, fútil ser!*
> ...................................................................
> *Eu sou aquele a quem procuras!*[6]

Para mim, a imagem mais notável de Jonas fugindo não é que ele estava correndo mais rápido ou sendo mais esperto do que Deus em um caminho que ele mesmo havia criado. É que Deus estava indo implacavelmente atrás

---

[6] Francis Thompson, "O cão do céu", disponível em: https://www.caminhandocomele.com.br/the-hound-of-heaven-francis-thompson-1859-1907-o-cao-do-ceu-traducao-por-r-paiva-sj/, acesso em: 25 fev. 2020.

dele e, antes de terminar, Deus ganhou a corrida. O Caçador Celestial conseguiu o que queria.

> **Deus estava indo implacavelmente atrás dele e, antes de terminar, Deus ganhou a corrida.**

Durante muitos anos, "Aron" fugiu de Deus. Ele se recusava a enfrentar as consequências das suas ações, mesmo enquanto servia no ministério. Sei que isso parece improvável... até mesmo absurdo... mas é verdade.

Vivendo e trabalhando na Costa Oeste dos EUA, Aron havia tido relações sexuais com uma moça menor de idade. Durante muitos anos, a moça não falou nada, mas então ela revelou tudo e denunciou seu antigo líder de jovens.

Embora Aron tenha negado a acusação inicialmente, ele acabou cedendo à pressão e confessou ao juiz o que ele havia feito. O resultado foi oito anos em uma prisão federal na Califórnia.

Durante esses anos, Aron e eu nos correspondemos frequentemente. Eu assisti ao seu coração amolecer. Sua raiva e rebeldia diminuíram. Ele acabou aceitando sua situação como uma "barriga do peixe" redentora. Muitas vezes Aron me disse quão grato ele era pela presença do Senhor com ele na prisão. Logo ele encontrou alegria enquanto organizava um coral na prisão e conduzia estudos bíblicos com os seus companheiros. O "Cão" havia ganhado a corrida.

Você e eu talvez decidamos fazer um desvio por um caminho que sabemos que é pura insensatez. Podemos tentar fugir de Deus. Mas o nosso Pai sabe onde estamos, para onde achamos que estamos indo e ele sabe como nos levar para casa. De um modo ou de outro:

> Sede fortes e corajosos. Não temais nem vos atemorizeis diante dessas nações, pois o Senhor, vosso Deus, é quem vai convosco. Ele não vos deixará nem vos desamparará (Dt 31.6).

## A VERDADE

Não podemos fugir da presença de Deus. Podemos tentar, mas não conseguiremos. Nosso Pai nunca nos perde de vista. Ele irá atrás de nós e nos levará para casa.

**PENSE SOBRE ISTO...** *Descreva uma época em que você tentou fugir da presença ou convicção de Deus em sua vida. Quais consequências você experimentou? Como ele foi atrás de você? Como você respondeu?*

CAPÍTULO 9

MENTIRAS EM QUE OS HOMENS ACREDITAM
# SOBRE O MUNDO

Isso talvez pareça bobo para você. Os divertidos hábitos diários de um homem às vezes obsessivo. Na verdade, o que estou prestes a fazer poderia ser considerado uma confissão.

Sou um homem afeito a rotinas. Por exemplo, a sequência das minhas atividades matutinas — rituais matutinos — é sempre a mesma. Praticamente todo dia.

Começa com o levantar-me silenciosamente da cama antes de o dia clarear, enquanto minha esposa ainda dorme. (Se ela mexe ou estende a mão para que eu saiba que ela está meio acordada, viro para o lado dela antes de levantar e coloco o meu rosto perto do dela e sussurro uma curta oração de "Bom dia, Senhor", dou um beijo e digo "Te amo" antes de ela voltar a dormir.)

Assim que entro na cozinha, ligo a máquina de café, já carregada e pronta para entrar em ação, e então vou me arrastando para o meu *closet* onde já deixei adequadamente dispostas as minhas "roupas confortáveis" que uso de manhã cedo (deixo prontos esses apetrechos na noite anterior para não precisar ficar decidindo qual será a primeira coisa que vou vestir).

O café está pronto e na xícara, e vou para a minha biblioteca em casa, onde a minha poltrona predileta está me esperando.

Meus óculos, minha Bíblia, uma caneta e uma barra de cereais já sem embalagem estão sobre uma mesa perto da minha cadeira (acho o barulho de tirar a embalagem tão cedo irritante). Pego a Bíblia e a caneta e continuo lendo onde parei no dia anterior. Sublinhando enquanto leio, procuro passagens que falam comigo de um modo especial. Mensagens do meu Pai.

Em seguida, pego o meu *smartphone*.

"Aha", você talvez esteja dizendo, "peguei você vendo seu e-mail ou as notícias ou o resultado do jogo da noite passada".

Na verdade, não.

Uso o meu celular para enviar a Nancy os versículos que acabei de sublinhar para que quando ela acordar, ela seja inspirada da mesma forma que fui inspirado pela palavra de Deus.

Então me ajoelho e oro. Agradeço a ele suas bênçãos. Levo a minha família ao trono da graça. Oro pelas necessidades dos meus amigos e peço sabedoria para o dia que está diante de mim.

Uma vez que essa é uma confissão, vamos voltar ao que eu acabei de dizer sobre não ver os e-mails, as notícias ou alertas no meu celular.

Aprendi que assim que o meu cérebro se envolve com o que está acontecendo no mundo, praticamente abandonei a solitude do meu tempo de silêncio com o Senhor... e não volto mais. Sendo um viciado em política desde a minha adolescência, sei que o meu cérebro ficará envolvido com os últimos acontecimentos em Washington, e o meu coração terá deixado a doçura dessa conversa silenciosa com o Senhor.

> **Ao menos para mim, o mundo — e tudo o que está acontecendo nele — pode ser uma enorme distração.**

Ao menos para mim, o mundo — e tudo o que está acontecendo nele — pode ser uma enorme distração. Muitas vezes fico tentado a abrir um aplicativo no meu celular e muito rapidamente minha mente é envolvida com o último destaque do dia ou placar de um jogo. Mas não faço isso.

Então quando estou passando as horas escuras da manhã no silêncio da presença de Deus, evito fazer qualquer coisa que poderia invadir a quarentena que impus a mim mesmo.

Mas logo que passei esse tempo com o Senhor, mergulho. De cabeça. No meu trabalho, meus aplicativos de notícias, meus e-mails e propostas aguardando a minha análise. Evito essas coisas até estar pronto.

Lembre-se de que isso é uma confissão. Não estou me gabando nem recomendando coisa alguma. Como eu disse, você talvez ache que sou louco e não um pouco excêntrico. Sou os dois, mas me sinto melhor agora que desabafei (algum dia, você vai me contar sobre sua rotina).

## NO MUNDO, NÃO DO MUNDO

Uma das minhas passagens prediletas na Bíblia se encontra no que os teólogos chamam de "a oração sumo sacerdotal de Jesus". Aqui o Salvador nos diz que não podemos evitar viver no mundo, mas não devemos viver simplesmente como o mundo. Isso parece a minha batalha com o meu smartphone de manhã cedo.

> Não rogo que os tires do mundo, mas que os guardes do maligno. Eles não são do mundo, assim como eu também não sou. Santifica-os na verdade, a tua palavra é a verdade. Assim como tu me enviaste ao mundo, eu também os enviei ao mundo (Jo 17.15-18).

O relacionamento que eu e você temos com o mundo muitas vezes parece complicado, não é mesmo? Viver em duas esferas pode ser um desafio implacável. Como combinamos estudo bíblico e oração com a nossa carreira? Como devemos viver no mundo sem sermos do mundo? O que devemos fazer e por quê?

> *Viver em duas esferas pode ser um desafio implacável.*

## PREPARAÇÃO PARA A BATALHA

Bill Bates jogou durante quinze anos no time de futebol americano Dallas Cowboys. Ele passou a maior parte de sua carreira em times especiais, uma tarefa muitas vezes considerada de segunda categoria na NFL. Não para Bill. Sua agressividade e coragem no campo durante o chute inicial ou um chute dado à bola no "bola ao ar" o tornou um ídolo dos fãs.

Ele era reverenciado por muitas pessoas que amavam o jogo.

Tom Landry afirmou: "Se tivéssemos onze jogadores no campo que jogassem tão duro quando Bill Bates joga e todos fizessem sua tarefa de casa como ele faz, seria quase impossível nos derrotar. Bill Bates e Cliff Harris são os que têm os maiores acertos entre os chutadores que já vi". Além disso, John Madden disse: "Todo jogo começa com um chute, quando Bates está no campo, todo jogo começa com uma pancada!". [1]

Tive o privilégio de conhecer Bill Bates, ajudando-o a publicar seu livro.[2] Fora de temporada em 1994, Bill me levou em um *tour* privado pelas novas instalações para treino dos Cowboys no norte de Dallas. Andando por aquele complexo extraordinário e moderníssimo, eu estava totalmente cativado por aquilo tudo, como uma criança em uma loja de doces.

Lembre-se de que estávamos fora de temporada, de modo que eu imaginava que o lugar estivesse vazio. Ele não estava. Havia atletas por toda parte, fazendo musculação e exercício aeróbico.

— Quantas vezes por semana você vem aqui? — perguntei a Bill.

Aquele senhor nascido no Tennessee deu um sorriso que poderia ter sido um sorriso arrogante. Mas não era. Ele não era um homem orgulhoso, somente um homem focado.

— A não ser no domingo — ele disse —todos os dias. Às vezes quase o dia inteiro.

Fiquei como você teria ficado: pasmo.

— Todos os dias? — repeti. — Sério? Por quê? — acrescentei ingenuamente.

Nunca me esquecerei de sua resposta. Eu imaginei que Bill fosse me dizer que ele fazia isso para permanecer em ótima forma para chegar a mais um "Pro Bowl" [jogo das estrelas no fim da temporada do Futebol Americano].

---

[1] Bill Bates, *Shoot for the star* (s.n., CreateSpace, 2011), p. 4-5; "Bill Bates", Wikipedia, editado por último em 18 de maio de 2018, disponível em: en.wikipedia.org/wiki/Bill_Bates, acesso em: 25 fev. 2020.

[2] Bill Bates com Bill Butterworth, *Shoot for the star* (Brentwood: Wolgemuth & Hyatt, 1996).

Ou ajudar os Cowboys a serem campeões de sua divisão. Certamente essas eram as razões, mas não foi o que ele disse.

Após alguns momentos, ele respondeu à minha pergunta.

— Autodefesa — Bill disse. — Se não estou em ótima forma, serei morto lá fora.

Ele não havia terminado.

— Meus oponentes estão em ótima forma. Preciso ser melhor do que eles ou eu morro.

O propósito maior do treinamento de Bill Bates ou do meu tempo silencioso com o Senhor é me preparar para a batalha. Passar tempo lendo a Palavra e orando, ou repetições com pesos e exercícios aeróbicos implacáveis, não são fins em si mesmo. Essas coisas são atividades com um alvo. Clicar no meu novo aplicativo predileto antes do meu coração estar pronto seria como Bill pisar no campo antes de estar forte.

Meu objetivo não é uma vida monástica assim como o objetivo de Bill não era ficar musculoso. A oração de Jesus foi uma súplica ao seu Pai para que você e eu não nos enclausuremos em um mosteiro ou no cume de um morro ou desenvolvamos o nosso corpo com barriga de tanquinho para aparecer em revistas.

Essas coisas têm o objetivo de nos preparar, de "nos guardar do Maligno".

A oração de Jesus inspira homens como você e eu não a evitar o mundo, mas a ser fortes o suficiente para viver — até mesmo brilhar para Deus — enquanto estamos no mundo.

O grande atleta Eric Liddell abraçou essa ideia e a praticou com grande impacto. Liddell é lembrado principalmente por defender princípios, o que o levou a se recusar a competir nos Jogos Olímpicos de Paris de 1924 no Dia do Senhor. O filme *Carruagens de fogo* narrou esse momento, e em 1982 o filme ganhou sete prêmios no *Oscar*, incluindo o de melhor filme.

Após sua carreira competitiva terminar, Liddell foi servir durante décadas no campo missionário na China. Se alguma vez houve um homem que buscava honrar a Deus tanto nas esferas seculares como nas sagradas, esse foi Eric Liddell, passando sem dificuldades da glória olímpica ao serviço missionário humilde e anônimo.

O treinamento e êxito físicos de Liddell não eram o objetivo. Preparar-se — de corpo, mente e espírito — para o chamado de Deus em sua vida era a razão suprema para seu treinamento rigoroso. Na verdade, tanto a preparação como o desempenho eram absolutamente essenciais. Como crentes em Jesus Cristo, poderíamos chegar a dizer que tanto o nosso tempo silencioso como o tempo na academia são santos. Separados. Atos de adoração.

> *Você e eu não precisamos colocar um muro entre treino e desempenho. Preparação e vida real.*

Você e eu não precisamos colocar um muro entre treino e desempenho. Preparação e vida real. Ambas as coisas são necessárias e importantes.

Isso não é demais? O muro que alguns levantariam entre preparar-se e então de fato fazer "coisas importantes" não deve existir. Tanto os ensaios como a batalha são sagrados.

Deus colocou Adão no jardim do Éden e lhe deu a designação de sua função: cultivar e cuidar do jardim (Gn 2.15). Ele deveria glorificar seu Criador por meio da adoração e do trabalho. Tanto a preparação como as suas funções eram sagradas.

## UMA REFORMA SAGRADA

No verão de 1999, minha Julie escolheu um homem chamado Christopher Tassy para ser seu marido. Felizmente, mais ou menos na mesma época, ele também a escolheu. Assim, de acordo com o nosso plano original, Julie e eu decidimos que aquela seria uma boa hora para terminar de reformar a casa dela.

Ela estava morando no lugar que ela e eu havíamos reformado completamente alguns anos antes, com exceção de um espaço que não havíamos terminado... pensando na possibilidade de ela se apaixonar por alguém que pudesse terminar o projeto comigo. Assim, ela decidiu que visto que eles se casariam em alguns meses, aquela seria uma boa hora para Christopher ajudar com esse trabalho de reforma final. Desse modo, após seu casamento em julho, ele não estaria se mudando para a casa *dela*... antes, ele estaria se mudando para a casa *deles*.

Um dos melhores jogadores de futebol americano universitário e ex-atleta profissional, "Tass" havia passado a maior parte das suas horas adultas no campo de futebol.

Lojas de material de construção? Nem tanto.

Assim, durante o mês de junho de 1999, Tass e eu realizamos o nosso projeto. Usamos o que antes havia sido uma garagem anexa à pequena casa de campo, transformando-a em uma agradável área de convivência, uma lavanderia, um banheiro completo — concluído com um piso de mármore preto e uma pia com pedestal branca e uma banheira de ferro fundido com pés como apoio. Erguemos o teto e colocamos uma janela na parte de cima. O resultado ficou extraordinário.

Toda manhã durante quatro semanas, antes de ligarmos as ferramentas elétricas, nos ajoelhávamos perto de um cavalete de apoio para serrar madeira e orávamos. Obviamente, orávamos por proteção dos dentes perigosos da serra, mas também orávamos para que o Senhor abençoasse o nosso tempo juntos. Orávamos para que tanto a construção daquele espaço como acabar morando nele fossem uma aventura sagrada.

> *Orávamos para que tanto a construção daquele espaço como acabar morando nele fosse uma aventura sagrada.*

Olhando para trás, percebo que Tass e eu estávamos integrando o "secular" — madeira serrada, fios elétricos, canos e acessórios de banheiro — com o "sagrado" — tornando o nosso dia uma experiência de companheirismo masculino, trabalho duro e adoração ao Senhor juntos.

### PREPARE-SE PARA A BATALHA

Desde que Adão caiu, os homens mostraram uma propensão a separar as coisas. Assim como Adão, que em um dia foi corajoso e teve uma conversa franca com Deus e no dia seguinte se tornou um peso-pena covarde com sua esposa, traçamos uma separação nítida entre a parte "religiosa" da nossa vida e todo o resto. Há questões espirituais — oração, leitura da Bíblia, igreja, disciplina, adoração —, e então, bem, há as demais áreas da nossa vida — estudos, trabalho, relacionamentos, família, sexo, dinheiro, *hobbies*, recreação e outras coisas.

Como cidadãos de dois mundos, você e eu precisamos abraçar intencionalmente as realidades de um mundo perigoso — ferramentas elétricas traiçoeiras e o poder implacavelmente magnético de Satanás — e o poder redentor da Palavra e do mundo de Deus. E precisamos abraçar intencionalmente o poder de Deus, a alegria de viver na luz de Cristo.

Não há necessidade alguma de compartimentalizar. Podemos nos envolver plenamente tanto na "preparação" como na "realização".

O honramos quando levamos todo pensamento — toda atividade, todo tipo de preparação e o trabalho depois dele — cativo à obediência de Cristo (2Co 10.5).

## 36 *"O mundo está bagunçado demais para colocar filhos nele."*

Para ser honesto, quando a minha falecida esposa Bobbie e eu nos casamos com vinte e poucos anos, não havíamos refletido muito sobre a perspectiva de Deus sobre ter filhos. Pelo que me lembro, decidimos esperar por alguns anos de casados até termos condições de ter uma vida estável.

### PRONTO!

Esse negócio de ser pai me pegou de surpresa. Sei o que aconteceu; eu só não estava preparado.

Era fevereiro de 1971, somente onze meses após o nosso casamento. Bobbie e eu estávamos indo de carro a Minneapolis, da nossa casa em Chicago, para participar de uma conferência de negócios.

Eu estava lutando contra ventos fortes e estradas escorregadias. Isso foi muito antes do uso obrigatório do cinto de segurança, e Bobbie passou a maior parte da viagem deitada no banco de trás, só acordando às vezes para ter certeza de que eu estava bem. Fiquei trocando de rádio, tentando sem êxito achar algo mais interessante do que previsões do mercado futuro de porcos.

Eu ouvi a respiração irregular de Bobbie. Eu sabia que aquilo era mais do que estar mais cansada do que o normal. Minha esposa não estava se sentindo bem.

"Espero mesmo que não seja gripe", pensei, preocupado.

No dia depois de chegarmos às Cidades Gêmeas, ela, ainda não se sentindo bem, sussurrou seu próprio diagnóstico para mim. Estava tão emocionada que quase não conseguiu dizer as palavras de forma audível: "Robert, acho que estou grávida."

As palavras me deixaram estupefato. Eu não conseguia acreditar.

"O que vamos fazer?", ela me perguntou repetidamente durante os dias seguintes. Comecei a me conscientizar da realidade estonteante da responsabilidade.

Estávamos casados havia menos de um ano e éramos pobres como camundongos de igreja. O que faríamos?

Após voltarmos a Chicago, Bobbie marcou uma consulta com seu médico. Ela queria ter certeza. Fui com ela para apoiá-la.

Sendo o único homem sentado na sala de espera, lembro-me de examinar as mulheres sentadas nas cadeiras em toda a volta da sala. Elas estavam em estágios variados de gravidez. A maioria delas estava conversando abertamente com as suas vizinhas sobre detalhes íntimos e explícitos de mudanças e surpresas fisiológicas. Eu podia sentir o sangue desaparecendo do meu rosto. Era tudo o que eu conseguia fazer para continuar firme.

> *Estávamos casados havia menos de um ano e éramos pobres como camundongos de igreja. O que faríamos?*

Então eu a vi. Minha esposa — tínhamos menos de um ano de casados — entrou pelo corredor, passou pela porta e entrou na sala de espera onde eu estava sentado. Nossos olhos se entrelaçaram imediatamente. Seus olhos se encherem de lágrimas. Os meus também. Ela acenou com a cabeça suavemente. Ela parecia um anjo.

### GRAVIDEZ PROPOSITAL

A maioria dos nossos amigos era de casais casados três ou quatro anos mais velhos do que nós.

Parecia que todos eles haviam decidido que esperariam até terem condições de ter filhos. E acho que estávamos seguindo o mesmo caminho.

Suspeitamos que esses amigos, uma vez que descobrissem que teríamos um filho, ficariam chocados. "Você está grávida? O que aconteceu? Isso deve ser uma enorme surpresa!".

Assim, antes de qualquer um desses comentários aparecerem, Bobbie e eu decidimos conversar sobre isso.

"Você sabe", lembro-me de ter dito, "ainda que isso seja um choque total, vamos dizer a todos que essa gravidez foi planejada. Não sabemos como as coisas se resolverão, mas Deus obviamente nos abençoou com esse bebê, então, cá entre nós, descansemos no fato de que *foi o plano de Deus*. Foi exatamente o que ele queria".

Bobbie concordou. O que mais diríamos sobre o plano soberano de Deus? Então, isso foi o que decidimos fazer.

E, sem dúvida, os amigos perguntaram. Alguns foram diplomáticos. Sutis. "Hummm, que momento interessante em sua vida para começar uma família". Outros foram mais diretos. "Como é que é?".

Ainda mais surpreendente do que a própria gravidez foi a nossa resposta confiante e segura. Ainda posso vê-los balançando a cabeça incrédulos.[3]

> *Ainda mais surpreendente do que a própria gravidez foi a nossa resposta confiante e segura. Ainda posso vê-los balançando a cabeça incrédulos.*

---

[3] Robert Wolgemuth, *She calls me daddy* (Wheaton: Tyndale, 1996), p. 27-9 [edição em português: *Ela ainda me chama de papai* (Rio de Janeiro: CPAD, 2016)].

## UMA BOA DÁDIVA DE DEUS

Hoje em dia, é muito comum ouvirmos que filhos são um fardo, uma inconveniência, um peso no nosso tempo, na conta bancária, para nossa energia e nossa liberdade. Mas a Bíblia nos fornece uma perspectiva totalmente diferente:

> Os filhos são herança do SENHOR,
> E o fruto do ventre é sua recompensa.
> Como flechas na mão de um guerreiro,
> Assim são os filhos da mocidade.
> Bem-aventurado o homem
> Que com eles enche sua aljava (Sl 127.3-5).

Isso mesmo. Os filhos *não* só não são um fardo, mas eles são uma *bênção*.

## MUDANDO O MUNDO, COM UM FILHO DE CADA VEZ

Como é o caso de muitas mentiras, há uma semente de verdade nessa. Em primeiro lugar, o mundo *é* uma bagunça. Uma enorme bagunça. A razão de ele ser essa bagunça toda é que ele está cheio de pecadores. E não somos meramente as vítimas dos pecadores — nós somos os pecadores. E também os nossos filhos são pecadores. Na verdade, se realmente estamos preocupados com a situação terrível do mundo, poderíamos ficar tentados a não ter filhos, não porque eles seriam bons demais para o mundo, mas porque, sendo pecadores como nós, eles seriam ruins para ele.

O mundo, assim como o cristão, no entanto, não foi feito para permanecer bagunçado. Mas pelo poder do Espírito Santo, Deus está no processo de redimir o mundo e tornar seu povo santo. Estamos indo de graça em graça, tornando-nos cada vez mais como o Filho cuja imagem carregamos. E ao "criar [os nossos filhos] na

> *Pelo poder do Espírito Santo, Deus está no processo de redimir o mundo e tornar seu povo santo.*

disciplina e instrução do Senhor" (Ef 6.4), confiamos que o mesmo será verdade para eles.

Como homens pecaminosos, claramente fazemos parte do problema com o mundo. Mas, graças ao poder do evangelho, nós e os nossos filhos também podemos fazer parte da solução. No último livro do Antigo Testamento, o profeta revela o plano de Deus para seu povo: "E o que o único Deus estava buscando? *Uma descendência santa*" (2.15, ESV). Ele ainda está buscando nos abençoar com filhos e usá-los para glorificá-lo neste mundo bagunçado.

Claramente, criar filhos é um trabalho árduo. Eles são uma bênção, mas uma bênção que exige muito esforço de nós. Ninguém que é pai diria que criar filhos é fácil, livre de perigos e armadilhas. E essa é a razão de talvez ficarmos tentados a não querer essa bênção — de dizer ao Senhor: "Não, obrigado" em relação à dádiva de filhos.

Aqui está um provérbio que trata dessa tentação:

**Onde não há bois a manjedoura fica limpa, mas pela força do boi há fartura de colheitas (Pv 14.4, A21 com adaptações).**

Podemos ficar livres do trabalho desagradável de trocar fraldas, do custo de dar comida e roupas aos filhos e da energia emocional necessária para cuidar deles, mas também perderemos as bênçãos e o aumento da fecundidade que eles poderiam ter nos trazido. E perceberemos que estamos indo para a batalha com uma aljava vazia.

Cuidar de filhos é um fardo que o corpo de Cristo — incluindo aqueles que talvez não tenham filhos — pode ajudar a carregar. Toda noite antes de deitarmos a cabeça no travesseiro, minha esposa Nancy e eu oramos citando os nomes das nossas filhas e dos seus filhos, bem como dos nossos irmãos e dos filhos deles. Também oramos por vários jovens que conhecemos ou de que temos conhecimento que estão em um momento crítico em sua vida. Sabemos que cada um deles precisa de graça diária e personalizada para caminhar com Deus neste mundo caído. E cremos que ele quer nos usar para fazer a luz de Cristo brilhar na escuridão.

Assim, somos chamados para receber os filhos que Deus confia a nós e àqueles à nossa volta — para acolhê-los, agradecer por eles e amá-los. Porque eles são exatamente o que ele diz que eles são — uma bênção.

*... sobre o mundo*

Quando Deus quer lhe dar um presente, e você achar que não o quer, pense de novo. Todos os presentes de Deus são bons, especialmente aqueles que durarão para sempre. Ele sempre está certo. Não deixe o medo afastar você da batalha, mas confie em seu Comandante. Não se contente com um estábulo limpo e um campo não lavrado se ele quer lhe dar uma colheita abundante. Lembre-se de que, por causa dos nossos filhos, estamos mudando o mundo, com um filho — uma fralda — de cada vez.

> *Quando Deus quer lhe dar um presente, e você achar que não o quer, pense de novo.*

**A VERDADE** | Filhos são um presente do Senhor; ele quer que os usemos para espalhar o evangelho no nosso mundo bagunçado. Quando abraçamos os filhos como uma dádiva, tornarmo-nos parceiros de Deus em mudar este mundo.

**PENSE SOBRE ISTO...** *Jesus amava crianças. Ele as recebia (Mt 19.13-15; Mc 10.13-16). Como você as trata — quer sejam os seus próprios filhos, quer sejam os de outras pessoas? Isso pode ser uma janela para sua alma.*

### 37. *"Sou medido pela comparação com outros homens."*

"Os homens se comparam e competem."

Eu disse essas palavras a Nancy quando ela e eu havíamos acabado de nos casar. Como o marido novinho em folha dessa mulher de cinquenta e sete anos que nunca havia sido casada, eu estava fazendo o máximo para ajudá-la a entender como os homens pensam e agem... ao menos da perspectiva de um homem de sessenta e sete anos.

## RIVALIDADE ENTRE IRMÃOS INTENSIFICADA PELO DESEMPENHO

A conversa com Nancy sobre homens comparando-se e competindo me lembra dos doze filhos de Jacó mencionados no livro de Gênesis no Antigo Testamento. Dizer que essa família era disfuncional é pouco.

Uma vez que a prática da poligamia era comum, todos os doze irmãos tinham o mesmo pai, mas havia quatro mães diferentes envolvidas. Pare um pouco para pensar bem sobre isso.

Muito pouco se conta sobre essa família até o décimo primeiro filho aparecer. Seu nome é José, e ele é o primeiro filho da esposa preferida de Jacó, Raquel. Eu disse "esposa preferida?". Sim. Mais uma vez, pense bem sobre isso.

> *Uma conspiração grave surgiu para se livrar do garoto.*

E Jacó não tinha vergonha alguma de exibir favoritismo descarado pelo menino. Comparação. Competição. Ódio. Uma conspiração grave surgiu para se livrar do garoto.

Examinemos o drama que se desenvolve da perspectiva de José. Afinal de contas, ele era o epicentro desse terremoto. E ele era grande parte do problema. Ele também estava comparando-se e competindo.

## TRABALHO DE GRADUAÇÃO NA ESCOLA DA HUMILDADE

No musical da Broaday *Annie get your gun* [Annie, pegue sua arma], a orgulhosa e um tanto provocativa Annie Oakley deixava claro para todos que tudo o que qualquer pessoa pudesse fazer ela podia fazer melhor. Ela podia ser mais esperta, dirigir melhor, atirar melhor... ser melhor em tudo... do que qualquer pessoa.

Embora esse show só tenha sido apresentado três mil anos depois de José fazer as suas afirmações absurdas aos seus irmãos, é uma ideia sobre a qual ele poderia ter escrito.

Tudo começou com seu pai, Jacó, escolhendo-o. Amando-o mais que os seus irmãos e demonstrando isso ao lhe dar uma túnica berrante e colorida, um símbolo muito visível da razão que os irmãos tinham para odiar José. Animado por esse reconhecimento especial, José teve visões de grandeza pessoal e relatou esses sonhos à sua família.

Parte da bravata de José pode ser desconsiderada como ingenuidade. Mas nem tudo isso tem uma boa justificativa.

Assim, se você fosse Deus e tivesse um plano grandioso para esse garoto, qual seria a primeira coisa em sua agenda? Isso mesmo, você precisaria achar um modo de ensinar humildade a ele. Dar uma diminuída em sua autoestima exagerada. Lembrá-lo de que o mundo não gira em torno dele e de que tudo o que ele é e tudo o que ele tem é um presente da mão de seu Pai celestial.

Assim, sem de fato saber disso, José se inscreveu em um curso de mestrado que duraria treze anos, com o objetivo de obter o diploma avançado em renunciar à sua inclinação de comparar e competir. Seu diploma de mestrado em humildade. Suas atividades no curso incluíam: ser odiado pelos seus irmãos, ser jogado em um buraco para morrer, ser vendido a estranhos como um escravo comum, ser vítima de mentira da mulher de seu patrão que tentou seduzi-lo, ser colocado na prisão por causa de uma acusação injusta e receber a promessa de um prisioneiro que estava saindo da cadeia de que se lembraria dele (o que não aconteceu).

> *Lembrá-lo de que o mundo não gira em torno dele e de que tudo o que ele é e tudo o que ele tem é um presente da mão de seu Pai celestial.*

As guinadas e reviravoltas desses anos para José são dignas de lendas. Mas isso também contém uma mensagem para nós como homens, que ficamos tentados a nos comparar e competir. É esta:

*Não há nenhuma competição pelo seu lugar na vontade de Deus.*

Esse princípio é apresentado no Novo Testamento:

Pois não ousamos classificar-nos ou comparar-nos com alguns que se recomendam a si mesmos. Mas estes, medindo-se e comparando-se consigo mesmos, mostram não ter entendimento (2Co 10.12).

> *Uma vez que abraçamos essa verdade, nossa tendência de medir a nossa vida pelo falso padrão do êxito dos outros diminui misericordiosamente. Nosso coração fica cheio de gratidão por quem somos diante do nosso Bom Pastor e pelo que recebemos de sua mão graciosa.*

O amor e a liderança de Deus em sua vida contêm seu nome. Ele não compara você com ninguém mais. Sua afeição por você é singular.

Uma vez que abraçamos essa verdade, nossa tendência de medir a nossa vida pelo falso padrão do êxito dos outros diminui misericordiosamente. Nosso coração fica cheio de gratidão por quem somos diante do nosso Bom Pastor e pelo que recebemos de sua mão graciosa.

Os discípulos de Jesus também precisaram aprender essa lição inspirada por José. Viajar com o Messias deve ter sido uma daquelas experiências que sobem à cabeça. E parece que eles acabaram se comparando e competindo entre eles por *status* e aplausos. Certo dia, como meninos jogando bola na rua, eles pediram atrevidamente a Jesus que os escolhesse primeiro. Essa pergunta expôs o coração deles, não é mesmo?

> Quem é o maior no reino do céu? Mateus 18.1

Como ele fazia tão frequentemente, Jesus respondeu não só lhes *dizendo* a verdade (dessa vez, sobre o perigo de se comparar e competir); ele também lhes *mostrou a verdade*. Essa resposta era algo que eles podiam ver.

Jesus chamou uma criança, colocou-a no meio deles e disse:

> Em verdade vos digo que, se não vos converterdes e não vos tornardes como crianças, nunca entrareis no reino do céu. Portanto, quem se tornar humilde como esta criança, esse será o maior no reino do céu (Mt 18.2-4).

Ainda que José tenha precisado suportar provações e sofrimento causados pelos seus irmãos ciumentos, ele acabou aprendendo a grande arte de ser humilde como uma criança. Seus irmãos aprenderam a mesma coisa. E também os discípulos de Jesus.

E essa é uma lição que você e eu precisamos aprender.

A seguir vem um exemplo bobo, mas acho que ele funciona.

> *Ainda que José tenha precisado suportar provações e sofrimento causados pelos seus irmãos ciumentos, ele acabou aprendendo a grande arte de ser humilde como uma criança.*

### QUE CARRÃO!

O fato de que sou um "cara que gosta de carros" desde menininho não é algo de que tenho vergonha ou tento esconder. Como o meu pai antes de mim (que era dono de quatro lojas de uma grande rede de autopeças) e seu pai antes dele, cujo Chevrolet preto nunca (de fato *nunca*) estava sujo, herdei isso naturalmente.

Quando estou na estrada, é impossível não ver outros carros por aí. E às vezes, comparo o meu carro com aqueles carros. E rapidamente vejo quem ganha, baseado na qualidade — ou estilo — dos veículos.[4] Isso é especialmente verdadeiro no sul da Califórnia quando qualquer carro que aluguei perde para os carros à minha volta. Se você já dirigiu em uma dessas autoestradas (ou se você mora lá), você sabe do que estou falando... muitos carros importados caros e sempre e impecáveis.

Às vezes, o sujeito que está dirigindo o carro em que estou dando uma olhada — especialmente quando estou comendo com os olhos um carro fantástico — percebe que estou olhando. E se paramos um ao lado do outro em um semáforo (ou em um engarrafamento de uma das autoestradas mencionadas acima) e temos alguns segundos, isto é o que tento fazer toda vez.

Abro a minha janela e grito: "Que carrão!". Ou "Que carro lindo" ou "Cara, gostei de seu carro!".

---

[4]Ironicamente, hoje em dia alguns homens consideram sujeira algo bom. Quanto mais imundo, melhor. Isso é especialmente verdade quando estamos falando sobre uma caminhonete que acabou de se aventurar por estradas do interior. Uma bola de lama sobre rodas.

O sujeito — que talvez seja ele mesmo um sujeito que gosta de se comparar e competir — quase sempre fica surpreso e sua reação é geralmente um aceno com a cabeça, um sorrisão ou um "positivo" com a mão.

Então, o que isso faz com a minha tendência de me comparar e competir? Simples. Subitamente isso se torna uma comemoração do que ele tem e não uma oportunidade de ostentar o que eu tenho. E se você não é particularmente um cara que gosta de caros, essa mentalidade em várias situações é um antídoto poderoso à comparação e à competição.

> *Subitamente isso se torna uma comemoração do que ele tem e não uma oportunidade de ostentar o que eu tenho.*

Seja generoso com sua gentileza e elogios para com as pessoas que cruzam seu caminho. Seu pastor após o sermão do culto, o ajudante no mercado que embala as suas compras com destreza e habilidade, o sujeito que faz serviços em seu aquecedor e não deixa sujeira, seus colegas de trabalho que são fiéis no que eles fazem com uma atitude positiva. Quando você começar a procurar oportunidades de fazer isso, você descobrirá que há muitas delas.

E as suas palavras não são bajulação vazia. Você não vai dizer: "Você é o melhor encanador no universo". Mas: "Obrigado pelo seu bom trabalho. Sou muito grato pela rapidez com que veio à nossa casa e agradeço sua disposição em ajudar".

Ou: "Obrigado pela sua fidelidade aqui no escritório. Dia após dia você faz bem seu trabalho e com uma atitude excepcional".

Esse é um hábito que você e eu podemos adquirir. Isso é simples. E correto. Ele refreará a nossa tentação à comparação e competição. A ideia é celebrar os outros e não ficar obcecados por nós mesmos.

> Se vivemos pelo Espírito, andemos também sob a direção do Espírito. Não nos tornemos orgulhosos, provocando-nos uns aos outros e tendo inveja uns dos outros (Gl 5.25,26).

*... sobre o mundo*

## A VERDADE

Quando recebemos os presentes que Deus nos dá com admiração, gratidão e humildade sinceras, somos libertos da necessidade de nos comparar e competir.

**PENSE SOBRE ISTO...** *Sua necessidade de ganhar chega a ficar fora de controle? Deus o ama e o chama para amar os seus inimigos... e o time visitante no campo. Em que medida você consegue fazer isso? Em quais áreas você poderia entregar parte de sua atitude competitiva ao Senhor?*

### 38 *"Com tudo o que está acontecendo na minha vida, realmente não é possível viver com integridade."*

Exceto por limpar e organizar a cozinha após uma refeição — e sou muito bom nisso —, não presto para muita coisa na cozinha.

Na verdade, sou tolerável na função de *chef* auxiliar. Picar legumes, lavar e descascar frutas ou mexer em uma panela no fogão são coisas que estão no meu conjunto de habilidades.

Minhas filhas, por outro lado, são especialistas na cozinha. Receber um exército de convidados ou assar centenas de biscoitos são coisas rotineiras para as duas. Elas fazem tudo isso sem dificuldade.

Então, voltando a esse negócio de *chef* auxiliar... e vamos falar sobre biscoitos de novo. Sim, vamos lá. Quando um padeiro legítimo como uma das mulheres acima me pede, e, com a ajuda de uma grande colher de madeira, eu consigo transformar ovos, leite, aveia, farinha, manteiga, passas, fermento e açúcar — branco e mascavo — em uma pasta homogênea, pronta para a travessa de biscoitos... e o forno.

Pare um pouco e pense sobre a tigela para a mistura e as coisas que colocamos nela. Um pouco disso e um pouco daquilo. As coisas que fazem parte da receita. Isso é uma metáfora da nossa vida. Os ingredientes são tão variados quanto as coisas que colocamos para fazer biscoitos de aveia e passas. E a maneira de sabermos se fizemos um bom trabalho na mistura — e precisamos fazer isso muito bem — é que absolutamente toda colherada se parecerá exatamente com todas as outras colheradas na mistura. Elas parecerão — e serão — iguais. Coerência perfeita.

Isto é o que quero dizer. As coisas que você e eu devemos fazer podem ser como coisas diferentes como ovos e manteiga, leite e aveia. Tão diferentes quanto uvas e fermento. É isso que você e eu somos chamados a fazer — os ingredientes da nossa rotina diária:

Homem, marido (se você é casado), conversador, provedor, amante, pai (se você tem filhos), negociador (se você tem mais de um), conselheiro, empregado (ou empregador), colega, amigo, mentor, cortador de grama, mecânico, religioso, vizinho, esportista, leitor, festejador, consertador de coisas quebradas...

> *A nossa tarefa mais importante é que em cada uma dessas funções vivamos com simetria perfeita. Somos o mesmo homem em toda situação.*

E a nossa tarefa mais importante é que em cada uma dessas funções vivamos com simetria perfeita. Somos o mesmo homem em toda situação. Nossos colegas não veem um homem diferente no trabalho ou na loja daquele que os outros diáconos veem na igreja. Nossos filhos não são obrigados a lidar com um homem que é gentil e carinhoso com o cachorro dele e um grosseirão excessivamente sensível e impaciente com eles. Nossas esposas não são obrigadas a reconciliar Giovanni Casanova no quarto com o gladiador quando ele está sob pressão.

O que acabei de descrever é um homem que vive com integridade. É trabalho duro, mas é possível. É um homem que se recusa a fazer separações entre o homem que está aqui e o sujeito que está lá.

## A TERRA DIVISÓRIA

A Guerra da Coreia começou em 25 de junho de 1950. Quando ela terminou? A verdade é que, enquanto estou escrevendo todos esses anos depois, ela ainda não terminou. Foi feito um acordo de cessar-fogo em julho de 1953, mas não houve nenhum tratado de paz. As negociações a respeito do cessar-fogo criaram uma "zona desmilitarizada", ou ZD. Essa faixa de terra se estende ao longo de 250 quilômetros da península coreana e tem quatro quilômetros de largura. A ironia é que não há nada "desmilitarizado" na ZD. É um dos lugares mais fortemente armados do planeta. Tanto a Coreia do Norte como a do Sul têm tropas concentradas nos seus próprios lados da ZD, plenamente equipadas para a guerra.

Às vezes nos portamos como se houvesse uma zona neutra entre o reino de Deus e o reino do homem, em que ambos os lados podem viver protegidos, um com o outro e um do outro. Como acontece na ZD, no entanto, há sempre uma batalha se formando, visivelmente ou debaixo da superfície. E mais frequentemente do que gostaríamos, uma guerra irrompe.

A Bíblia chama isso de a batalha entre a nossa carne e o Espírito (Gl 5.17). Um lado da ZD exige que vivamos para as nossas paixões egoístas, o outro lado, para fazer o que agrada e honra a Cristo.

Abraham Kuyper percebeu essa mentira de viver uma vida dupla com "êxito". Um sujeito em um lugar, outro em outro.

> **A Bíblia chama isso de a batalha entre a nossa carne e o Espírito.**

Kuyper era um homem extraordinário. Em seu país de origem, a Holanda, ele criou e publicou dois jornais. Ele fundou a *Free University of Amsterdam*. Ele também conseguiu achar tempo para servir como o primeiro-ministro de seu país. Ele era um verdadeiro homem renascentista, equipado com uma ampla variedade de talentos. E ele viajou o mundo ensinando aos outros sobre Jesus. Ele talvez seja conhecido principalmente pelo seu curto aforismo, proferido na fundação da *Free University*:

*Não há um milímetro em todo o domínio da existência humana em relação ao qual Cristo, que é soberano sobre tudo, não clame: "É meu!".*[5]

---

[5] Disponível em: www.goodreads.com/author/quotes/385896.Abraham_Kuyper, acesso em: 25 fev. 2020.

## SEU? MEU? DELE. INTEGRANDO O TODO.

Já consideramos a verdade de que o nosso trabalho faz parte da primeira ordem ao homem, de que deveríamos exercer domínio sobre a criação. Mas não é só isso.

Somos chamados a exercer domínio não para a nossa própria glória, mas para a glória dele. Isso se aplica ao nosso trabalho, ao nosso passatempo, nossas famílias, nosso descanso e qualquer coisa e tudo em que colocamos a nossa mão. Fomos criados para refletir a glória dele, e não para produzir nossa própria glória. Quando buscamos a nossa própria glória e não a de Deus, encontramos somente desonra.

Não há território "seguro" entre agradar a Deus e viver para nós mesmos. Não há lugar em que podemos justificar a satisfação conosco mesmos em meio a atividades e atitudes pecaminosas. Nosso Pai quer dominar todos os aspectos da vida — todo ingrediente, atividade e tarefa — e eliminar a "segurança" da ZD.

Coloque isso em sua vasilha, pegue a colher de madeira e "misture totalmente até se tornar uma massa homogênea". Com a ajuda de Deus, você e eu realmente podemos viver com integridade.

Quando José foi vendido como um objeto no Mercado Livre pelos seus irmãos ciumentos e logo se viu em uma terra longínqua em que ninguém o conhecia — nem o bom nome de sua família — ele teve a oportunidade de abandonar o homem de caráter que ele havia sido. Afinal de contas, sua vida anterior de obediência a Javé poderia não combinar bem com essa nova cultura egípcia.

Mas quando a esposa de seu chefe tentou seduzi-lo, "ele se recusou" (Gn 39.8). E quando ela persistiu, continuando com sua proposta indecorosa muitas vezes, dia após dia, "ele [...] não lhe dava ouvidos" (v. 10). E certo dia quando ela se viu sozinha com ele na casa o pegou pelas suas roupas e insistiu que ele fizesse amor com ela, ele "deixou a capa na mão dela, saiu e correu para fora" (v. 12).

Como ele fez isso? José tinha paixões, assim como você e eu temos. Ele não estava imune à oferta de uma sensação ilícita. Mas havia algo que importava mais para ele do que qualquer êxtase efêmero.

"Como poderia eu cometer este grande mal e pecar contra Deus?" (v. 9), José disse à sua sedutora.

O temor do Senhor permitiu que ele se recusasse a abandonar sua essência fundamental em troca de um prazer imediato. E isso aconteceu várias vezes. Isso é integridade.

---

| **A VERDADE** | Deus vê cada pedaço e parte e componente da nossa vida e declara: "É meu!". Nossa resposta incondicional e alegre deve ser: "Sou teu!". |

---

> **PENSE SOBRE ISTO...** *Os seus amigos mais próximos diriam que você é um homem de integridade? Faça uma pesquisa informal e descubra o que eles pensam. Você está disposto a identificar e tratar de quaisquer áreas nas quais você não tem integridade?*

## 39 *"Ser cristão deve ser algo legal, assim dizem."*

Como membro do Amazon Prime, regularmente recebo "oportunidades" de comprar coisas que não tenho e, na maioria dos casos, de que não preciso. Nem quero. Como hoje.

Hoje de manhã, fui alertado para um preço especial de "Insetos com cobertura de chocolate". Não estou brincando. E também não estou interessado. Com cobertura de chocolate ou sem, comer um bicho seria, bem, seria comer um bicho. Não, obrigado.

Peço licença para usar algo tão estranho como uma metáfora relacionada ao evangelho. Independentemente de como algumas pessoas talvez adocíquem o evangelho, ele nunca será palatável para aqueles que não têm um apetite por ele.

> Pois a palavra da cruz é insensatez para os que estão perecendo, mas para nós, que estamos sendo salvos, é o poder de Deus (1Co 1.18).

As coisas em que você e eu cremos sobre Deus, a Bíblia, a cruz de Cristo e salvação são totalmente ridículas, tolas, até mesmo repulsivas para muitas pessoas. Para a maioria.

Algumas pessoas tentam instigar os não cristãos a abraçar o evangelho adocicando a verdade e agradando o ouvido das pessoas com uma mensagem diluída que nem mesmo é o evangelho. Mas o cerne do evangelho cristão é ofensivo para aqueles cujos olhos nunca foram abertos pelo Espírito para enxergar sua própria pecaminosidade, a beleza de Cristo e sua grande necessidade de um Salvador.

## O TERCEIRO LIVRO DA CASA NA MINHA INFÂNCIA

Imagine um programa de perguntas televisivo. A categoria é "Normas familiares" e a pergunta é: Quais três livros eram absolutamente essenciais na casa dos Wolgemuth quando Robert era criança?

Consegue adivinhar?

Obviamente, havia a Bíblia. Mais de uma. Você acertou isso, não é mesmo?

Em segundo lugar, havia um hinário. Meus pais teriam concordado com Martinho Lutero, que disse: "Após a Palavra de Deus, a nobre arte da música é o maior tesouro no mundo. Ela controla os nossos pensamentos, mentes, corações e espíritos".[6] Talvez você também tenha acertado esse.

Mas e o terceiro. Não sabe? Esse livro essencial de casa na minha infância era... *Foxe's book of martyrs*, de John Fox.[7]

Na verdade, foi somente há alguns anos que descobri que a presença desse terceiro livro na nossa casa se devia às raízes dos meus pais em Lancaster County, Pensilvânia. Eu estava lendo um livro sobre famílias *amish*, muitas das quais também vivem naquela região do país, e aprendi que esses três livros são extremamente comuns em toda casa. *Foxe's book of martyrs* era um volume grande de capa dura repleto de histórias e ilustrações de homens e mulheres que haviam, séculos antes, sacrificado sua vida por causa de sua fé cristã. Alguns foram torturados, enforcados, alguns queimados vivos, alguns lançados aos leões e despedaçados, simplesmente porque se recusavam a abdicar de seu amor e de sua devoção a Jesus.

---

[6] "Luther on music", disponível em: http://www.eldrbarry.net/mous/saint/luthmusc.htm, acesso em: 25 fev. 2020.

[7] Edição em português: *O livro dos mártires* (São Paulo: Mundo Cristão, 2005).

Lembro-me muitíssimo bem de quando eu era menino e estava sentado no chão da sala de estar, aninhado atrás de uma grande poltrona xadrez estofada, folheando cuidadosamente com o polegar as páginas desse livro.

Então, por que o meu pai e minha mãe escolheriam ter um livro assim na nossa casa? Um livro com histórias e desenhos de apenas os contornos de cristãos sendo perseguidos ou executados por sua fé.

Embora eu nunca tenha tido uma oportunidade de perguntar aos meus pais sobre isso, suspeito que eles mantiveram esse livro na nossa casa para que os seus filhos nunca ficassem tentados a acreditar que

> *Alguns foram torturados, enforcados, alguns queimados vivos, alguns lançados aos leões e despedaçados, simplesmente porque se recusavam a abdicar de seu amor e de sua devoção a Jesus.*

seguir a Cristo era uma coisa popular. Cercados por uma cultura secular que parecia zombar sutilmente — ou abertamente — de homens e mulheres devotos de Jesus, eles queriam que seus filhos estivessem preparados para a mesma coisa.

Em outras palavras, minha mãe e meu pai sabiam que um compromisso devoto com Jesus nunca seria o caminho mais fácil. Ele nunca seria aplaudido pelo mundo. Não havia a menor possibilidade de ele ser considerado "legal". Eles desejavam ardentemente que seus filhos estivessem prontos. Para qualquer coisa.

E você sabe, o próprio Jesus Cristo enfrentou esse tipo de oposição.

> *Em outras palavras, minha mãe e meu pai sabiam que um compromisso devoto com Jesus nunca seria o caminho mais fácil.*

## DOIS REINOS

Ao que tudo indica, isso foi uma conversa privada há dois mil anos, mas as suas implicações duram até hoje.

Na manhã após o julgamento e a zombaria de Jesus que havia durado a noite inteira, o Filho de Deus, totalmente exausto da provação, foi levado à sala pessoal de Pilatos, o governador da região. Os dominadores romanos tinham dado a Pilatos jurisdição sobre a Judeia. Dada a relação conturbada entre Roma e a Judeia e seu medo de perder sua posição, Pilatos não teria ficado feliz com a notícia de que algum agitador estava afirmando ter o direito de governar os judeus.

> *Você consegue imaginar como a cabeça de Pilatos deve ter ficado confusa?* **Seu reino?** *Você não passa de um profeta de quinta categoria.*

Pilatos não ficou de rodeios com o prisioneiro: "Tu és o rei dos judeus?".

"O meu reino não é deste mundo", Jesus respondeu calmamente. "Se o meu reino fosse deste mundo, os meus servos lutariam para que eu não fosse entregue aos judeus. Entretanto, o meu reino não é daqui" (Jo 18.36).

Você consegue imaginar como a cabeça de Pilatos deve ter ficado confusa? *Seu reino? Você não passa de um profeta de quinta categoria. E ainda assim um profeta que falhou. Do que você está falando?*

### ISSO NÃO É NADA LEGAL

Essa mentira é sobre o desafio de amar a Deus e aos outros com zelo e dedicação enquanto vivemos no planeta terra dominado por sua cosmovisão anti-Deus.

Podemos afirmar com segurança que os nossos amigos e vizinhos não cristãos entendem e, de modo geral, respeitam a autoridade civil sobre eles (o reino terreno). Mas em relação a entender o reino de Deus, o reino ao qual juramos a nossa fidelidade suprema, bem, nem tanto. Na verdade, eles talvez tenham opiniões fortes sobre as afirmações de Cristo e as exigências de segui-lo: "Acreditar que a Bíblia é a Palavra inspirada e inerrante de Deus e que Jesus é o único caminho para Deus? Arrepender-me dos meus pecados, abandonar o meu direito de viver como quero e participar de uma igreja? Acho que não".

E, assim, a mensagem é insensatez — um inseto repulsivo. No entanto, mesmo que a nossa mensagem seja difícil de engolir, a nossa vida — a apresentação da mensagem — precisa ser atraente e não ofensiva. Talvez nunca enfrentemos o tipo de oposição que enfrentaram aqueles heróis sobre os quais leio no *Foxe's book of martyrs*, mas amar pessoas perdidas significa que precisamos estar dispostos a ser odiados por elas apesar de como elas nos veem (ou tratam).

### *ISTO É AMOR*

Jesus, que é Deus e puro amor, tornou-se homem; ele veio a este mundo destruído para morrer por pecadores e salvá-los da ira de Deus. Isso sou eu. Isso é você. Isso poderia ser o sujeito passando na rua. Isso é o sujeito dos Correios ou a senhora do Departamento de Trânsito.

O evangelho talvez seja repulsivo, ofensivo — insetos com cobertura de chocolate — para aqueles que não conhecem a Deus. Eles talvez nos odeiem pelo que cremos, mas a nossa tarefa é viver como aqueles que pertencem a Deus — como receptores gratos e não merecedores de sua graça — e indicar amorosamente aos pecadores o caminho para o Salvador que os ama, orando para que seu coração seja atraído para ele.

---

| **A VERDADE** | Seguir a Jesus nunca será fácil ou popular. Nosso maior objetivo não é sermos legais ou relevantes, mas sermos seguidores leais de Cristo, súditos fiéis de seu reino, independentemente do custo. |
|---|---|

---

**PENSE SOBRE ISTO...** *Você está ciente de que talvez seja o único "Jesus" que pessoas cheguem a conhecer? A "Bíblia" que pessoas perdidas lerão? Isso não é uma obrigação, é um privilégio.*

## 40   *"Minha morte será o fim da minha história."*

Um dia, eu e você vamos morrer. Nossa morte talvez ocorra no fim de uma doença prolongada ou talvez ocorra subitamente. Uma luta contra o câncer ou um acidente de carro fatal. Uma experiência lenta e terrível com Alzheimer ou um ataque cardíaco súbito. Independentemente da jornada, o destino será sempre a morte.

Assim, quando isso acontecer com você e comigo, como será? Você já pensou sobre isso?

Eu já.

E o que você dirá momentos antes de dar seu último suspiro? Isso será como o que disse Sir Winston Churchill: "Estou entediado com tudo."? Ou talvez como John Wayne, cuja filha lhe perguntou antes de dar o último suspiro se ele sabia quem ela era, ao que ele respondeu: "É claro que sei quem você é. Você é a minha menina. Eu te amo".[8] Ou talvez como Leonardo da Vinci que suspirou: "Eu ofendi a Deus e a humanidade porque o meu trabalho não alcançou a qualidade que deveria ter alcançado".

Em 2014, eu ouvi as últimas palavras daquela que foi minha esposa por quase quarenta e cinco anos. Deitada em uma cama de hospital no meio da nossa sala em casa, ela me pegou pela camisa, puxou o meu rosto para perto do dela e disse em voz clara e forte: "Eu te amo tanto". Então fechou os seus olhos e morreu. Você talvez nunca tenha visto a morte tão de perto.

Eu vi.

Não estamos sozinhos na nossa indagação sobre a morte. Ao longo da história, as pessoas não mediram esforços para se prepararem para sua própria morte. As pirâmides do Egito eram construídas pelos faraós como o lugar de descanso final para seu corpo e um lugar seguro de onde se poderia ascender para a vida após a morte. Alguns até mesmo ordenavam a execução dos seus escravos ao morrerem, para que pudessem ser servidos de forma tão completa e intensa como eram em vida. (Nota: sempre leia as letras pequenas em seu contrato de trabalho.)

---

[8] Miss Cellania, "The final days of John Wayne", Neatorama, disponível em: http://www.neatorama.com/2014/03/05/The-Final-Days-of-John-Wayne/, acesso em: 25 fev. 2020.

Ao longo dos anos, homens e mulheres tiverem "experiências de quase-morte". Eles expiraram, mas ressuscitaram. Os relatos que eles fornecem são variados — túneis compridos, luzes cintilantes, instrumentos musicais estranhos, imagens de seres brilhantes. Mas cada uma dessas pessoas que fizeram um *test-drive* com a morte... vai morrer. Sem voltar. Dessa vez, de verdade. Definitivamente.

Certamente não é surpresa alguma para você que a Bíblia tem muito a dizer sobre a morte.

### E DEPOIS DISSO...

Na verdade, a Palavra de Deus diz duas coisas indiscutíveis. Em primeiro lugar, isso vai acontecer. Você vai morrer. Eu vou morrer.

Mas a segunda coisa é ainda mais importante do que a primeira. Isso está encapsulado nestas três palavras: "E depois disso".

> ... Está ordenado aos homens morrerem uma só vez, e depois disso vem o juízo (Hb 9.27, A21 com adaptações).

Após a nossa pálpebra fechar pela última vez, familiares e amigos dirão seu "adeus". Pessoas vão chorar. As pessoas vão compartilhar as memórias da amizade que tinham conosco. Alguns talvez, parados ao lado de nosso corpo pálido e frio, relatem sua experiência conosco e como foi presenciar nosso fim.

Mas, para nós, isso não será o fim. Como os comerciais que vemos tarde da noite na televisão ou no nosso computador: "Isso não é tudo. Ainda tem mais".

O autor do livro bíblico de Hebreus insere estas três palavras: "E depois disso".

Assim, o que é exatamente: "E depois disso"? O que acontecerá conosco? Em uma palavra, julgamento.

### POSSO VER SUA CARTEIRA DE MOTORISTA E O DOCUMENTO DO CARRO, POR FAVOR?

Não faz muito tempo que Nancy e eu estávamos passando de carro por uma área residencial em Atlanta. Estávamos conversando alegremente sobre a reunião à qual estávamos indo. Eu não estava prestando atenção na minha velocidade. Infelizmente para mim, outra pessoa estava.

Subitamente, um guarda de trânsito pisou na rua à minha frente. Literalmente, na rua logo à minha frente. Ele não parecia contente. Ainda que ele estivesse usando óculos escuros, eu sabia que ele estava olhando diretamente para mim. Seu dedo apontando para a minha direção somente salientou seu descontentamento. Meu coração quase parou. Você já esteve nessa situação, não esteve?

Nosso "e depois disso" nos tornará sóbrios da realidade muito mais do que a minha experiência naquele dia em Atlanta. Você e eu não estaremos na presença de um policial mortal. Estaremos diante do Deus do universo. Seu "radar" na verdade será um livro de registro de tudo o que fizemos.

> Vi os mortos, grandes e pequenos, em pé diante do trono, e abriram-se alguns livros. Então, abriu-se outro livro, o livro da vida, e os mortos foram julgados pelas coisas que estavam escritas nos livros, segundo as suas obras (Ap 20.12).

> *Se você confessou seu pecado, se Jesus é seu Senhor e Salvador, ele vai encontrar um asterisco. Uma nota de rodapé.*

Nosso interrogatório perante esse Juiz poderia ser mais ou menos assim: Seu dedo justo passará pela lista até encontrar seu nome. Se você confessou seu pecado, se Jesus é seu Senhor e Salvador, ele vai encontrar um asterisco. Uma nota de rodapé. Há um símbolo ao lado da referência. Uma cruz. Uma vez que você recebeu o perdão que Jesus forneceu por meio de sua morte e ressurreição, seu "e depois disso" será o acesso ao céu.

Isto é o que ele prometeu sobre o nosso "e depois disso".

> Não se perturbe o vosso coração. Crede em Deus, crede também em mim. Na casa de meu pai há muitas moradas; se não fosse assim, eu vos teria dito; pois vou preparar-vos lugar (Jo 14.1,2).

Então, sim... você e eu morreremos. Isso é uma certeza. Mas isso não será o fim de sua história ou da minha. E porque conhecemos a Jesus, a história seguinte será uma história boa. Ele prometeu isso.

*... sobre o mundo*

**A VERDADE** | Por meio de sua morte e ressurreição, Jesus conquistou o pecado e a sepultura. Meu "fim" e seu não será o fim. E ele será extraordinário.

**PENSE SOBRE ISTO...** *O que acontecerá quando você morrer? Para onde seu espírito irá? O que você fez nesta vida para ficar pronto para isso? O que você precisa fazer?*

TERCEIRA SEÇÃO

# CAMINHANDO NA VERDADE

CAPÍTULO 10

COMBATENDO AS MENTIRAS COM

# A VERDADE

Tente imaginar isto. É 1952; sou o mais novo dos (então) quatro filhos de Sam e Grace Wolgemuth.[1] Meu pai é o pastor da igreja Fairview Avenue Brethren in Christ Church em Waynesboro, Pensilvânia, um projeto de recuperação denominacional que transformou uma congregação pequena e que estava encolhendo em uma igreja vibrante, que ainda hoje serve à sua comunidade.

Nossa mãe, Grace, era uma mulher de ternura, elegância e... graça.

Nossa casa — ela não era uma mansão, assim como não havia casa nem salário associados com essa tarefa ministerial — ficava no topo da Frick Avenue, uma rua levemente inclinada que formava um "t" com a parte mais baixa do morro com a Main Street, somente a um quilômetro e meio do centro da cidade.

Na minha memória, a hora de dormir na nossa casa raramente incluía o nosso pai. Acho que ele devia estar lendo ou preparando sermões. Mas a nossa mãe, Grace, sempre estava presente. Nós nos reuníamos, após o banho da noite, usando os nossos pijamas de flanela de corpo inteiro, em

---

[1] Em 1955, gêmeos foram acrescentados à nossa família. Debbie e Dan perderam esse ritual noturno particular.

> *Isso foi há muitos anos, mas só consigo me lembrar de Grace ler um único livro, além da Bíblia, para nós.*

uma das camas do andar de cima e ouvíamos a nossa mãe ler. "Chippie", o nosso cachorro pomerano cor de zibelina, também estava presente.

Assim, Ruth, Sam, Ken e Robert se aconchegavam um ao lado do outro enquanto a mamãe lia para nós. Isso foi há muitos anos, mas só consigo me lembrar de Grace ler um único livro, além da Bíblia, para nós.

## FAZENDO PROGRESSO

No verão de 2017, durante os meses em que comecei a redigir o manuscrito deste livro, um amigo querido enviou a Nancy e a mim uma bela coleção especial de oito livros clássicos — capas de couro elegantes, jaquetas bem elaboradas, páginas douradas e marcadores de fita. A remessa também incluía um belo suporte de madeira.

Naquela manhã, Nancy levou um dos livros à mesa de jantar e sugeriu que o lêssemos juntos após a refeição. Eu lhe disse que achava isso uma ótima ideia.

O livro que ela havia selecionado era o mesmo volume que a minha mãe havia lido em voz alta para os meus irmãos e para mim (todos de pijamas) mais de sessenta anos antes. Eu não o havia lido desde então.

Havíamos acabado de jantar. Uma bela noite de Michigan havia nos proporcionado a oportunidade de desfrutarmos a nossa refeição no deque. Com pássaros cantores fornecendo uma espécie de sonho musical, Nancy abriu o livro e começou a ler.

> *Andando pelas regiões desertas deste mundo, achei-me em certo lugar onde havia uma caverna; ali deitei-me para dormir e, dormindo, tive um sonho. Vi um homem vestido de trapos (Is 64.6), de pé em determinado lugar, com o rosto voltado para o lado oposto da própria casa, um livro na mão e um grande fardo às costas (Sl 38.4).*

*Olhei e o vi abrir o livro, e lê-lo; e lendo, chorava e tremia, e já não se contendo, rebentou em um choro sentido, dizendo: "Que devo fazer?" (At 16.30,31).*[2]

A cena havia capturado os nossos coraçõezinhos curiosos durante a leitura da mamãe, enquanto as muitas palavras arcaicas do texto nos transportavam para outra terra. Outro tempo. Arrepios invadiram o meu pequeno corpo.

Essas palavras ricas tiveram o mesmo efeito arrebatador em mim tantos anos depois sentado com a minha esposa no deque atrás da nossa casa.

O livro era, obviamente, *O peregrino*, de John Bunyan. É a história de um homem chamado Cristão que faz uma jornada de sua casa à Cidade Celestial, procurando um modo de se livrar do fardo pesado do pecado que ele estava carregando.

Não consigo imaginar qual deve ter sido a minha imagem desse fardo na minha cabeça de quatro anos de idade. Sendo um menininho com uma consciência aguda, tenho certeza de que imaginei algo. Talvez uma palavra atravessada e não confessada dita ao meu irmão ou o chocolate que peguei escondido de uma caixa que a família havia recebido de um amigo no Natal.

Seja como for, enquanto a nossa mãe lia, consigo recordar a imagem desse pobre homem arrastando esse fardo em sua jornada e a minha esperança de ele achar um modo de se livrar dele. Tenho certeza de que queria a mesma coisa para o meu fardo.

Muitas décadas se passaram. Como adulto, agora tenho uma compreensão mais profunda do significado dessa alegoria e dos conteúdos do fardo nas costas do homem. Em mais de setenta anos, acumulei algumas coisas para colocar ali, além daquelas palavras ofensivas dirigidas a um irmão e chocolates roubados.

Quando a minha mãe chegou ao fim da história, a realidade, o puro poder do evangelho deixou na minha alma uma admiração, um anseio de experimentar a alegria de viver sem fardo. Foi em torno dessa época que a minha família foi assistir a um filme de temática cristã que estava sendo exibido em um auditório no centro da cidade.

---

[2]John Bunyan, *O peregrino*, tradução de Eduardo Pereira e Ferreira (São Paulo: Mundo Cristão, 1999), p. 3.

> *Quando a minha mãe chegou ao fim da história, a realidade, o puro poder do evangelho deixou na minha alma uma admiração, um anseio de experimentar a alegria de viver sem fardo.*

Sentamo-nos no fundo, e enquanto assistíamos Mr. *Texas*, a história de vida e testemunho do cantor/compositor de música country Redd Harper, comecei a chorar. Mesmo eu sendo tão novo — com o relato do Cristão com fardos nas costas alcançando a Cidade Celestial —, o Espírito de Deus estava agindo no meu coração. Vendo as minhas lágrimas, minha mãe me perguntou se eu queria convidar Jesus para entrar na minha vida.

Eu disse que queria. Colocando-me de joelhos na frente dos dela, repeti orando as palavras que ela dizia... reconhecimento dos pecados, arrependimento, reconhecimento do sacrifício do Salvador, o convite para ele entrar na minha vida, e terminamos com um agradecimento sincero.

Para mim, a questão da eternidade estava decidida, de uma vez por todas. Essa é uma imagem muito marcante ainda gravada no HD da minha alma: minha mãe, Grace, conduzindo seu pequeno filho ao trono da graça irresistível e maravilhosa de Deus.

O fardo foi tirado de forma misericordiosa dos meus pequenos ombros.

## QUASE O FIM DA NOSSA JORNADA JUNTOS[3]

*Se, pois, o filho vos libertar, verdadeiramente sereis livres (Jo 8.36).*

Ao longo dos últimos capítulos, você e eu estivemos em uma jornada, parecida com a jornada difícil em *O peregrino*. Examinamos quarenta mentiras sedutoras em que poderíamos ficar tentados a acreditar. Mas não

---

[3] Com a exceção de ilustrações pessoais, a essência do restante do capítulo foi emprestada do capítulo 10 do livro da minha esposa Nancy, *Lies women believe* (Chicago: Moody, 2018) [edição em português: *Mentiras em que as mulheres acreditam e a verdade que as liberta*, tradução de Flávia Lopes (São Paulo: Vida Nova, 2013)], usado com permissão.

seria surpresa alguma para você descobrir que Satanás não para em quarenta enganos. Ele tem milhares deles. E como um pescador experiente, ele abre sua caixa de pesca e seleciona a isca que tem mais chance de atrair a presa que ele tem em mente — aquela que você e eu provavelmente consideraremos menos nociva. Ele não se importa com qual é a mentira em que acreditamos, contanto que não acreditemos na verdade.

Ao longo da leitura deste livro, você reconheceu qualquer área específica (ou quaisquer áreas específicas) em que você ouviu mentiras, acreditou em mentiras e agiu de acordo com mentiras?

Você percebeu que essas mentiras colocam você e eu na prisão, acorrentando desnecessariamente a nossa vida?

Se sim, talvez haja uma ou mais áreas de escravidão em sua vida — áreas em que você não está andando em liberdade diante de Deus. Talvez sejam questões graves e profundamente arraigadas ou talvez sejam questões que parecem relativamente insignificantes. Talvez sejam áreas em que você foi derrotado e lutou para ser livre durante anos. Ou talvez sejam áreas que você está reconhecendo somente agora pela primeira vez.

A Verdade tem o poder de vencer toda mentira. Isso é o que o inimigo não quer que percebamos. Enquanto você e eu acreditarmos nas suas mentiras, ele poderá nos manter em escravidão espiritual. Mas uma vez que conhecermos a verdade e começarmos a acreditar nela e agirmos de acordo com ela, as portas da prisão se abrirão e seremos libertos.

> **A Verdade tem o poder de vencer toda mentira.**

Isso mesmo... a Verdade tem o poder de nos libertar e proteger a nossa mente e coração de pensamentos e sentimentos enganosos. Há momentos em que me sinto atacado por pensamentos que sei que não são de Deus — pensamentos raivosos, irracionais, de medo, controladores, egoístas ou ressentidos. Isso também acontece com você, não acontece? Aí é que precisamos correr para a verdade para que ela nos proteja.

> Ele te cobre com suas penas; tu encontras refúgio debaixo das suas asas; sua verdade é escudo e proteção (Sl 91.4).

A verdade tem o poder de nos santificar — de purificar a nossa mente, nosso coração e nosso espírito. Logo antes de ir para a cruz, Jesus lembrou os seus discípulos do poder purificador de sua Palavra (Jo 15.3). Dois capítulos depois, ele orou ao seu Pai: "Santifica-os na verdade, a tua palavra é a verdade" (Jo 17.17).

## ESCOLHENDO O CAMINHO DA VERDADE

Quando o inimigo me bombardeia com mentiras, muitas vezes penso em uma das expressões prediletas usadas por Nancy, ao encorajar as pessoas a "aconselhar seu coração de acordo com a verdade".

Isso significa falar a verdade a mim mesmo e então agir de acordo com a verdade, independentemente do que a minha razão humana ou os meus sentimentos estejam me dizendo.

> *Isso significa falar a verdade a mim mesmo e então agir de acordo com a verdade, independentemente do que a minha razão humana ou os meus sentimentos estejam me dizendo.*

## "ESTOU EXECUTANDO SUA NOTA PROMISSÓRIA"

No meu aniversário de quarenta e quatro anos, recebi o telefonema que nenhum empresário autônomo espera receber, jamais, mas sabe que pode receber.

A pessoa do outro lado da linha era (e ainda é) um dos meus camaradas mais próximos. Ele era o CEO da empresa com quem eu tinha um acordo de distribuição exclusivo. Como ele controlava o meu estoque e minhas contas a receber, eu não tinha como pegar emprestado capital de giro, e assim eu tinha emprestado dinheiro da empresa dele.

Mas a nota promissória era uma nota pagável contra apresentação, sem exigências ou condições. "Sou um homem que está debaixo de autoridade", ele começou. Comecei a colocar o cinto. As notícias não seriam boas. "Não tenho outra opção a não ser lhe dizer o que preciso lhe dizer." Ele fez uma pausa. O som que ele não conseguiu ouvir foi eu apertando o cinto.

"Meus superiores não me deram outra escolha. Estou executando sua nota promissória."

Brotaram sensações dentro de mim que eu nunca havia sentido antes. Não dessa forma. Meu amigo havia acabado com a minha empresa. Nesse momento, eu sabia que precisaria transmitir as notícias ao meu sócio e que a nossa equipe seria enviada imediatamente para a agência de emprego. Uma vez que cada centavo do meu patrimônio líquido havia sido investido naquele empreendimento, eu ficaria complemente falido.

Se você consegue imaginar isso, eu literalmente rastejei para debaixo da minha mesa e chorei como uma criancinha.

Ao longo das horas seguintes, Satanás sussurrou no meu ouvido.

- Você é um tolo, um idiota inútil. Você investiu tudo o que tinha nesse negócio e agora olhe para você.
- Você não deveria ter aberto essa empresa.
- Sua esposa repreenderá você severamente. O investimento de ações dela estava nisso também.
- Você é um tolo, um idiota inútil. Você investiu tudo o que tinha nesse negócio e agora olhe para você.
- Você vai ter que abandonar esse ramo. Permanecer será uma enorme vergonha para você.
- Você é um homem de negócios terrível e um líder ainda pior.
- Você nunca será capaz de começar de novo.
- Você é um tolo, um idiota inútil. Você investiu tudo o que tinha nesse negócio e agora olhe para você.

Essas foram as mais desafiadoras das mentiras de Satanás. Elas eram uma mistura estranha de realidade com fantasia. Sim, eu havia investido tudo. Não havia como escapar disso. Mas e o refrão repetido e agourento de que eu era um tolo, um idiota inútil?

Essa parte era uma mentira. Sem dúvida, eu era um homem falível e pecaminoso. Alguém que às vezes acreditava ingenuamente em grandes promessas. Mas eu era um filho de Deus. Era sua decisão me amar e morrer por mim. Era sua justiça que me cobria como um cobertor quente em uma noite fria, tornando-me justo.

Agora eu tinha uma escolha. Eu continuaria acreditando nas mentiras ou eu abraçaria a verdade? Minhas emoções não queriam se soltar da ofensa. Eu queria nutrir o ressentimento; eu queria permanecer com raiva; eu queria de algum modo prejudicar as pessoas que haviam me prejudicado. Mas no meu coração, eu sabia que essa escolha produziria escravidão espiritual.

Assim, munido com a graça de Deus e com o apoio extraordinário da minha esposa e filhas, afastei as mentiras que Satanás havia me sussurrado. Abracei a verdade e a minha liberdade. Perdoei os meus amigos. Comecei de novo.

### O EVANGELHO

Libertar-se de mentiras exige que consideremos o evangelho. Desde o jardim, o pecado deixou uma marca terrível em seu coração e no meu. Nossa tendência natural e pecaminosa é responder a ofensa com raiva e mágoa e fugir da culpa a todo custo. Mas por causa do evangelho — as boas-novas de Jesus — somos compelidos a responder de maneira diferente.

Eu não podia me esforçar para produzir perdão ou me apresentar boas razões que me levassem a fornecer uma resposta santa a essa ofensa, mas eu podia levantar os meus olhos do meu "sofrimento" para Aquele que "tomou sobre si as nossas enfermidades" e "levou sobre si as nossas dores" (Is 53.4). Eu podia entregar as minhas emoções à vontade do Pai, porque Jesus fez a mesma coisa. Eu podia perdoar os homens que haviam tomado essa decisão que forçava a minha empresa a fechar, porque Cristo perdoou as minhas ofensas contra ele. Eu podia abrir mão do meu desejo de ver a outra pessoa punida porque Cristo foi para a cruz para tomar sobre si a minha punição e estender graça a mim.

> *Em essência, eu disse ao Senhor: "Você ganhou".*

Eu sabia que eu não podia esperar até sentir vontade de perdoar — que eu precisava escolher obedecer a Deus e que as minhas emoções seguiriam mais cedo ou mais tarde. Em essência, eu disse ao Senhor: "Você ganhou". Eu entreguei a mim mesmo e toda a questão ao Senhor e concordei com tomar a decisão de perdoar aquele que havia me ofendido. Por mais difícil que fosse, concordei com "deixar isso para trás".

Nas semanas seguintes, minhas emoções gradualmente seguiram a minha decisão. A verdade havia confrontado as mentiras; meu espírito estava livre.

## O PODER TRANSFORMADOR DA VERDADE

Liberdade de escravidão espiritual é o resultado de conhecer a verdade, crer na verdade e agir de acordo com a verdade. E como podemos conhecer a verdade? A verdade não é meramente uma ideia ou uma filosofia. A verdade é uma pessoa — o Senhor Jesus Cristo. Ele disse sobre si mesmo: "Eu sou o caminho, a *verdade* e a vida" (Jo 14.6). Jesus não apontava os homens para um sistema religioso; ele os atraía para si mesmo. Ele falou àqueles que afirmavam ser os seus seguidores:

> Se permanecerdes na minha palavra, sereis verdadeiramente meus discípulos; e conhecereis a verdade, e a verdade vos libertará (Jo 8.31,32).
>
> Se, pois, o filho vos libertar, verdadeiramente sereis livres (Jo 8.36).

Abandonar mentiras e andar na Verdade não é um processo parecido com o que é encontrado nas fórmulas de autoajuda. Não podemos simplesmente mudar o nosso modo de pensar, ficar repetindo algumas palavras e achar que estamos andando em liberdade. Por causa da natureza difusa e destrutiva das mentiras do inimigo, todos fomos profundamente afetados pelo pecado e somos desesperadamente dependentes de Deus e de sua Palavra para transformar o nosso pensamento.

Cristo foi para a cruz para nos libertar das correntes que o pecado colocou em volta do coração e da vida de todo homem. A cruz é um monumento à liberdade ao longo de toda a história. Sim, ela foi dolorosa; o custo da liberdade sempre é, mas Jesus ficou

> *A cruz é um monumento à liberdade ao longo de toda a história.*

pendurado na cruz para que pudéssemos ser reconciliados com o nosso Pai celestial e declarados verdadeiramente livres.

> Para a liberdade foi que Cristo nos libertou. Portanto, permanecei firmes e não vos sujeiteis novamente a um jugo de escravidão (Gl 5.1).

Isto talvez inicialmente pareça elementar, mas é uma ideia revolucionária que, visto que Cristo nos libertou, podemos *viver* em liberdade. Ele fez o trabalho pesado de tirar o jugo do pecado dos nossos ombros. Por causa da cruz, a liberdade realmente é possível!

Você e eu precisaremos admitir que verdadeiramente andar em liberdade exige o nosso esforço pessoal. Preste atenção nestes verbos de ação. Precisamos *renovar* a nossa mente diariamente (Rm 12.2) e *travar* o bom combate da fé, *apropriando-nos* da vida eterna, para a qual fomos chamados (1Tm 6.12).

Até mesmo o nosso esforço é iniciado por Deus, dependente de seu poder, ativado pelo seu Espírito e liberado em nós pelo poder da cruz. Andar em liberdade não é uma questão de simplesmente moldar novamente a nossa vontade, mas de escolher depender de Cristo e de responder à obra do Espírito Santo na nossa vida.

## COMO VOCÊ SOLETRA BÍBLIA? T - E - M - P - O.

A verdadeira liberdade somente é encontrada em um relacionamento vital e cada vez mais maduro com o Senhor Jesus. Ele (a Palavra de Deus viva) revelou-se nas Escrituras (a Palavra de Deus escrita). Se quisermos conhecê-lo, se quisermos conhecer a Verdade, precisamos nos dedicar a ler, estudar e meditar em sua Palavra. Não há substituto e não há atalhos.

Uma vez que passei a minha vida adulta como um professor de Bíblia leigo e escrevi livros baseados nela ou que tratam dela, eu posso lhe dizer que passei tempo de sobra na Bíblia. E é verdade.

> *Se quisermos conhecê-lo, se quisermos conhecer a Verdade, precisamos nos dedicar a ler, estudar e meditar em sua Palavra.*

Na verdade, minha falecida esposa, Bobbie, mostrou-me um modo diferente... embora sua morte tenha sido necessária para eu realmente reconhecer isso. Ambos acordávamos muito cedo e eu ia direto para a minha biblioteca em casa lá pelas quatro da manhã.

Eu era *professor* de Bíblia. Eu gastava as minhas primeiras horas da manhã escrevendo ou pesquisando. Com certeza, eu começava o meu dia orando de joelhos, mas então era hora de começar a trabalhar — esboçar aulas para a escola dominical ou construir frases e procurar o verbo perfeito para os meus livros. Porque Bobbie era uma estudante voraz da Bíblia, ela ia direto para sua cadeira e sua Bíblia durante seu período antes de amanhecer. O propósito desse tempo para ela era puramente o prazer de desembrulhar a verdade da Palavra de Deus e cultivar um relacionamento com o Autor do Livro. Não tinha outra razão.

Quando Bobbie foi para o céu em 2014, eu organizei um culto memorial que eu esperava que fosse honrar o Senhor. A cerimônia também era uma homenagem a essa mulher extraordinária. No encerramento do funeral, mostramos um vídeo de Bobbie andando na rua na frente da nossa casa. Eu a filmei com o meu iPhone sem ela saber.

Bobbie estava cantando um hino antigo, um dos seus hinos prediletos.

*Crer e observar*
  *tudo quanto ordenar;*
  *o fiel obedecer*
  *ao que Cristo mandar.*[4]

Projetamos esse vídeo nos telões colocados na parte da frente do santuário. No fim, esse versículo apareceu em letras brancas em um fundo preto.

**Em verdade, em verdade vos digo: se o grão de trigo não cair na terra e não morrer, ficará só; mas, se morrer, dará muito fruto (Jo 12.24).**

Nos dias seguintes, acredito que o Senhor falou comigo. Não em uma voz audível, mas tão claramente como se ele o tivesse feito. Certo dia de manhã cedo, eu estava sentado na cadeira vermelha de Bobbie. Peguei a

---

[4] John H. Sammis, *Crer e observar*, 1887, domínio público [letra em português do *Cantor cristão*].

*One-year Bible* [Bíblia para ler em um ano] dela e consultei a leitura para aquele dia. Enquanto eu lia o texto junto com as notas marginais de Bobbie, o Espírito Santo me cutucou. Novamente, não com uma voz que eu podia ouvir, mas muito claramente:

> *Chegou a hora de a tocha de Bobbie ser passada a você, Robert. Você a observou lendo sua Bíblia fielmente durante muitos anos. Não como uma preparação para ensinar ou escrever ou qualquer outra coisa. Mas só porque ela queria. Agora chegou a hora de essa "semente" ser plantada em seu coração. E essa semente precisa produzir muitas outras.*

"Tudo bem, Senhor, estou dentro", respondi silenciosamente.

Portanto, agora, ainda que eu ainda exerça algum ensino e ainda escreva livros baseados na Palavra de Deus, desde a morte de Bobbie comecei todo dia gastando mais ou menos uma hora nas Escrituras lendo e orando. A diferença que isso fez para que eu apreendesse a andar na verdade foi extraordinária. Concreta.

Eu realmente lamento ter levado tanto tempo para entender isso. Mas em vez de ficar rastejando nesse lamento, eu amei essa nova experiência de começar todo dia mergulhando na Palavra de Deus.

E por que isso é uma coisa boa? Que bom que você perguntou.

O inimigo está nos confrontando constantemente com as suas mentiras. A fim de combater sua tentativa de nos enganar, nossa mente e nosso coração precisam ser enchidos pelo Senhor Jesus e saturados com sua Palavra.

> *A fim de combater sua tentativa de nos enganar, nossa mente e nosso coração precisam ser enchidos pelo Senhor Jesus e saturados com sua Palavra.*

### A BANDEIRA BRANCA FOI HASTEADA

Mas não é o suficiente saber a verdade. Você e eu também precisamos nos render à verdade. Isso significa que precisamos estar dispostos a mudar o nosso pensamento ou o nosso estilo de vida em quaisquer áreas em que eles não estão de acordo com a Palavra de Deus. Você e eu sabemos que milhões de pessoas que afirmam ser cristãs estão sendo desencaminhadas; elas estão vivendo de maneiras que simplesmente não são sólidas. Seus valores, suas respostas, seus relacionamentos, suas escolhas e suas prioridades revelam que elas foram enganadas pela mentira do inimigo e abraçam o modo de pensar do mundo.

Não podemos pressupor que uma perspectiva particular é verdadeira somente porque todos os outros pensam assim — ou porque é nisso que sempre acreditamos ou porque um autor cristão famoso promove essa posição ou porque um amigo ou conselheiro bem-intencionado diz que isso é certo. Tudo o que cremos e tudo o que fazemos precisa ser avaliado à luz da Palavra de Deus. Essa é a nossa única autoridade absoluta.

Viver de acordo com a verdade exige uma escolha consciente de rejeitar o engano e abraçar a verdade. "Desvia de mim o caminho da mentira... Escolhi o caminho da verdade" (Sl 119.29,30, NKJV).

Toda vez que você e eu abrimos as Escrituras ou ouvimos o ensino da Palavra, devemos fazer isso com a oração de que Deus abra os nossos olhos para vermos quaisquer áreas em que fomos enganados e com uma atitude do coração que diz: "Senhor, sua Palavra é verdade; eu me submeterei a tudo o que você disse. Rejeito as mentiras de Satanás. Quer eu goste disto quer não, quer eu sinta vontade de fazer isso quer não, escolho colocar a minha vida debaixo da autoridade de sua palavra — eu vou obedecer".

### E EU ME RENDO

Uma vez que conhecemos a verdade e estamos dispostos a andar de acordo com a verdade que conhecemos, Deus quer nos tornar instrumentos para levar outras pessoas à verdade.

> ... Para que não sejamos mais inconstantes como crianças, levados ao redor por todo vento de doutrina, pela mentira dos homens, pela sua astúcia na invenção do erro; pelo contrário, [falando] a verdade em amor, cresçamos em tudo naquele que é a cabeça, Cristo.
>
> Por isso, abandonai a mentira, e cada um fale a verdade com seu próximo, pois somos membros uns dos outros (Ef 4.14,15,25).

O fardo que deu origem a este livro foi o mesmo fardo que levou a minha esposa, Nancy, a escrever *Mentiras em que as mulheres acreditam* muitos anos atrás. Mas o meu desejo profundo era ver homens, e não somente mulheres, sendo libertos por meio da verdade. Essa visão é expressa nos últimos versículos do livro de Tiago:

> Meus irmãos, se algum de vós se desviar da verdade e alguém o reconduzir a ela, sabei que aquele que fizer um pecador retornar do erro de seu caminho salvará da morte uma vida e cobrirá uma multidão de pecados (Tg 5.19,20).

A ideia de fazer "um pecador retornar do erro de seu caminho" é extremamente estranha na nossa época. O mantra da cultura pós-moderna é "tolerância", que significa: "Você pode viver como quiser viver e eu não o atrapalharei. E não tente me dizer o que é certo para mim — não é de sua conta como escolho viver a minha vida".

Uma vez que o engano inundou a nossa cultura, muitos cristãos hoje passaram a hesitar em defender a verdade, por medo de serem rotulados de intolerantes ou pessoas de mente estreita.

Muitos cristãos exibem a atitude "viva e deixe viver", não somente para com o mundo, mas também em relação a outros cristãos que não estão andando na verdade. Eles não querem ofender as pessoas ou ser vistos como pessoas que ficam julgando. Simplesmente parece mais fácil deixar as coisas passarem.

> *Precisamos nos lembrar de que em Cristo e em sua Palavra temos a verdade que liberta as pessoas.*

Precisamos nos lembrar de que em Cristo e em sua Palavra temos a verdade que liberta as pessoas. Isso são boas notícias! E notícias essenciais. Não há outra maneira de nós e aqueles que conhecemos e amamos sermos libertos das trevas, do engano e da morte.

Você e eu precisamos aprender a verdade, crer nela, render-nos a ela e vivê-la — até mesmo quando ela afronta o nosso pensamento ou cultura contemporâneos. Então precisamos estar dispostos a declarar a verdade com ousadia, convicção e compaixão.

## O PEREGRINO... A REPRISE

Volte comigo por um momento àquelas crianças em pijamas sentadas na cama com sua mãe, Grace, enquanto ela lia O peregrino, e ouça como John Bunyan apresenta Cristão livrando-se do fardo que ele estava carregando. Só o ouvir sobre esse fardo já era demais para mim. Assim como aconteceu em 1952, isso ainda me deixa estupefato.

> *Em meu sonho vi que a estrada pela qual Cristão havia de seguir era murada dos dois lados, e o muro chamava-se Salvação. Por este caminho, portanto, corria o sobrecarregado Cristão, mas não sem grandes dificuldades, por causa do fardo às costas.*
>
> *Correu assim até alcançar um local íngreme, no alto do qual se erguia uma cruz, e pouco abaixo, no vale, um sepulcro. Vi no meu sonho que assim que Cristão chegou à cruz, seu fardo, afrouxando, escorregou pelos seus ombros, caiu-lhe das costas e, tombando, foi descendo até a entrada do sepulcro, onde caiu, e não mais o enxerguei.*[5]

É isso que é, exatamente, "ser liberto". Quando lemos sobre a vida do rei Davi no Antigo Testamento e passamos tempo nos salmos que ele compôs, fica claro que ele tinha uma noção razoável sobre a escravidão do pecado e a pura alegria de ser liberto.

**Como o oriente se distancia do ocidente, assim ele afasta de nós nossas transgressões (Sl 103.12).**

Assim, isso é a verdade. A verdade que de fato me liberta e liberta a você.

Arrastamos os nossos fardos até a cruz de Jesus Cristo. Talvez façamos isso de forma relutante ou entusiástica. Seja como for, levamos a nossa carga ao Salvador. E quando o fazemos, ele a pega. Ele a perdoa. E ela desaparece.

Essa é uma boa razão para uma grande celebração, você não acha?

---

[5] John Bunyan, O peregrino, tradução de Eduardo Pereira e Ferreira (São Paulo: Mundo Cristão, 1999), p. 47.

CAPÍTULO 11

# A VERDADE QUE NOS
# LIBERTA

Ao longo dos anos, tive o privilégio de ensinar a Palavra de Deus na igreja. A maior parte disso ocorreu no contexto de aulas na escola dominical para adultos. De acordo com a última contagem, havia cerca de 650 aulas arquivadas.

Quando ensino, gosto imensamente de observar as reações das pessoas presentes e obter uma resposta imediata. *Isso não faz o menor sentido*, elas talvez estejam dizendo, mesmo que não usem palavras. Assim, quando vejo essa reação, posso voltar e tentar dizer de novo o que acabei de dizer, buscando uma forma mais clara.

Obviamente todo professor ama os sorrisos que dizem *Bingo! É disso que eu precisava*. Minha esposa Nancy chama essas reações de "as caras de *isso mesmo*".

## UMA CONVERSA AGRADÁVEL, E NÃO UM MONÓLOGO CEGO

Escrever um livro é diferente de falar a um grupo diante de você. É como falar a uma classe, sem dúvida, mas dessa vez cada pessoa tem um saco de pão em sua cabeça com furinhos para os olhos, para poder enxergar.

Enquanto estou escrevendo, não faço a menor ideia se o que eu disse está fazendo algum sentido, se as pessoas estão lendo cuidadosamente ou tentando ficar acordadas após uma noite de sono muito curta, dando umas apagadas.

Isso pode fazer com que escrever um livro seja uma experiência incômoda.

Há muitos anos, o falecido dr. Tim LaHaye, autor de inúmeros livros, deu-me uma pista de como comunicar desse modo e ser eficaz. "Um livro é uma carta extremamente longa a uma só pessoa", ele disse, eu sentado na frente do meu laptop, e você com seu leitor de *e-book* ou virando páginas à moda antiga.

Assim, a minha esperança sincera é que este livro seja exatamente isso. Uma conversa tranquila e sem interrupções. Talvez enquanto você toma uma xícara de café em algum lugar que você gosta muito de frequentar.

A outra parte desafiadora de ser autor é que estou esculpindo em pedra os meus pensamentos e, em alguns casos, a minha vida. Pode se pressupor equivocadamente que estou escrevendo como alguém que já "chegou lá" e já domina tudo. Mas a verdade é que sou pecador. Um homem que precisa de instrução e de ajuda... e de um bom amigo. Talvez você e eu tenhamos isso em comum?

Assim, neste último capítulo, eu gostaria de passar rapidamente mais uma vez pelas verdades que exploramos juntos. Fomos lembrados das mentiras terríveis que nos atormentam. Agora desviaremos o foco para a última afirmação de cada um dos breves capítulos sobre as mentiras.

Fazer isso me lembra da admoestação predileta de minha mãe aos meus irmãos e a mim quando precisávamos dela. Ou seja, muitas vezes.

> ... **Tudo o que é verdadeiro, tudo o que é honesto, tudo o que é justo, tudo o que é puro, tudo o que é amável, tudo o que é de boa fama, se há alguma virtude, e se há algum louvor, nisso pensai (Fp 4.8).**

Assim, embora você certamente esteja tentado a tratar este livro como concluído visto que você chegou até aqui, encorajo você a dar mais uma olhada nas verdades sobre as quais falamos — verdades que nos tornam (e mantêm) livres.

Agora passemos à nossa retrospectiva deste livro...

**1** *Deus é santo. Sua brilhante "alteridade" não pode ser suficientemente explicada. Uma vez que aceitamos isso plenamente, nada jamais será o mesmo* (Sl 29.2; 99.5).

Você poderia estar pensando: "Isso é ótimo, Robert. Mas que tal alguma informação que eu possa usar?". É como se seu carro estragasse na autoestrada e você ligasse para o autossocorro de seu seguro e solicitasse que lhe enviassem um pregador em vez de um mecânico. Mas essa verdade é fundamental para todo o resto.

É como a quilha na base de seu veleiro. O concreto em sua fundação. Sem essa verdade, somos o nosso próprio deus... e essa não é uma visão agradável.

**2** *Nada é grande demais ou insignificante demais para Deus se importar. Ele nos criou e está envolvido em todos os detalhes da nossa vida, grandes e pequenos* (Sl 37.23,24; 139.2,3).

Você consegue imaginar se tornar pai, acompanhar de perto o parto de sua esposa, levar o bebê que chora e se contorce para casa e então ignorá-lo? "Daqui em diante é com você, filho".

Também não consigo.

Deus é amor. E assim como você e eu desejamos imensamente estar envolvidos na vida dos nossos filhos, o nosso Pai celestial nos ama. Ele acompanha os nossos passos. Ele ouve as nossas orações e o anseio do nosso coração; ele se importa com as coisas que são relevantes para nós.

**3** *Não posso obter a aprovação de Deus. Posso somente receber seu favor* (Ef 1.4-6; 2.8,9; Tt 3.5).

Minha herança espiritual é algo pelo qual sou profundamente grato. Nada que fiz ou que poderia ter feito seria suficiente para merecer o benefício da fidelidade espiritual que caracterizava os meus pais e os pais e família ampliada deles.

Mas como sementes de espinheiros jogadas em uma horta, eu, no entanto, cresci acreditando em uma mentira. Era esta: "O amor de Deus por mim é condicional. Eu preciso ser um bom menino para obtê-lo".

O profeta do Antigo Testamento Isaías entendia isso bem. E, assim, ele nos fornece uma imagem inesquecível para explicar o valor final das nossas boas obras. Ele comparou a nossa vida pura — as nossas obras justas — a trapos imundos (Is 64.6).

Jesus é o único homem que conseguiu viver uma vida verdadeiramente justa. Embora ele nunca tenha deixado de honrar e obedecer ao seu Pai, Deus executou em seu Filho amado o juízo que nós merecíamos pelos nossos pecados. Por meio da fé em Cristo, podemos receber sua justiça e nos tornar filhos amados de Deus, aceitos por meio do que Jesus fez por nós.

### 4. *Jesus é o único caminho para Deus* (Jo 14.6; At 4.12; 1Tm 2.5,6).

Na cultura pluralista em que vivemos, ser fiel a essa verdade talvez não o torne bem visto por parte das pessoas perdidas. Mas foi Jesus que o disse, de modo que é a ele que você deve dar o crédito.

E quando você o fizer, ame as pessoas perdidas a quem você está falando sobre ele. Elas receberão mais abertamente essa verdade se seu coração estiver cheio de compaixão, e não crítica.

### 5. *Para o cristão, a igreja não deve ser opcional. Ela é indispensável* (Sl 133; Ef 2.19-22; 4.15,16; Hb 10.24,25).

Quanto mais velho fico, maior é a tentação de faltar ao culto.

Na verdade, era mais fácil tornar o culto de domingo de manhã uma obrigação permanente quando as minhas filhas moravam em casa conosco. Afinal de contas, eu era o pai e precisava estabelecer um exemplo. Se eu como o pai das minhas filhas não desse muito valor para a igreja, elas teriam toda a razão para terem a mesma atitude.

Agora eu não tenho a mesma responsabilidade. Não estou mais estabelecendo a norma para a minha posteridade. Nancy e eu não temos filhos que moram conosco e, veja bem, domingo de manhã às vezes parece um tempo tão bom para descansar e ler e fazer o que quero.

E então quando rejeito esses pensamentos irresponsáveis e vou para a nossa igreja, sempre fico contente por ter feito isso. Sempre. Onde mais podemos ficar sentados em silêncio ou cantar vigorosamente ou orar em comunidade ou abrir a nossa Bíblia com a inspiração da pregação do nosso pastor na presença de tantas pessoas que também estão abrindo sua Bíblia e ouvindo?

E, então, após o culto, temos uma oportunidade de nos conectarmos com as pessoas. E encorajá-las. E muitas vezes orar com elas. Ainda que eu não leve a sério as "férteis" ideias que tive já cedo de manhã sobre faltar ao culto, fico pensando comigo mesmo: "O que eu estava pensando? Perdoe-me, Senhor, por ser esse vagabundo terrível". Somos uma família em Cristo, sendo edificados juntos como um lugar de habitação para o Espírito de Deus. Não podemos sobreviver, prosperar ou glorificar a Deus como ele deseja, sem permanecermos conectados a ele e uns aos outros.

### 6 *Independentemente do tipo de criação que eu talvez tenha tido, do que talvez me tenham feito a mim ou das circunstâncias difíceis ou disfuncionais em que talvez me encontre, sou responsável pelas minhas próprias ações* (1Co 13.11; Gl 6.7,8).

Nossas circunstâncias, nosso histórico, nossa natureza e meio em que vivemos certamente nos impactam, mas essas coisas não precisam ter o controle sobre nós.

Somos responsáveis pelas nossas escolhas, nosso comportamento e nossas ações. Mas pela graça de Deus, nosso passado e nossas inclinações naturais e rebeldes podem ser superadas. Apesar da atração magnética da origem familiar e das vozes da história pessoal que nos perseguem, você e eu podemos agir de um modo que agrada o nosso Pai celestial. Nós realmente podemos.

### 7. *"Não é tolo aquele que dá o que não pode reter para ganhar o que não pode perder." — Jim Elliot, mártir morto a sangue-frio no campo missionário aos 29 anos* (Mt 16.25; Jo 15.13; Ef 5.2).

Nessa era de ajuntar e acumular coisas de que não precisamos, essa verdade afronta a sabedoria convencional como poucas outras.

Em 8 de janeiro de 1956, saiu a notícia de que cinco missionários americanos haviam sido assassinados no Equador. As notícias chegaram rapidamente a todos os cantos do mundo. Ainda posso ver a minha mãe sentada na cozinha, chorando. Uma perda trágica de vida humana? Talvez. Talvez não.

Não faz muito tempo que segurei a própria lança que assassinou Jim Elliot. E na casa da viúva de Jim Elliot, fiquei impressionado de um modo novo e vívido pelo poder dessa história.

Jim Elliot não perdeu sua vida naquele dia; ao contrário, ele ganhou a eternidade com Cristo. Sua morte não foi o fim, mas o início de uma obra de Deus naquela aldeia remota, com muitos vindo a conhecer a Cristo e a confiar nele como seu Salvador por causa do testemunho fiel dessa jovem viúva, Elisabeth, e da filha do casal, agora órfã de pai, Valerie, que ignoraram o perigo e voltaram para a América do Sul.

### 8. *O Senhor é o Senhor do meu destino. Submeter-se diariamente a ele trará alegria, propósito e verdadeiras riquezas* (Sl 37.5; 40.8; 1Pe 5.6).

Essa verdade talvez deixe alguns homens apavorados. Como uma criança de três anos argumentando com sua mãe, esses homens, que não dependem de ninguém, que aprendem e fazem tudo por si mesmos, que são tão determinados, repetem para si mesmos de novo e de novo: "Xá comigo".

Outros homens acham conforto em saber que, no fim do dia, eles estão seguros.

Eu escolho a segunda porta.

### 9. *Homens de verdade podem sentir e expressar emoções profundas. Quando faço isso, isso na verdade é prova de que sou um homem com um coração como o de Deus.* (Sl 42.3; Ec 3.4; Rm 12.15).

Nossas emoções podem ser uma janela para a nossa alma. Podemos expressar essas emoções como um reflexo do coração de Deus. Os membros da nossa família e os nossos amigos próximos precisam ver isso. Podemos dar fortes gargalhadas. Não precisamos esconder as nossas lágrimas. Essas coisas são uma dádiva a nós e àqueles que amamos.

### 10. *Preciso de amigos homens que sejam piedosos e tementes a Deus — irmãos fiéis — que me amem o suficiente para falar a verdade. Homens que também abram sua vida para mim para que eu possa falar a verdade a eles* (Sl 13.20; 18.24; 27.6,17; 1Ts 5.11).

Os homens não precisam somente de camaradas casuais, mas de amigos fiéis — homens que são mais chegados do que um irmão. Amigos homens podem se identificar de modo singular com as fraquezas e padrões de racionalização de outros homens. Assim, eles são capazes de, em amor, falar a verdade. Até mesmo uma verdade difícil.

Um homem sem esse tipo de homens em sua vida é um homem perigoso.

**11** *A graça de Deus é necessária tanto para o impostor que todos veem quanto para o vilão dentro de mim que conheço tão bem* (Sl 51.10; Mt 7.21-23; Rm 3.23,24; Tg 4.6).

Você consegue imaginar um garoto que fica sem fôlego e cai no chão na aula de educação física? Todo mundo se junta em volta dele. O professor de educação física entra no meio da multidão com estas ordens: "Vamos lá, garotada, afastem-se para que ele possa respirar". Bobo, não? Mas essa é uma excelente metáfora para você e para mim quando o pecado nos deixa exaustos ou as pressões da vida nos jogam no chão.

Nosso Pai celestial quer acesso direto a nós, estendidos no chão. Ele vê tudo. E ele nos ama. Expor quem você realmente é a Deus — abrindo espaço para respirar — é realmente uma boa ideia.

**12** *Deus se importa com as regras dele. Preciso fazer o mesmo, para o meu próprio bem* (Jo 14.15, 23; 1Jo 5.2,3).

Deus trata as suas regras de acordo com sua perfeição. Deus estabelece sua lei. Ele determina quão importante ela é e ele que decide o que e a quem julga. E nós não temos a liberdade de julgar Deus. Você e eu não temos direito algum de acusá-lo de ser exigente demais ou de tratar como importante algo que não é importante.

As regras de Deus são para o nosso bem. Ele nos criou. Ele sabe o que é melhor. O manual do fabricante para o meu carro foi redigido pela empresa que o fabricou. Quem sabe como ele funciona é ela. É assim também no caso das leis de Deus.

**13** *Não posso olhar para outros homens piores para me sentir melhor. A única comparação que importa é olhar para o único homem justo, o Salvador sem pecado que é o único que pode me tornar pleno* (Rm 14.4; Tg 4.12).

Como o *pace car* no aquecimento de uma corrida, você e eu precisamos olhar para Jesus como aquele com quem nos comparamos. Ficar olhando para o lado na corrida não basta. Ainda que talvez achemos que estamos uma "pontinha" na frente dos outros carros, isso não importa. Jesus disse aos seus discípulos: "Sigam-me". Isso é tudo o que ele exige.

### 14 *Nada que eu tenha feito me coloca fora do alcance do perdão pleno de Deus* (At 3.19; Ef 1.7; 1Jo 1.7-9).

Você consegue imaginar esse tipo de liberdade? Nada que você e eu tenhamos feito ou ainda venhamos a fazer está longe demais da graça restauradora de Deus.

Você já chegou a dirigir naquelas rodovias alemãs de alta velocidade? Sem limite de velocidade. Sem radares. Sem sirenes ou luzes piscando. É ligar o motor e voar. O que acha disso? Demais, não? (Contanto que você não esteja dirigindo um fusca 1960).

### 15 *Não posso esconder os meus pecados secretos indefinidamente. Um dia eles serão trazidos à luz. Vivo em comunidade... Meu casamento, meus filhos, minha vizinhança, minha igreja, meu local de trabalho. O que faço — seja bom ou não tão bom assim — impacta as pessoas à minha volta* (Nm 14.18; Pv 28.13; Lc 8.17).

Mais cedo ou mais tarde, aqueles hábitos, atividades, escolhas insensatas ou pecaminosas que achamos que são um segredo absoluto serão revelados — se não nesta vida, então no juízo final.

A não ser que moremos em uma cabana remota em uma floresta muito retirada, tudo o que fazemos impacta os outros. Acã aprendeu isso do modo mais difícil. Seu pecado lhe custou a própria vida e a vida de sua família. Até mesmo os animais precisaram morrer.

Isso é sério? Sim. Severo? Certamente é. Qual é a lição? Nós sabemos, não sabemos?

**16** *Viver uma vida santa, em dependência do poder do Espírito Santo, é uma coisa extraordinária... É o caminho para a felicidade e pura alegria* (2Co 7.1; 2Tm 1.9; 1Pe 1.13-16).

Simplesmente a noção de uma conduta santa — santidade — poderia soar tediosa, restritiva, enclausurante. Na verdade, isso é tão incrível quanto estar na primeira fileira da montanha russa.

Talvez seja muito difícil convencer as pessoas disso em uma cultura que celebra condutas sem normas e o prazer imediato. Mas visto que Deus colocou na nossa mente uma consciência e a "dádiva" de noites sem dormir quando saímos dos trilhos, a santidade pode ser uma coisa extraordinária.

**17** *A pornografia é mortal. Para um homem casado, ela é adultério virtual. A intimidade com Cristo e a expressão sexual no contexto do casamento monogâmico oferecem uma satisfação muito maior* (Sl 119.37; Mt 5.28; 1Jo 2.16).

Por causa do amplo acesso à internet atualmente, nenhum homem pode evitar a tentação da pornografia. Mas por causa do poder do Espírito Santo de Deus, todo homem que se submete voluntariamente a esse poder pode dizer: "Não, obrigado".

Essa disciplina será um presente de um homem a si mesmo, à sua esposa e à sua família.

**18** *Um relacionamento honesto, aberto e transparente com a minha esposa será prazeroso e fará valer a pena todo o empenho para chegar lá* (Cl 3.12-14; Tg 5.16).

A única coisa mais penosa do que a transparência total em seu casamento é ficar guardando as coisas e deixar isso devorar seu coração e seu relacionamento com sua esposa.

Sente-se com ela e abra seu coração. Assegure-a de que tratou disso com o Senhor. Você se arrependeu e ele concedeu perdão. E agora você gostaria de lhe contar sobre isso e está disposto a encarar as consequências, não importa quais sejam.

Nesse momento, você será liberto, estará livre. Você sentirá em seu íntimo a certeza de que isso é verdade.

**19** *A ordem criada para os homens, as mulheres e a sexualidade humana é certa e boa. Quando aceitamos o caminho dele, arrependemo-nos de fazer as coisas do nosso jeito e descansamos em Cristo, encontramos perdão e o poder para viver de acordo com seu plano* (Ef 5.1-9; 1Co 6.9-11,18-20; 1Ts 4.3-7; Hb 13.4).

Se você ou alguém que você ama está preso na armadilha de qualquer tipo de pecado sexual ou afeições bagunçadas, há esperança. Não seremos purificados se negarmos ou justificarmos o nosso pecado, mas somente se o confessarmos e nos afastarmos dele.

**20** *Porque amo a minha esposa, a satisfação sexual dela deve ser mais importante que a minha. E, quando isso é realmente bom para ela, isso será realmente bom para mim* (Pv 5.15-19; 1Co 7.3,4).

Está resumido aí todo o princípio de dar e receber, não é mesmo? Se a resposta à pergunta "Isso foi tão bom para você quanto foi para mim?" não for "Sim", então você precisa se esforçar um pouco mais.

Paciência. Ternura. Paciência. Ternura.

E certifique-se de que seu tempo íntimo seja livre de distrações e não apressado. Torne-o o mais especial possível. Toda vez. Isso lhe dará enorme satisfação.

**21** *Além de fazer coisas boas para a minha esposa, ela precisa que eu lhe diga coisas boas, especialmente aquelas três palavras mágicas: "eu te amo"* (Pv 25.11; Ef 4.29; Cl 3.19).

Isso é verdade. Se você realmente quer encher o coração de sua esposa, acrescente o nome dela no final da frase, ou seu apelido predileto. No meu caso, "querida", "docinho" e "menina preciosa".

Eu sei, para alguns homens, esse tipo de coisa parece estranho. E talvez ela concorde. Mas eu aposto as minhas fichas nos resultados positivos dessa atitude.

**22** *Somente Deus pode me dar felicidade e satisfação supremas. Ao buscá-lo, encontro a mais verdadeira alegria* (Sl 16.11; 40.16; 119.2; Mt 6.33).

Se você não é um homem feliz (satisfeito, repleto de propósito, completo em Cristo), o casamento não o fará um homem feliz (satisfeito, repleto de propósito, completo em Cristo). Se você é um homem feliz (satisfeito, de propósito claro, completo em Cristo) e você encontra uma mulher feliz (satisfeita, de propósito claro, completa em Cristo), você terá um bom casamento.

As coisas são tão simples — ou complicadas — quanto isso.

**23** *Deus me chamou para prover liderança espiritual para a minha família. Não tenho o que é necessário para fazer isso perfeitamente, mas quando eu pedir a ele, ele dará tudo de que eu precisar para exercer essa liderança com êxito* (Jr 33.3; 1Co 11.3; Tg 1.5).

Não temos outra verdade como essa, porque a mentira conectada a ela não é realmente uma mentira. Ela é verdadeira. Não temos o que é necessário para sermos o CEO da nossa família. Mas há um adendo importante para essa "mentira": Deus nos dá a sabedoria e a força para conduzirmos a nossa casa.[1]

Usarei uma analogia. Você e eu não temos "trocentos" números de telefone memorizados. Somente sabemos como acessá-los no nosso smartphone. Não temos a habilidade para liderar, mas o Espírito Santo tem. Peça a ele. Basta usar a discagem rápida!

## 24 *Deus nos chama para nos tornarmos homens que amam, servem, protegem e sustentam a si mesmos e sua família pela graça dele e para a glória dele* (Lc 2.52; 1Co 16.13; 1Tm 5.8).

Eu não costumo usar uma frase que inclua a expressão "vestir as calças", mas, se eu a usasse, é aqui onde eu a inseriria.

Assim, se você está aberto a uma admoestação forte e encorajadora de um amigo e você é um dos milhões de homens adultos que ainda moram em casa sem razão legítima ou se jogar vídeo game está tomando mais de seu tempo do que deveria, por favor, tome jeito. É hora de crescer.

## 25 *Preciso disciplinar, encorajar e instruir os meus filhos, mas somente Deus pode dirigir e mudar o coração deles. Assim, é por essas coisas que oro* (Dt 6.7,8; Pv 22.6; 27.17; Ef 6.4).

A bateria em seu carro fornece uma boa analogia. Se você desconectar qualquer um dos cabos, ela não funcionará. Mesmo que ela seja novinha em folha e esteja totalmente carregada. Como pai, seja amorosamente rígido... e incessantemente bondoso.

A Bíblia tem muito a dizer sobre pais disciplinando os seus filhos. Também tem muito a dizer sobre amor incondicional. Seus filhos têm vontade

---

[1] Peço licença para ser um pouco presunçoso. Gostaria de recomendar a você o meu livro *Like the Shepherd: leading your marriage with love and grace* [Como o Pastor: liderando o seu casamento com amor e graça] (Washington: Regnery, 2017). Esse livro deverá ajudar você a cultivar e exercer liderança espiritual em casa.

própria, mas prover disciplina e amor de uma maneira centrada em Cristo, baseada na Palavra e repleta de graça criará um ambiente que os ajudará a escolher Cristo.

E então ore sem parar por um minuto, ore como se a vida deles dependesse disso. Porque ela de fato depende.

### 26. *Se Jesus é tudo o que queremos, ele será tudo de que realmente precisamos. Se um homem trocasse tudo o que tem por ele, essa seria uma troca sábia* (Sl 16.5-9; Rm 8.31,32; Cl 2.9,10).

Um conhecido próximo meu, um advogado muito bem-sucedido e um homem cuja entrada para carros em sua casa sempre inclui um Mercedes do ano certa vez me disse: "O dinheiro é extremamente sobrestimado", ele deve saber do que está falando. Há muitas pessoas por aí com muito dinheiro disponível cujo coração é pobre, e muitas pessoas que vivem "de salário em salário" cuja alma é desmedidamente rica.

Sua verdadeira felicidade não tem relação alguma com seu saldo bancário.

### 27. *Se pertenço a Deus, todas as minhas horas, incluindo aquelas em que não tenho nada planejado, pertencem a ele* (Sl 90.12; Ef 5.15-17).

Durante muitos anos, as pessoas usaram pequenas pulseiras elásticas que continham as letras OQJF: "O que Jesus faria?". Contudo, em relação a como, de fato, gastamos o nosso tempo — incluindo o nosso tempo "livre" —, a minha pergunta seria: "O que Jesus *fez*?". Como ele gastava as suas 168 horas?

Enquanto lemos os Evangelhos, vemos como Jesus era intencional em relação ao seu tempo. Ele trabalhava, curava, ensinava, viajava e ele descansava. Sua vida fornece um modelo para como devemos gastar o nosso tempo — cumprindo a vontade do nosso Pai.

**28** *O trabalho que Deus me deu é servir à minha família como provedor. Por meio do meu exemplo, posso mostrar que ela tem um Pai celestial no qual pode confiar para suprir as suas necessidades* (Sl 107.9; 145.15,16; 1Tm 5.8).

Mas você e eu de modo único temos a responsabilidade final debaixo de Deus para assegurar que as necessidades da nossa família estejam sendo supridas e para supervisionar essa esfera. Isso inclui não somente as suas necessidades materiais, mas também discernir e cuidar das suas necessidades espirituais.

**29** *A minha fé e o meu trabalho não podem ser compartimentalizados; devo servir fielmente a Deus e aos outros em tudo o que faço* (Cl 3.23,24; Tg 2.26).

Nosso trabalho importa. E *como* trabalhamos também importa. Não podemos deixar a nossa fé na porta da loja ou no elevador do escritório. Se conseguimos fazer algo assim e abandonamos o nosso amor por Deus, é bem provável que nem mesmo tenhamos chegado a amá-lo de verdade. Honestidade, integridade, diligências — o Mestre nos chama para levarmos essas marcas ao nosso trabalho. Elas são o fruto de sua obra na nossa vida; elas são sua obra por meio de nós.

Martinho Lutero disse que um sapateiro cristão não é aquele que grava cruzinhas nos sapatos, mas aquele que faz sapatos excelentes e trata os seus clientes de forma honesta. Ele entendeu que todo o nosso trabalho, se é trabalho legítimo, é importante, santo, é um serviço para Deus. Tanto o encanador como o pastor são servos na economia de Deus.

**30** *Nunca posso me dar ao luxo de não ser generoso com os outros. Isso os abençoa. Isso me abençoa* (Pv 11.24,25; Lc 6.38; At 20.35; 1Co 9.6-8).

Você sabe como ficar rico instantaneamente? Estou falando sério. Você está pronto?

Comece a agir como se fosse ficar rico instantaneamente. Não fique ostentando, mas esteja constantemente alerta a modos em que você pode abençoar outros com sua ajuda, seu sorriso, palavras gentis e uma gorjeta generosa. E se você realmente quiser viver no colo do luxo de Deus, pergunte às pessoas: "Como posso orar por você?". E então quando elas responderem à sua pergunta, faça isso. Ore por elas. Ali mesmo: na calçada, no estacionamento, na van da locadora de carros.

O autor de best-sellers H. Jackson Browne expressa isso assim: "Lembre-se de que as pessoas mais felizes não são aquelas que obtêm mais, mas aquelas que dão mais".[2]

### 31 *Eu recebi muito perdão, de modo que preciso perdoar muito. Essa verdade precisa caracterizar a maneira com a qual respondo quando sou tratado injustamente* (Lc 7.47; Ef 4.31,32; Cl 3.13).

Deus nunca fez menos por nós do que nos é devido; antes, ele "diariamente nos carrega com benefícios" (Sl 68.19, NKJV). Sua graça para conosco é superabundante. Jesus pagou toda a nossa dívida causada pelo nosso pecado, e vivemos todo dia debaixo do derramamento de sua graça.

Isso exige que sejamos gratos, e não raivosos, rancorosos ou vingativos, e que estendamos graça e perdão aos outros.

### 32 *A dor e o sofrimento são ferramentas nas mãos sábias e amorosas de Deus, fazendo seu bom trabalho, ajudando-me a me tornar mais como seu filho. E por isso preciso agradecer* (Rm 5.3,4; 8.18; 2Co 4.7-11; Hb 2.10; 1Pe 5.10).

---

[2]H. Jackson Browne, *Life's little instruction book* (Nashville: Thomas Nelson, 2000), p. 54 [edição em português: *Pequeno manual de instruções para a vida* (Rio de Janeiro: Thomas Nelson, 2015)].

Os homens tentam consertar as coisas, buscam soluções. Assim, quando estamos sofrendo, muitas vezes queremos achar uma solução rápida para eliminar o problema. Mas Deus talvez envie o "veneno" da dor, do sofrimento e das dificuldades — quimioterapia — para nos ajudar a aprender a confiar nele, a aprender a ter paciência.

O apóstolo Paulo orou ardorosamente para que Deus removesse o que ele chamava de seu "espinho na carne". Não sabemos exatamente o que era esse "espinho", mas sabemos que Deus disse a Paulo que ele não removeria esse sofrimento porque ele ajudava Paulo a se lembrar de sua dependência completa de Deus.

**33** *Vivemos e servimos em um mundo contrário a Jesus, e, se estou com ele, o mundo está contra mim. Mas tenho a esperança confiante de que um dia tudo o que é errado será corrigido e de que, enquanto isso não acontece, ele sabe o que está fazendo e me sustentará na batalha* (2Cr 20.6; Pv 16.3,4; Is 46.8-11; 1Pe 5.10).

O mundo é um campo de batalha, um lugar de guerra. Isso nos lembra quem é aquele ao qual o mundo se opõe. Na realidade, o mundo está em uma batalha desesperada e implacável contra... o Senhor. O Deus do universo.

Diferentemente de Sísifo na mitologia grega, a história da nossa vida não é uma pedra que rola montanha abaixo e depois precisa ser empurrada de volta para o topo. Nossa vida está sobre a Rocha da nossa salvação. Essa pedra nunca pode ser movida. Precisamos levantar a nossa cabeça. Nosso Senhor sabe o que está fazendo. Tudo está bem, e tudo ficará bem.

**34** *Quando o Espírito Santo habita em mim, ele vai produzir...* (Gl 5.22,23; 2Tm 1.7; Tt 2.11,12).

Tanto Judas como Pedro acreditaram na mentira de que eles eram incapazes de se controlar nas ocasiões necessárias. Por causa de seu remorso profundo,

Judas *tirou* a própria vida. Mas por causa de sua confissão profunda, Pedro *deu* sua vida, e acabou morrendo como um mártir crucificado.

Às vezes nos encontramos em situações em que não conseguimos, por nossas forças, exercer autocontrole no momento. Mas quando nos submetemos à liderança do Salvador, ele exerce o controle em nós, para nós e por meio de nós.

**35** *Não posso fugir da presença de Deus. Posso tentar, mas não vou conseguir. Meu Pai nunca me perde de vista. Ele irá atrás de mim e me levará para casa* (Sl 139.7-12; Pv 15.3; Is 57.15).

Você e eu talvez decidamos enveredar por um caminho que sabemos ser pura insensatez. Mas nosso Pai sabe onde estamos, para onde achamos que estamos indo e como nos levar de volta para casa. De um modo ou de outro.

**36** *Filhos são um presente do Senhor; ele quer usá-los para espalhar o evangelho no nosso mundo bagunçado. Quando abraço filhos como uma dádiva, torno-me parceiro de Deus em mudar este mundo* (Gn 18.19; Sl 127.3-5; 3Jo 4).

Como homens pecaminosos, claramente somos parte do problema. Mas nós, e os nossos filhos, podemos ser parte da solução.

Em Malaquias, o profeta repreende o povo de Deus porque eles não estavam honrando as suas mulheres. "Não foi o Senhor que fez deles um só, com uma porção do espírito em sua união? E o que o único Deus estava buscando? Uma descendência santa" (2.15, ESV). Deus está buscando uma descendência santa. Estar disposto a abraçar a dádiva de filhos é uma oportunidade de ser abençoado e de ser bênção para o nosso mundo.

**37** *Quando recebo os presentes que Deus me dá com admiração, gratidão e humildade sinceras, sou liberto da necessidade de me comparar e competir* (Gl 1.10; 2Co 10.12).

Não há competição alguma pelo seu lugar na vontade de Deus.

O amor e a liderança de Deus em sua vida contêm seu nome. Ele não compara você com ninguém. Sua afeição por você é singular.

Uma vez que abraçamos essa verdade, nossa tendência de medir a nossa vida pelo falso padrão do êxito dos outros diminui de forma misericordiosa. Nosso coração fica cheio de gratidão por quem somos diante do nosso Bom Pastor e pelo que recebemos de sua graciosa mão.

**38** *Deus vê cada pedaço, ou parte, ou ingrediente da minha vida e declara: "É meu!". Minha resposta incondicional e alegre deve ser: "Sou teu!"* (Sl 40.8; Jo 17.6,10; Rm 14.8).

Em cada um dos nossos papéis e tarefas, somos chamados a viver com simetria perfeita. Com integridade.

Somos o mesmo homem em toda situação. Nossos colegas não veem um homem diferente no trabalho ou na loja daquele que os outros diáconos veem na igreja. Nossos filhos não são obrigados a lidar com um homem gentil e carinhoso com seu cachorro e um grosseirão irritável e impaciente com eles. Nossas esposas não são obrigadas a reconciliar um galã no quarto com o gladiador quando ele está sob pressão.

**39** *Seguir a Jesus nunca será fácil ou popular. Meu maior objetivo não é ser legal ou relevante, mas ser um seguidor leal de Cristo, não importa o custo* (Mt 10.38,39; Fp 1.20,21; Cl 3.1-4).

O evangelho em que cremos é incompreensível, até mesmo repulsivo e ofensivo — insetos com cobertura de chocolate — para aqueles cujos olhos não foram abertos para ver sua beleza e verdade.

Às vezes, seguir a Cristo zelosamente talvez nos meta em dificuldades. Podemos perder amigos ou nos tornar objeto de piadas cruéis. Talvez sejamos odiados ou rejeitados pelo que cremos.

A nossa tarefa é viver e compartilhar a nossa fé como receptores humildes, não merecedores e gratos de sua graça — e apontar aos pecadores, de forma amorosa, o caminho para o Salvador que os ama, orando para que seu coração seja atraído para ele.

### 40) *Por meio de sua morte e ressurreição, Jesus venceu o pecado e a sepultura. Meu "fim" não será o fim. E ele será extraordinário* (Ef 1.3; Fp 3.20,21; 2Pe 1.4; 1Jo 3.2).

Uma vez que você recebeu o perdão que Jesus forneceu por meio de sua morte e ressurreição, seu "e depois disso" será o acesso ao céu.

É isso que ele prometeu com respeito ao nosso "e depois disso".

Então, sim... você e eu morreremos. Isso é uma certeza. Mas isso não será o fim de sua história ou da minha. E porque conhecemos Jesus, a história seguinte será uma história boa. Ele prometeu isso.

### A PRÁTICA LEVA À PERFEIÇÃO... BEM, MAIS OU MENOS

O antigo ditado "A prática leva à perfeição" pode ser aplicado a muitas atividades. Obviamente, a perfeição absoluta não é de fato alcançável. Não deste lado do céu.

Mas como acontece em relação a tudo o que é importante para nós, trabalho duro em direção a um objetivo valorizado nunca será perda de tempo.

Se você recapitular essa lista de quarenta verdades periodicamente, será lembrado da fidelidade de Deus por revelá-las a você e será encorajado a continuar abraçando a verdade e permitindo que ela transforme sua vida.

# EPÍLOGO

## AQUELE FOLHETO NO BOLSO À SUA FRENTE, NO ENCOSTO DA POLTRONA

Há mais de trinta anos, peguei um voo em um L-1011. Esse avião foi um dos primeiros "jatos jumbo", com dois corredores e três fileiras de assentos, um avião que tinha capacidade para quatrocentos passageiros. Eu me lembro de ficar estupefato com a experiência de embarcar naquele monstro e observar como conseguiria sair do chão com todas aquelas pessoas a bordo — o que me incluía.

No bolsão do encosto da poltrona à minha frente havia um daqueles folhetos laminados que trazem as informações sobre os procedimentos de segurança do avião. No verso do folheto, havia um parágrafo com o título: "Sobre este avião". Ele listava o peso da aeronave e a quantidade de chapas de alumínio e o número de rebites necessários para construí-la. Eu li cada palavra.

A primeira frase do parágrafo dizia: "Se você está parando para ler isto, você é obviamente uma pessoa curiosa. A maioria das pessoas nunca tiraria tempo para ler isto".

O mesmo se aplica a você.

Se você leu até aqui, você claramente leva a sério esse negócio de mentiras e verdade.

Então, por favor, saiba que sou extremamente grato por você ter percorrido todo o caminho até a linha de chegada. Foi um privilégio compartilhar essa jornada com você.

## UMA OBRA EM DESENVOLVIMENTO

Enquanto eu estava escrevendo este livro — se, por acaso, você acha que eu vivo em uma torre de marfim —, houve vezes em que me vi acreditando nas próprias mentiras de que eu estava tratando, e ainda sendo tentado por elas.

> *"Minha esposa deve me fazer feliz."*
>
> *"Não tem problema se eu reduzir o meu tempo com o Senhor nesta manhã."*
>
> *"Quem notará se eu clicar nessa foto indecente no meu laptop?"*
>
> *"Estou agindo desse modo porque preciso lidar com tantas coisas."*
>
> *"Meu valor está baseado no que eu tenho."*

*Quanto mais ando com Deus, tanto mais aumenta a minha admiração profunda pelo poder da Verdade!*

Felizmente, muitas vezes, em momentos conturbados, tensos ou frustrantes, Deus dirigiu o meu coração de volta à Verdade. Enquanto leio sobre a Verdade, medito nela, creio nela e me rendo a ela, o Espírito de Deus me liberta, minha mente e emoções são estabilizadas e sou capaz de olhar para as minhas circunstâncias da perspectiva de Deus. Quanto mais ando com Deus, tanto mais aumenta a minha admiração profunda pelo poder da Verdade!

Obviamente, há muito mais mentiras das quais não tratamos. Encorajo você a pedir que Deus o ajude a discernir quando você fica tentado a acreditar em coisas que não são a verdade. Então examine as Escrituras e peça conselho de amigos piedosos para descobrir a verdade que confronta e vence cada mentira.

Nos dias que se seguirão, toda vez que você notar que está acreditando em mentiras, volte e recapitule as verdades resumidas no último capítulo. Renove continuamente sua mente com a Palavra de Deus e aprenda a aconselhar seu coração de acordo com a Verdade (Sl 86.11).

E não se esqueça de que você está "em obras". Você é uma obra-prima incompleta. A obra de Deus em você é real e ela não está completa. Mas um dia estará.

**E estou certo disto: aquele que começou a boa obra em vós a aperfeiçoará até o dia de Cristo Jesus (Fp 1.6).**

Essa é a Verdade. E ela promete liberdade extraordinária. Ela realmente promete.

Essa experiência começou como uma conversa entre amigos. Vamos continuar conversando. Eu gostaria imensamente de ouvi-lo. Deixe-me saber como a Verdade o está transformando e libertando!

Deus o abençoe nessa aventura.

Robert
www.robertwolgemuth.com

## CONHEÇA OUTROS LIVROS DA SÉRIE MENTIRAS EM QUE ACREDITAMOS

**MAIS DE MEIO MILHÃO DE LIVROS VENDIDOS**

# MENTIRAS EM QUE AS MULHERES ACREDITAM
### E A Verdade que as Liberta

NANCY LEIGH DEMOSS

Formato 15,5 x 22,5 - 272 páginas

Nesse livro, Nancy DeMoss Wolgemuth expõe as áreas de engano que mais desafiam as mulheres cristãs e mostra Satanás como a fonte dessas mentiras, direcionando as mulheres de volta à verdade encontrada somente na Palavra de Deus. Não importa qual problema a mulher de hoje enfrente — culpa, vícios, um casamento infeliz, a tendência de colocar a carreira acima da maternidade, filhos com problemas e outros incontáveis desafios —, Nancy nos lembra que existe uma resposta, e ela se encontra em Deus.

Nesse livro, Nancy e Dannah revelam 25 das mentiras mais comumente aceitas pela atual geração das nossas adolescentes. As autoras compartilham relatos da vida de algumas das moças entrevistadas e também relatam com transparência histórias reais de como se libertaram das mentiras em que elas mesmas acreditavam. Elas entram nas trincheiras da batalha para lutar junto com você.

Formato 15,5 x 22,5 - 176 páginas

Crescer é tão complicado! Mas pode ser ainda pior se você acreditar em mentiras! E você sabia que muitas vezes você nem percebe que isso está acontecendo? Às vezes só percebe depois que essas mentiras já causaram muito estrago em sua vida! É por isso que agora é o momento perfeito para você receber todas as informações de que precisa para identificar essas mentiras.

Esta obra foi composta em Goudy Oldstyle,
impressa em papel off-set 75 g/m², com capa em cartão 250 g/m²,
na Imprensa da Fé, em Junho de 2023.